www.education-punk-verlag.de

FEUER DEINEN BOSS

&

WERDE UNTERNEHMER

DR. FLORIAN ROSKI

Für Fragen, Anregungen oder weitere Informationen:
www.education-punk-verlag.de

Genderhinweis: Allein aus Gründen der besseren Lesbarkeit wird in diesem Buch auf die gleichzeitige Verwendung männlicher, weiblicher und diverser Sprachformen verzichtet. Sämtliche Personenbezeichnungen gelten für alle Geschlechter.

Verlag: Education Punk Ltd.
Lektorat: Iris Lederer
Satz: Leonie Krickhuhn

ISBN Book: 978-3-948344-88-7

Inhalt

Abbildungsverzeichnis

Über den Autor

Dr. Florian Roski (geb. 22.09.1974) ist Investor, Bestseller-Autor, Hochschul-Dozent, Unternehmer und Start-Up Berater. Er lebt in Nürnberg, Deutschland. Seine universitäre Ausbildung begann mit einem betriebswirtschaftlichen Studium in Nürnberg. Nach seinem Studium, das er erfolgreich als Dipl.-Kfm. abschloss, startete er seine berufliche Laufbahn in einem Start-Up-Unternehmen im automotiven Sektor, welches sich schnell zu einem Systemdienstleister mit über 250 Mitarbeitern entwickelte. In dieser Zeit nahm Dr. Florian Roski verschiedene Führungspositionen wahr und ist bis heute dankbar für die Lektionen, die er von seinen Mentoren lernen durfte. Parallel zum Job absolvierte er ein kommunikationswissenschaftliches / psychologisches Studium, ein internationales MBA-Studienprogramm und einen Promotionsstudiengang in England. Dr. Florian Roski verließ das Unternehmen nach neun spannenden Jahren und gründete die Firmengruppe four-quarters Wirtschaftssozietät GmbH mit über 600 Gründungsprojekten und 25 Kollegen, die als Nummer eins in Sachen Gründungsberatung in Deutschland positioniert ist. 2015 gewann die four-quarters Wirtschaftssozietät GmbH den TOP-CONSULTANT Award für die besten Berater des Deutschen Mittelstands. Er ist bis heute leidenschaftlicher Start-Up Berater, Business Angel und Immobilieninvestor. Sein Erfahrungswissen baut er dabei ständig weiter aus. Sein Buch „Das 1*1 des Immobilien Millionärs" ist Bestseller im deutschsprachigen Immobiliensektor und liefert eine praxisorientierte und smarte Anleitung, wie man mit Immobilien finanzielle Unabhängigkeit erreichen kann. Dr. Florian Roski versteht es, Unternehmertum und Investment elegant zu verbinden und zählt zu den erfolgreichsten Fachberatern in seiner Region. In diesem Buch zeigt er, in der für ihn typisch direkten Denkweise auf, wie man ein erfolgreicher Unternehmer wird.

Dipl.-Kfm., Dr. Florian Roski, DBA, MBA, M-NLP
Kyrenia, Zypern

P.S.: Danke Tabea, dass Du mir die Zeit geschenkt hast, mich immer wieder zurückzuziehen, um dieses Buch zu schreiben! Danke Anne-Kathrin für die geniale Website www.FeuerDeinenBoss.de. Danke, Dieter, Christian, Rainer, Richard und Susanne für Eure Motivation, Freundschaft und Euren Rat!

Vorwort

Dieses Buch ist wieder mal kein Buch für Allgemeinwissenchampions und Zuschauer! Dies ist ein Buch für Menschen, die es wissen und tun wollen! Für mich gibt es nichts sinnstiftenderes, als Menschen bei der Verwirklichung Ihrer beruflichen Träume zu unterstützen, und so haben meine Kollegen und ich die Firma four-quarters EXIST GmbH gegründet, die sich mit dem Nischenprodukt der Gründungsberatung auf dem deutschen Markt als Leader positioniert hat.

Unternehmensgründungen und damit das Ergreifen von unternehmerischer Initiative sind überlebenswichtig für jede Volkswirtschaft, denn ohne Unternehmen gibt es auch keine Anstellungsverhältnisse, es gibt keine Löhne, keine Steuer, keine Wertschöpfung, keine Weiterentwicklung und damit auch kein Lebensumfeld, in dem wir gut und sicher leben können. Unternehmertum ist der Lösungsansatz für die Schaffung von Arbeitsplätzen und sozialen Wohlstand und das beste Mittel gegen Elend und Armut. Es gibt uns Menschen einen tieferen Sinn, denn wir können einen Beitrag in unserer Gemeinschaft und für uns persönlich leisten.

Gründungsberatung ist ein spezielles Thema, da der Berater im Gegensatz zur Unternehmensberatung wenig auf Standardmodule zurückgreifen kann. Der Gründer- bzw. die Unternehmerperson wird in den Fokus der Betrachtung gestellt. Das Unternehmen wird basierend auf dem Stärken- und Schwächenprofil des Unternehmers designt. Beim Unternehmertum gibt es nicht die eine Wunderpille für jeden Typen, sondern man konfektioniert das Unternehmen zur Unternehmerpersönlichkeit. Die meisten Unternehmer in spe besitzen anfänglich noch kein Unternehmermindset. Sie werden eher durch ein Umfeld von Arbeitnehmern geprägt, also von verbeamteten Lehrern in (Hoch-)Schulen, durch Eltern und durch Freunde, die primär auch Arbeitnehmer sind. Entsprechend groß ist die Diskrepanz zum Unternehmertum und entsprechend groß muss der Wunsch des Einzelnen nach Freiheit und Unabhängigkeit sein, um diese Diskrepanz zu überbrücken und sich aus dem Umfeld von sicherheitsliebenden Angestellten zu befreien. Mit diesem Buch möchte ich meinen Beitrag leisten, um Dir zu helfen Deinen Start ins Unternehmerleben so sicher und erfolgreich wie nur möglich zu gestalten. Dein Start in eine freiere und selbstbestimmtere Welt, die Dir ein Leben ermöglicht, von dem Du bisher nur träumen durftest.

1 Motivation für dieses Buch

Es gibt zwei Königswege, um finanzielle Unabhängigkeit zu erreichen: Der eine ist „Vermögensaufbau durch Immobilieninvestments" und der andere ist „Vermögensaufbau durch Unternehmertum". Alles andere ist meiner Meinung nach nur „kalter Kaffee". Das wurde mir erst so richtig bewusst, als ich mich fragte, wie es finanziell freie Menschen geschafft haben, ihr Vermögen aufzubauen. Ich habe so ziemlich jedes wichtige Buch über das Thema Reichtumsforschung verschlungen, vermögende Menschen beobachtet und analysiert und sie teilweise sehr penetrant befragt. Das Ergebnis ist eindeutig: Diese Menschen verbindet, dass sie oder ihre Vorfahren ihr Vermögen durch Unternehmertum und Immobilieninvestments aufgebaut haben. Beide Disziplinen beschäftigen sich mit dem Aufbau von Systemen, die für sie - und bald auch für Dich - Erträge mittels der Nutzung von fremden Ressourcen generieren. Immobilieninvestments beschäftigen sich in der Regel mit dem Einsatz von finanziellen Fremdmitteln, um Vermögen aufzubauen. Unternehmertum nutzt hingegen den Arbeitseinsatz von Menschen zur Unternehmenszielerreichung.

Im Folgenden zeige ich Dir, warum gerade der Aufbau eines eigenen Unternehmens ein guter Weg ist, sich langfristig eine sichere Beschäftigung aufzubauen. Ich selbst bin Unternehmer geworden, weil ich meine eigenen Ideen umsetzen wollte. Ich wollte mehr Freiraum, mehr Erfüllung, mehr Sinn und ich wollte auch mehr Geld verdienen, um meine persönlichen Ziele besser und schneller umsetzen zu können. Neben diesen Zielen bin ich auch ein „kleiner Rebell", der seine Freiheit liebt und sich ungern vom Staat und anderen Personen oder Instanzen bevormunden lässt. Unternehmertum ist für mich Ausdruck gelebter Freiheit. Heute merke ich, dass ich als Unternehmer viel mehr als das bekommen habe. Ich habe mir selbst eine sichere Lösung geschaffen, kein Opfer der digitalen Disruption zu werden. Ich habe mit diesem Schritt das Risiko reduziert, dass mein Anstellungsverhältnis Opfer des technischen Fortschritts werden könnte. Darüber hinaus kann ich selbst bestimmen, wann ich in Rente gehe und bin nicht länger Opfer von staatlichem Dirigismus. Ich bin mein eigener Chef und solange mein System und ich meinen Kunden Nutzen stifte, habe ich eine berufliche Existenzberechtigung. Ich selbst plane nicht in Rente zu gehen, denn jeder Mensch braucht eine Aufgabe im Leben und ohne diese fühlt er sich oft leer und ungebraucht. Ich sehe mich heute noch nicht in einem Zustand des glückseligen Nichtstuns, denn dafür bin ich einfach ein zu unruhiger Geist.

Durch das Thema Unternehmertum habe ich mehr Sicherheit gewonnen. Ich muss heute keine Angst mehr haben eine Kündigung von meinem Arbeitgeber zu erhalten oder einfach in eine Tätigkeit umstrukturiert zu werden, die mir keine Freude bereitet. Durch einen permanenten Zustrom an neuen Kunden habe ich heute sogar teilweise Wartelisten. Meine Kunden sind dankbar, wenn ich Ihnen helfen darf und ich bin dankbar, ihnen helfen zu dürfen. Auch merke ich sofort, wenn sich das Nachfrageverhalten meiner Kunden verändert und ich kann angemessen durch entsprechende Absatzinstrumente und Qualitätssteigerung reagieren.

Ich freue mich sehr und bedanke mich, dass Du mein Buch erworben hast und dass Du Dich für mehr Freiheit, Unabhängigkeit und ein Leben entschieden hast, in dem Du selbst der Steuermann oder die Steuerfrau bist. Wir Unternehmer glauben daran, dass wir unseres Schicksals eigener Schmied sind und dass wir unser Leben in den eigenen Händen halten. Obwohl meine Eltern beide Beamte sind und ich statistisch gesehen gar nicht Unternehmer hätte werden können, hat mich doch die Sehnsucht nach Selbstbestimmung und Freiheit aus dem Angestelltenverhältnis getrieben. Legen wir also los und beginnen Deinen Weg zur wirtschaftlichen Freiheit als Unternehmerpersönlichkeit! Willkommen im Club!

2   Warum Du dieses Buch unbedingt lesen solltest

Ziel dieses Buches ist es, Dir eine „How-to"-Anleitung an die Hand zu geben, wie Du ein erfolgreicher Unternehmer wirst. Das Beste daran ist: Es ist viel einfacher als Du denkst! Wenn Du Dich für dieses Buch entschieden hast, dann hast Du im Prinzip schon den ersten Schritt in die richtige Richtung getan. Du bist offen und neugierig, Deinen eigenen Horizont zu erweitern. Gratulation dazu!

Vielleicht hast Du Dich auch schon mal gefragt, warum es in den Forbes 500 keine Arbeitnehmer gibt und wie ein Leben aussehen könnte, in dem Du im Zentrum Deiner eigenen beruflichen Tätigkeit stehst? Es gibt viele Studien, die uns aufzeigen, dass ein Großteil der Arbeitnehmer am Arbeitsplatz resigniert hat und damit wohl ein überwiegend freudloses Leben führt. Denn immerhin macht der Weg zur Arbeit und die Arbeit selbst für die meisten Menschen mehr als 50 % ihrer wachen Lebenszeit aus.

Die Frage, die für uns am Ende des Tages übrig bleibt, ist doch: Wollen wir mehr sein als eine bloße Stellenbeschreibung in einem Unternehmen? Möchten wir die Lebensträume anderer Menschen umsetzen oder doch lieber unsere eigenen Träume leben. Wo ist Dein Platz in der heutigen Berufswelt?

Selbständige verdienen im Durchschnitt das 3,5-fache, Unternehmer das 6,5-fache von einem durchschnittlichen Arbeitnehmergehalt.[1] Aber es geht uns nicht nur um einen guten Verdienst und finanzielle Freiheit. Es geht im Wesentlichen darum, ein selbstbestimmtes und zufriedenes Leben zu führen. Unternehmertum bedeutet: Wir nehmen unser berufliches Leben in die eigenen Hände. Wir fragen uns nicht, was unsere Arbeitgeber, unsere Freunde, der Sozialstaat oder das Schicksal für uns bereithalten. Sondern wir gestalten unser Leben selbst und aktiv. Unternehmertum bedeutet, das eigene berufliche Leben selbst zu formen und nicht auf fremde Hilfe zu setzen. Es bedeutet, dass wir beim herausfindenden Tun unseren eigenen Weg erobern und uns mit einer Konzeption aus unternehmerischen Prinzipien, Motivation, Fachwissen und dem richtigen Mindset zum erfolgreichen Unternehmer entwickeln.

Ein positiver Nebeneffekt des Unternehmertums ist, dass es uns freier von Abhängigkeiten macht. Entsprechend gehören Selbständige und Unternehmer in der Regel zu den zufriedensten Menschen in unserer Gesellschaft. Denn sie haben Ihren beruflichen Lebensweg gefunden. Natürlich ist eine berufliche Herausforderung im Leben nicht alles. Aber zu leben, ohne der eigenen Berufung nachzugehen, ist definitiv weniger reizvoll und befriedigend.

Im Laufe unseres Berufslebens haben wir ein Sammelsurium von unterschiedlichsten Ausbildungen und Fähigkeiten angesammelt, für die es logischerweise

---

[1] Zitelmann, Rainer (2015): Reich werden und bleiben: Ihr Wegweiser zur finanziellen Freiheit. Finanz Buch Verlag. S. 35.

keine einfache Standardstellenbeschreibung in den Jobbörsen geben kann. Eine einseitige Festlegung bedeutet aber auch, sich beruflich nicht voll entfalten zu können. Da gibt es zum Beispiel Personen, die eine Ausbildung zum Masseur, Immobilienmakler und Fitnesstrainer gemacht haben und nebenbei auch noch gerne kochen. In welcher Stellenbeschreibung findet sich diese Personen komplett wieder? Die Antwort ist: in keiner. Hier liegt der Ausweg im Unternehmertum und darin, sich proaktiv seine eigene flexible Stellenbeschreibung zu „backen", in dem man einfach seinen Arbeitstag in verschiedene Bereiche aufteilt und neue kreative Kombinationen austestet und so seinen eigenen Weg findet.

Ein weiterer wesentlicher Bestandteil von Freiheit ist es, keinen Boss oder Vormund zu besitzen und damit nicht weisungsgebunden arbeiten zu müssen. Wie viele Arbeitnehmer träumen wohl insgeheim von diesem Umstand? Klar, wir sind bequem geworden und haben uns daran gewöhnt, jeden Tag Arbeitspakete von unserem Vorgesetzten zu erhalten, die wir nur abarbeiten müssen. Aber macht das denn wirklich glücklich? Schmeckt so die Freiheit?

Es geht darum, seinen Beruf auf die eigene Art und Weise zu gestalten und umzusetzen. Natürlich haben wir alle auch immer wieder bossartige Auftraggeber oder Kunden, aber diese können wir uns mit der Zeit auch frei aussuchen und zu uns passend konfektionieren. Kunden, zu denen wir nicht passen, können wir feuern und durch Menschen ersetzen, mit denen wir gerne zusammenarbeiten und die unser Leben bereichern. Unsere Lebenszeit ist einfach zu kurz und zu kostbar für Energieräuber.

Es gehört Mut dazu, das eigene Leben in die eigenen Hände zu nehmen, sich von Abhängigkeiten zu befreien und sich zum (Lebens-)Unternehmer weiter zu entwickeln. Wir lernen in unserer heutigen Gesellschaft auch kaum noch, mutig zu sein und die „absolute Sicherheit" scheint die neuen Lebensmaxime zu sein mit der Folge, dass die meisten Arbeitsleben einfach nur noch langweilig, vordefiniert und wenig erfüllend sind. Wenn ich hier Deine Situation beschreibe, dann solltest Du auf jeden Fall dieses Buch bis zum Ende lesen. Denn es geht auch anders! Beim Unternehmertum geht es nicht nur darum, eine eigene Firma[2] zu gründen und die beruflichen Interessen auszuleben. Es geht primär darum, einen neuen Lebensansatz zu entwickeln. Denn Unternehmer denken anders, sie entscheiden anders und sie bauen ihr Leben anders auf. Das Unternehmerleben basiert auf der Idee der Freiheit. Und dieses anders sein, das Menschen ökonomisch so erfolgreich macht, gilt es zu verstehen und für sich nutzbar zu machen. Und genau das ist das Ziel dieses Buches: Dich dabei zu unterstützen, ein erfolgreicher Unternehmer zu werden und freier und damit zufriedener zu sein. Eine Geisteshaltung, die dem Autor seit vielen Jahren dabei hilft, erfolgreich als Dozent, Mentor, und Startup-Consultant zu arbeiten und die schon weit über 1000 Menschen geholfen hat, ihr

---

[2] Firma = Name, unter dem Du geschäftlich tätig bist.

Leben nachhaltig zu verändern. Die Firma four-quarters Wirtschaftssozietät ist im Jahr 2016 zur besten Beratung für den deutschen Mittelstand gewählt worden und wurde mit dem TOP CONSULTANT AWARD durch den ehemaligen Bundespräsidenten Wulff ausgezeichnet. Mein persönliches Motto war schon immer: Nur wer vorlebt, kann erzählen. Entsprechend ist der Autor dieses Buches selbst auch erfolgreicher Lebensunternehmer, was er mit seiner VITA eindeutig belegt.

In diesem Buch rede ich ausschließlich über Dinge, die ich auch selbst getan und erfahren haben und wenn ich Dir empfehle, ein bestimmtes Risiko einzugehen oder zu vermeiden, dann sind das grundsätzlich nur Risiken, denen ich mich selbst gestellt habe oder denen ich aus dem Weg gegangen bin. Ich zeige Dir im Folgenden, wie man sich als Unternehmer bewegt und sich ein eigenes sicheres Ökosystem aufbaut.

Wichtig für Dich:

Unternehmertum basiert viel stärker auf einem smarten und hartnäckigen Herumprobieren und der Bereitschaft, sich mit neuen Dingen auseinanderzusetzen als auf Schulbildung. Unternehmer werden nicht durch Herumgrübeln, sondern durch Neugier, Kontinuität und Arbeitseinsatz erfolgreich. Unternehmertum resultiert auch nicht aus der Umsetzung von starren Businessplänen, sondern aus der Einhaltung bestimmter Prinzipien und einer entsprechenden Weltanschauung, die jeder für sich nutzen kann, um Aufgabenstellungen zu begegnen und zu wachsen. Unternehmertum sollte verstanden werden, bevor man sich unternehmerisch ausprobiert.

Ergänzend zu diesem Buch bieten wir Dir verschiedene Tools an, um Dir das Unternehmerleben noch weiter zu vereinfachen und Dir zu helfen, Dich in kleinen und soliden Schritten auf ein anderes Leben vorzubereiten. Ich lege Dir mit diesem Buch den Schlüssel für erfolgreiches Unternehmertum zu Füßen. Die passende Tür aussuchen und aufschließen musst Du jedoch selbst. Ich befand mich damals nach meinem Job genau an dem Punkt, wo Du jetzt stehst. Leider hatte ich damals dieses Buch nicht zur Hand und musste mich mühsam durch Versuch und Irrtum aus meiner Komfortzone heraus entwickeln. Du bist also im Vorteil. Nutze ihn und werde ein freier und erfolgreicher Unternehmer!

Sollten ich an der einen oder anderen Stelle etwas überspitzen oder frech sein, dann bitte ich den Noch-Angestellten unter Euch schon an dieser Stelle um Verzeihung. Ich bin Vollblutunternehmer, stolz darauf und ich liebe meine Freiheit. Entsprechend schreibe ich ja auch kein Buch mit dem Titel „Oh, wie schön ist das Arbeitnehmerleben." Viele Menschen rechtfertigen Ihr Arbeitnehmerdasein damit, dass sie sich für schlechte Unternehmer halten. Sie glauben, sie hätten nicht das Zeug zum Unternehmer oder wären nicht als Unternehmer geboren. Sie glauben vielleicht sogar, es gäbe so etwas wie ein Unternehmergen. Dazu sei folgendes gesagt: Wir werden nicht als vorgefertigte Arbeitnehmer oder Unternehmer geboren, sondern es ist ein reiner Erziehungs- und Ausbildungsprozess, der uns zum

Unternehmer oder zum Arbeitnehmer gemacht hat. In unserer heutigen Welt der Schulen oder Hochschulen gibt es wenig Unternehmer. Wir sind umzingelt von Karrieristen und Stellenbesetzern. Entsprechend haben auch die meisten Menschen einfach in den vielen Schuljahren eine Arbeitnehmerindoktrination erfahren. Studien belegen, dass wenn Eltern Unternehmer oder auch Selbständige sind, die Wahrscheinlichkeit massiv ansteigt, dass auch wir zu Unternehmern oder Selbständigen werden. Da meine Eltern beide Beamte waren grenzt es geradezu an ein Wunder, dass ich Unternehmer geworden bin und zeichnet wohl meine Widerstandsfähigkeit und den Rebellen in mir aus. Und auch Du kannst Dich frei machen und Deinen eigenen Weg gehen, wenn Du es willst. Wir werden nicht als Arbeitnehmer oder Unternehmer geboren, sondern unser Umfeld prägt uns. Wir müssen nur in der Menschheitsgeschichte weit genug zurückgehen und wir stellen fest, dass es auch andere Zeiten gab. Da waren die Menschen primär selbständig und haben als Müller, Fischer, Kerzendreher, Bauer oder Schmied Ihren Alltag bestritten, aber nicht als Arbeitnehmer.

Optimaler Erkenntnisgenuss:
Um den Lesefluss nicht zu stören und Dich selbst darüber entscheiden zu lassen, wie tief Du an welcher Stelle in die Themen einsteigen willst haben wir viele Tools auf die Seite www.FeuerDeinenBoss.de ausgelagert. An dieser Stelle sei gesagt, dass ich die Seite parallel zur Veröffentlichung des Buches erstellen ließ und Du sie durch Deine Fragen inhaltlich mitgestalten kannst. Bereits im Vorfeld jede Frage meiner Leser zu erahnen ist nahezu unmöglich, und die Beantwortung erschien mir auch zu arbeitsintensiv. Entsprechend werde ich auf freche Unternehmerart das Segelboot www.FeuerDeinenBoss.de bei voller Fahrt und auf hoher See on demand bauen. Jede Deiner Fragen hilft, das Boot zu designen. Ergänzend zu diesem Buch dienen Dir drei weitere Medien, um Dich als Unternehmer weiter zu informieren:

01: Facebook: Die „FeuerDeinenBoss-Community": Hier kannst Du Dich direkt mit Gleichgesinnten austauschen. Lass Deinen Like da und werde Teil unserer Unternehmerfamilie.

02: YouTube: Der FeuerDeinenBoss-Kanal: Hier beantworten wir Dir Deine Leserfragen zum Buch in Videoform. Einfach abonnieren! Deine Fragen kannst Du jederzeit über unsere Webseite oder in die Kommentare einstellen.

03: Die FeuerDeinenBoss-Webseite: Hier findest Du viele Freebees und Tools rund um das Thema Gründung und Unternehmertum.
Verlieren wir aber keine weitere Zeit und fangen mit Deiner unternehmerischen Ausbildung an!

3 Entwickle Dein eigenes Unternehmer-Mindset

Das folgende Kapitel ist ein Aufklärer! Es beschreibt die Welt der Unternehmer, ihre Weltanschauung, wie sie sich entwickeln und mit welcher Motivation sie ihre Geschäfte umsetzen. Es beschreibt aber auch detailliert, wie sie sich von der Welt der Arbeitnehmer, Selbständigen und Investoren abgrenzt. Es wird Dich in die Lage versetzten zu verstehen, wie Unternehmer ticken und damit auch generell handeln. Wenn Du ihre Welt, und was einen echten Unternehmer ausmacht verstehst, dann ist es wesentlich einfacher, selbst ein Unternehmer zu werden. Du erhältst damit einen gewaltigen Vorteil gegenüber anderen Neuunternehmern, die diese Welt erst für sich selbst erforschen müssen. Wie gerne hätte ich schon zu Beginn meiner Selbständigkeit über dieses Wissen verfügt.

Wir fangen langsam an, um dann genüsslich die „Katze aus dem Sack" zu lassen. Nur wer sein Reiseziel kennt, kann es auch erreichen. Entsprechend sollte, wer ein erfolgreicher Unternehmer werden will, zuerst herausfinden was Unternehmertum bzw. ein Unternehmer überhaupt ist. Dabei kommen wir zu den verschiedensten Unternehmerdefinitionen. Zum Beispiel definiert Quesnay (1758), dass ein Unternehmer ein „...intelligenter Betreiber einer großen Farm ist". Smith (1776) beschreibt den Unternehmer als einen „...Kapitalist und Investor von Kapital" , Walker (1876) sieht in ihm den „...Kapitän der Industrie und der Arbeitnehmer" und Schumpeter (1922) definiert den Unternehmer als den „...zentralen Faktor für unternehmerische Aktivitäten; kreativ-innovativer Organisator".[3] Das Problem bei all diesen verschiedenen Definitionen ist nur, dass wir nun noch immer nicht wissen was einen Unternehmer ausmacht und wie wir ein erfolgreicher Unternehmer werden können, denn es scheinen ja unterschiedliche Verständnisse und Definitionen für das Unternehmertum zu bestehen. Und genau diese unterschiedlichen Beschreibungen sind oft die Ursache, dass uns Unternehmertum wie ein Yeti erscheint. Jeder hat schon mal von einem Yeti gehört, aber keiner kann beschreiben, wie er genau aussieht. Bei weiteren Recherchen bin ich auf über 100 verschiedenen Definitionen zum Thema Unternehmertum gestoßen und habe dabei festgestellt, dass es keine einheitliche Definition für den Begriff des Unternehmers oder Unternehmertums gibt. Zudem unterliegt das, was Menschen unter Unternehmertum verstehen, dem zeitlichen Wandel. Entsprechend ist hier das Konzept des Unternehmers ein sehr weit gefasstes Gefäß und beinhaltet Selbständige, Gründer, Eigentümer-Unternehmer von Familienunternehmen und den innovativen Manager im Allgemeinen. Das führt zu einem breiten Verständnis des Begriffs des Unternehmers und beinhaltet alle unter-

---

[3] Freiling, Jörg (2016) Entrepreneurship – Theoretische Grundlagen und unternehmerische Praxis. München, S. 82-84.

nehmerischen Aktivitäten. Es gibt also keine eindeutige DIN-Definition darüber, was ein Unternehmer nun eigentlich wirklich ist. Damit kommen wir wieder zu dem Problem: Wie kann man etwas erreichen, das man nicht mal definieren kann?

Ich habe mich also wieder auf die Suche gemacht und habe weitere Erklärungsansätze gefunden, denn aufgeben kommt für einen Unternehmer nicht in Frage. Ein anderer weit verbreiteten Ansatz, dem ich begegnet bin, ist es, den Unternehmer nach seiner Funktion bzw. Position zu definieren. Das heißt - so mein Verständnis - wenn ich ein Unternehmer sein will, muss ich eine entsprechende unternehmerische Position bekleiden. Das bedeutet, ich könnte nun einfach mit 25.000 € bewaffnet eine Ein-Personen-GmbH gründen und wäre dann als Gesellschafter-Geschäftsführer ein Unternehmer und das Problem wäre gelöst. Formalistisch ist dieser Ansatz wohl richtig, aber leider erklärt er uns in der Praxis immer noch nicht, wie man nun auch praktisch ein erfolgreicher Unternehmer wird. Auch gibt es genügend Negativbeispiele aus der Praxis die uns zeigen, dass ein Titel allein wenig über die Qualifikation des Titelträgers aussagt. Also, f*** the title! Was zählt sind das Wissen und vor allem die Umsetzung! So läuft es also auch nicht!

Ein besserer Ansatz könnte es sein, die täglichen Aufgaben bzw. das Tun eines Unternehmers zu analysieren und so den Unternehmer zu verstehen. Wir schicken also ein studentisches Hochschulteam los und lassen es Unternehmerpersönlichkeiten befragen, was diese eigentlich so den ganzen Tag treiben. Am Ende des Tages hätten wir dann Unternehmer-To-do-Listen. Das wäre doch schon mal gar nicht schlecht, oder? Nein! Da fällt mir ein Zitat meines Vaters[4] ein: „Du kannst zwei Menschen einen Korb mit identischen Zutaten geben, um ein Essen zuzubereiten. Der Eine kocht Dir ein 3-Sterne-Menü und beim Anderen schmeckt es einfach nur scheiße." Das Problem einer Aufgabenliste ist, dass eine genaue Zutatenliste uns immer noch kein Rezept mitliefert, wie diese Zutaten bzw. Aufgaben nun intelligent kombiniert werden, um zu einem guten Ergebnis zu kommen. Entsprechend scheiden lange Aufgabenlisten, die die tägliche Arbeit von Unternehmern beschreiben wohl auch aus. Ihr merkt, das Ganze ist nicht so einfach!

Kommen wir nun zum Königsweg! Wir definieren den Unternehmer über sein Mindset. So verstehen wir den Unternehmer, seine Gedankengänge und die Prinzipien, nach denen er oder sie vorgeht. Wir fragen uns also: „Wie tickt eigentlich so ein Unternehmer?" mit dem Ziel, dieses Wissen dann auf unseren Alltag zu übertragen. Grundsätzlich beschreibt das Mindset eine bestimmte geistige Haltung. In der Entscheidungs- oder Systemtheorie bezeichnet das Mindset ein Set von Annahmen, die sich in bestimmten Verhaltensweisen widerspiegeln. Mindset kann auch einfach mit Weltanschauung übersetzt werden. Um also zu verstehen, wie

---

[4] Bernd Roski, Diplom Handelslehrer und trotzdem ein toller Typ, den ich sehr vermisse.

Unternehmer ticken und diese Erkenntnisse für unsere Unternehmerpraxis nutzbar zu machen, macht es Sinn, das Mindset eines Unternehmers zu sezieren. Denn wenn wir begreifen, wie Unternehmer die Welt sehen, können wir diese Sichtweise kopieren und für uns nutzbar machen. Um Sachverhalte ganzheitlicher zu verstehen, betrachte ich diese gerne aus verschiedenen Blickwinkeln. Wir wenden hier die Methode der Positiv- und Negativdefinition an. Bei einer Positivdefinition beschreiben wir die Dinge wie sie sind und wie wir sie sehen. Bei einer Negativdefinition machen wir genau das Gegenteil. Beide Vorgehensweisen zusammen führen zu einem tieferen Verständnis des Sachverhaltes, da sie die Dinge aus unterschiedlichen Perspektiven betrachten. Ein gutes Beispiel dazu: Ein Auto kann man positiv definieren, indem man es detailliert beschreibt: Ein Auto hat vier Räder, ein Lenkrad, einen Motor, vier Sitze, ein Dach, … Oder was ein Auto eben nicht ist: ein Flugzeug, ein Fahrrad, ein Motorrad, ein Boot, ein Pferd, … (Negativdefinition). Das heißt, wenn wir ein besonderes Verständnis für komplexere Dinge wie das Unternehmertum aufbauen wollen, dann macht es Sinn, dieses auf beide beschriebene Arten zu tun. Keine Angst: Ich bleibe wie gewohnt bei einfachen Erklärungen! Um also zu verstehen, was Unternehmer sind und wie diese ticken, aber auch was diese nicht sind, habe ich im Folgenden das Unternehmertum den anderen drei vorherrschenden Berufsgruppen gegenübergestellt. Diese Abgrenzung hat noch einen weiteren Vorteil für Dich. Wenn Du heute noch kein Unternehmer bist und entsprechend einer anderen Berufsgruppe angehörst, dann kannst Du Dich fragen, ob Du Dich bei der Definition der anderen Berufsgruppen wiedererkennst oder ob Dein eigener Entwicklungsprozess von der einen in die andere Berufsgruppe schon gestartet ist. Du wirst darüber hinaus erkennen, ob diese Entwicklung für Dich überhaupt wünschenswert ist oder ob Du dort, wo Du heute stehst, nicht doch hinpasst. Grundsätzlich gibt es vier vorherrschende Berufsgruppen, wie Dir die Abbildung eins aufzeigt:

Abb. 01: Die vier Berufsgruppen.

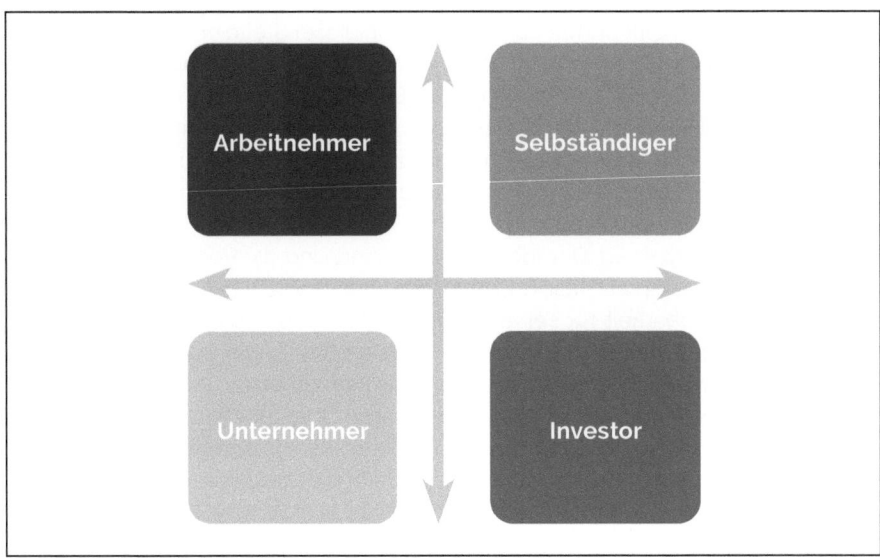

Um die vier Berufsgruppen vernünftig vergleichen zu können, stellen wir uns bestimmte erweiterte Verständnisfragen: Welches Ziel verfolgen die Berufsgruppen mit ihrer Tätigkeit? Welche Persönlichkeitsmerkmale bringen die jeweiligen Berufsgruppen mit sich? Wie gehen die Berufsgruppen jeweils mit Fehlern um? Wo erlernt jede Berufsgruppe das Rüstzeug, das sie braucht, um im Tagesgeschäft zu bestehen? Was passiert bei Erfolg? Wie werden die einzelnen Berufsgruppen konzeptionell besteuert? Gibt es Verdienstgrenzen in den Berufsgruppen? Wer arbeitet? Wie setzen die Berufsgruppen ihr Kapital ein?

Bei der Beantwortung der Fragestellungen nutzt der Autor seine eigenen Erfahrungen aus über 15 Jahren Tätigkeit als Gründer- und Unternehmerberater, als Geschäftsführer verschiedener Unternehmen, seiner langjährigen Hochschultätigkeit als Dozent für Entrepreneurship und seinen Einsichten aus Gesprächen mit Kollegen aus über 650 Gründungsprojekten, tausenden Beratungsstunden und verschiedenen ergänzenden Sekundärliteraturquellen.

3.1 Der Arbeitnehmer

Arbeitnehmer sein heißt primär - und ich bitte an dieser Stelle um Entschuldigung für mein eigenes Unternehmer-Mindset - Arbeitspakete weisungsgebunden im Rahmen einer Stellenbeschreibung gegen Entgelt abzuarbeiten. Als Arbeitnehmer ist man Erfüllungsgehilfe und haftet - wenn man keine kriminellen Handlungen ausführt - für sehr wenig, um nicht zu sagen für nichts. Der Arbeitgeber übernimmt die gesamte Verantwortung und dabei ist es egal, ob jemand weiter oben oder unten in der Hierarchie steht. Es betrifft im Prinzip alle Personen mit einem Anstellungsvertrag. Gerade in Deutschland sind die Rechte und Pflichten rund um den Arbeitsplatz klar und eng geregelt, was dem Arbeitnehmer eine gewisse Berechenbarkeit für seine Zukunft bietet. Neben dieser Sicherheit und dem regelmäßigen Verdienst freuen sich Arbeitnehmer über Sonderanreize, wie zum Beispiel einen Firmenwagen, einen Heimarbeitsplatz, ein Firmentelefon, betriebliche Altersvorsorge, vermögenswirksame Leistungen und viele Urlaubstage. Die Firmenwagengröße und die Position in der Hierarchie zeigen anderen Personen den Erfolgsstatus. Wenn ein Arbeitnehmer beruflichen Erfolg aufweist bekommt er in der Regel mehr Gehalt und / oder eine höhere Position mit mehr „Mitarbeiterverantwortung" und hat als Negativfolge oft mehr Stress und weniger Freizeit. Am wenigsten negativen Stress in großen Firmen, so meine Erfahrung und Eindruck, hat der „kleine Mann" ganz unten und der „große Mann" ganz oben in der Hierarchie. Alle anderen sitzen in Sandwichpositionen. Und wie das bei einem Sandwich üblich ist, drücken die beiden Brothälften kräftig gegen den Inhalt in der Mitte. Diese Mitte stellt den Großteil der Arbeitnehmer dar. Informationen, Arbeitspakete und operative und taktische Vorgaben von unten und oben aus der Hierarchie kommen hier zusammen und müssen irgendwie ausbalanciert werden. Entsprechend entstehen dort die meisten Burn-Out Opfer oder um bei unserem Beispiel zu bleiben „Squeeze-out" Opfer. Oft definiert die Stellenbeschreibung in der Hierarchie schon die Stärke des Anpressdrucks. Hier braucht man in der Praxis eine hohe psychische Widerstandsfähigkeit, um auf Dauer zu bestehen. Gerade in Zeiten permanent steigender Effizienzansprüche, auch verursacht durch die fortschreitende Globalisierung und die aufkommende künstliche Intelligenz, verstärkt sich dieser Druck. Arbeitnehmer erlernen ihre Fähigkeiten, die sie für den Job brauchen, primär in Ausbildungsstätten, die wir Schulen oder Hochschulen nennen, damit sie ihre Stellenbeschreibungen top ausfüllen können. Fehler, die wir in Beruf und Schule machen, sind weniger gut. Mit zu vielen Fehlern in Mathearbeiten bleibt man sitzen. Zu viele Fehler im Job sorgen in der Regel für eine Kündigung oder der Arbeitnehmer wird, wenn es der Arbeitnehmerschutz nicht zulässt, auf die Abstellbank verfrachtet. Fehler werden in der Arbeitnehmerwelt eher als schlecht bewertet. Der Spruch, dass man aus Fehlern lernt ist zwar richtig, führt aber in der Regel nicht zu Gehaltserhöhungen oder guten Noten in der Schule. Einkommen aus Arbeitnehmertätigkeit sind nach oben hin begrenzt, genauso wie auch die mögliche jährliche Arbeitszeit begrenzt ist. Allein schon das Arbeitnehmerzeitgesetz setzt der Ausbeutung durch den Arbeitgeber, aber auch der Extraleistung durch den Arbeitnehmer, klare Grenzen. Bei einem meiner letzten Seminare hat mir ein amerikanischer Coach stolz erzählt, dass seine Mitarbeiter im Durchschnitt 60 Stunden in der Woche arbeiten und dafür überdurchschnittlich gut an dieser Mehrleistung beteiligt werden. Er hat mir auch erzählt, wie glücklich seine Mitarbeiter sind, dass sie zu den Bestbezahltesten der Branche gehören und sie das mit Stolz erfüllt. So kann seine Firma gut wachsen und sich gegen die internationale Konkurrenz behaupten. Er war geschockt als ich ihm erzählte, dass das in Deutschland rechtlich gar nicht möglich wäre. Ausgenommen sind von dieser Leistungsbegrenzung Vorstände und Geschäftsführer, die aber auch schon wegen ihres Geschäftsbesorgungsvertrags nicht wirklich gut in die Gattung der Arbeitnehmer passen, sondern hier eher einen Sonderstatus genießen. Einkommen aus Arbeitnehmertätigkeiten werden am höchsten mit Sozialabgaben und Steuern bedacht. Es gibt kaum Möglichkeiten der legalen Steuerreduzierung. Man könnte auch frech behaupten: Dadurch, dass Arbeitnehmer nicht so einfach das Land mit ihrem Arbeitsplatz verlassen können, greift hier der Staat am heftigsten zu. Der Mangel an Risikobereitschaft und der fehlende Wunsch nach Freiheit wird mit einer maximalen Steuer- und Sozialabgabenlast bezahlt. Dieser Sachverhalt ist aber nicht nur typisch für Deutschland. Andere Länder können das auch. Den Arbeitnehmertypus kann man mit risikoavers, sicherheitsorientiert, ohne ausgeprägtes Unabhängigkeitsstreben und mit eher durchschnittlicher Antriebsstärke beschreiben. Er ist eben kein Rebell, kein Einzelkämpfer und kein Mensch mit hoher Unsicherheitstoleranz oder hohem Unabhängigkeitsstreben.

3.2 Der Selbständige

Warum machen Menschen sich selbständig? Aus vielen Gesprächen mit Gründern hat sich klar abgezeichnet, dass eine Doppel-Motivlage vorliegen muss, bevor sich jemand wirklich selbständig macht. Auf der einen Seite muss sich das, was man aktuell als Angestellter tut, schlecht anfühlen. Das heißt die Arbeit selbst lässt sich eher mit dem Gefühl von „Zähne ziehen" vergleichen. Man bezeichnet das auch als Weg-von-Motivation. Auf der anderen Seite muss ein neuer Plan, was man alternativ machen möchte, bereit liegen. Die sogenannte Hin-zu-Motivation. Nur wenn beide Motive vorliegen ist die Veränderungsmotivation groß genug, um die Sache anzupacken. Das Ganze läuft wie beim Fliegen ab: Du brauchst erst mal eine große Menge an Anschubenergie, um vom Boden hochzukommen. Bist Du aber im Himmel angekommen, dann reicht eine eher durchschnittliche Energiemenge aus, um oben zu bleiben. Genauso verhält sich das mit der Selbständigkeit. Bei Selbständigen verändert sich das Berufsbild oft gar nicht so intensiv. Waren sie vorher weisungsgebunden, so sind sie nun frei und ihr eigener Boss und arbeiten auf eigene Rechnung. Sie sind jetzt Jobbesitzer. Vorher waren Sie im Prinzip nur Dauergast in einer Firma und haben sehr oft einen ähnlichen Job gemacht, nur schlechter bezahlt und in Abhängigkeit. Selbständig macht man sich in der Regel, weil man denkt man könne seine eigenen Fähigkeiten am Markt besser als in einem Jobverhältnis einsetzen. Das heißt Selbständige denken, sie könnten es besser. Genau diese Einstellung ist aber auch dringend erforderlich, um genug Rückgrat und Zuversicht zu gewinnen, damit die Kunden am Markt überzeugt und Aufträge generiert werden. Hat ihnen vorher der Arbeitgeber die Aufgabenpakete serviert, so müssen sie nun selbst zur Jagd gehen und Aufgabenpakete akquirieren. Also, Weidmannsheil! In der Praxis haben Selbständige meistens noch einige Zuarbeiter wie ein Sekretariat oder einen anderen Helfer. Grundlegend stehen sie aber im Zentrum des Schaffensprozesses.

Die Lernstätte für die typischen selbständigen Berufe sind Schulen. Ärzte, Gutachter, Lehrer, Trainer haben in der Regel ihr Wissen in einer Ausbildungsstätte erworben. Auch sind Fehler, wie sie schon in der Schule erfuhren, für diese Berufsgruppe eher schlecht. Ärzte oder Anwälte, die Fehler machen, werden als weniger hervorragend angesehen. Wenn Selbständige Erfolg haben, verdienen Sie zwar mehr Geld, bezahlen diesen Erfolg aber in der Regel - wie Angestellte - mit ihrer Freizeit. Umso erfolgreicher Selbständige sind, umso mehr Arbeit bekommen sie und umso knapper wird ihre Freizeit. Der Verdienst ist bei Selbständigen auf die maximal pro Jahr abrechenbaren Arbeitsstunden begrenzt, multipliziert mit dem am Markt maximal durchsetzbaren Stundensatz zzgl. ein paar fakturierbarer Extraleistungen.

Steuerlich können Selbständige, anders als Angestellte, ein paar Dinge mit partiell privatem Nutzen als Kosten mit ansetzen. Davon abgesehen werden sie im Prinzip wie Arbeitnehmer besteuert. Selbständige verdienen im Durchschnitt das 3,5-fache wie Angestellte[5]. Im Gegensatz zu Angestellten liegt bei Selbständigen der Fokus auf Freiheit! Sie haben die Freiheit ihren Arbeitstag und die Art und Weise, wie sie Ihre Dienstleistungen erbringen, eigenständig und nach ihrem Dafürhalten zu gestalten. Sie sind in der Regel belastbarer, haben ein ausgeprägteres Unabhängigkeitsstreben und verfügen über ein hohes Bewusstsein bzgl. ihrer eigenen Leistungsfähigkeit. Sie wissen genau, was sie können und was sie nicht können. Menschen die selbständig arbeiten glauben auch weniger an Konzepte wie Schicksal oder Fremdbestimmung. Sie sind oft der Überzeugung, dass sie ihre Zukunft in den eigenen Händen halten und diese selbstbestimmt und zu ihren Gunsten beeinflussen können.

---

[5] Zitelmann, Rainer (2015): Reich werden und bleiben: Ihr Wegweiser zur finanziellen Freiheit. Finanz Buch Verlag. S. 35.

3.3   Der Investor

Das Werkzeug des Investors ist Geld. Investoren arbeiten mit dem eigenen, aber auch mit dem Geld anderer Menschen, um möglichst hohe Eigenkapitalrenditen zu erzielen. Da das Investieren ein tieferes Branchen- und Tätigkeitsverständnis erfordert, sind erfolgreiche Investoren meistens sehr qualifizierte Menschen. Sie verstehen den Investitionsbereich wie Fachkräfte, glauben an ihre Qualifikation wie Selbständige und verstehen die Branche wie Unternehmer, um die rentablen von den unrentablen Investitionen unterscheiden zu können. Hier nehme ich bewusst eine Unterscheidung zwischen Anlegern und Investoren vor. Anleger kaufen die Convenience Produkte der Spar- und Investmentindustrie. Investoren kaufen Unternehmen oder Immobilien. In der Regel finden sich Anleger in den Reihen der Angestellten wieder. Denn oft begrenzen das Mindset, die Werbepenetration der Banken und Versicherungen und der niedrige Grad an finanzieller Bildung ihren Horizont. Arbeitnehmer investieren ihr Geld oft in renditeschwache Anlagen und erwirtschaften damit häufig nicht einmal einen einfachen Inflationsausgleich. Hier werden Banken und Versicherungen reich, aber definitiv nicht der Anleger. Nicht selten stellen diese Convenience Produkte den Anleger sogar schlechter, als wenn er das Geld einfach nur auf seinem Bankkonto eingezahlt hätte. Wie man erfolgreicher Investor wird kann man eher selten in der Schule lernen, da hier weder Personal, noch Qualifikation, noch Mindset im Bereich finanzielle Bildung systembedingt anzutreffen sind. Das soll keine Wertung darstellen, sondern ist lediglich eine Situationsbeschreibung, die ich auch selbst als Student erfahren habe. In meinem BWL-Studium habe ich rein gar nichts über die Themen Wealth-Management und Vermögensaufbau gelernt, noch wurde mir erklärt, wie man reich wird. Die einzige Empfehlung auf meine Frage: "Wie kann ich denn nun reich werden?", war:"extremes Engagement in den üblichen Karriereleitern der Konzerne oder die permanente Weiterqualifikation." Diesen Weg habe ich probiert und getestet und als nicht gut befunden. Ich habe dabei eine Menge Lebenszeit verloren. Meine erfolgreichsten Gründer haben oft weder Abitur noch haben sie studiert. Im Indischen gibt es ein schönes Sprichwort das besagt: "Mit einer vollen Tasse kannst Du nichts anfangen." Der typische Hochschulstudent kommt mir oft wie eine indische Tasse Tee vor. Bei vielen Menschen ist die Tasse randvoll, so dass sie nicht mehr in der Lage sind unkonventionelle oder neue Wege zu gehen. Auf der Internetseite www.FeuerDeinenBoss.de habe ich im Bereich Freebies eine kostenfreie Auflistung von Literatur und Links zum Thema finanzielle Bildung angeführt. Willst Du Dich also zum Investor weiterentwickeln empfehle ich Dir, Dich hier mal umzuschauen. Diese Buchempfehlungen werden Dir die Augen öffnen. Steuerlich werden Investoren meistens bevorzugt behandelt, denn Kapital ist ein flüchtiges Gut und kann schnell und einfach die Ländergrenzen wechseln. Auch sind Länder auf Investoren angewiesen, denn gerade gilt hier das Motto: Ohne Moos, nichts los! Intelligente Regierungen versuchen entsprechend Anreize für Investoren zu schaffen und Kapital in das eigene Land zu holen, um damit Wachstum, Arbeitsplätze und Wohlstand abzusichern. Erfolgreiche Investoren lernen durch die eigene Erfahrung. Basierend auf Versuch und Irrtum erschließen sie sich Ihre Investitionsnischen. Sie lernen von ihren Fehlern und durch das Antesten neuer Investitionsbereiche. Entweder verdient man oder man lernt, ist hier das vorherrschende Verständnis von Investment. Ist ein Investor erfolgreich, so hat er mehr Freizeit und baut sein Vermögen auf. Investoren zeichnen sich in der Regel durch die Fähigkeit aus, Risiken sehr gut kalkulieren zu können und gehen wenig emotional und mit einem ausgeprägten Zahlen- und Branchenverständnis an Ihre Investitionsentscheidungen heran.

3.4 Der Unternehmer

Im Unterschied zu Selbständigen glauben Unternehmer meistens nicht, dass sie alles besser könnten, sondern sind der Auffassung, dass sie ein System brauchen, das für sie arbeitet. Sie arbeiten also eher am System Unternehmen als im System. Daraus ergibt sich eine höhere Skalierbarkeit des Geschäftsmodells. Unternehmer nutzen in der Regel die Zeit anderer Menschen, um ihre Umsätze und damit auch ihren Gewinn zu steigern. Entsprechend sind hier die Verdienstmöglichkeiten wesentlich größer. Unternehmer verdienen im Durchschnitt das 6,5-fache wie Angestellte.[6] Der Verdienstdeckel nach oben wird definiert durch den Mitbewerb und die Marktgröße und wie sich der Unternehmer in diesem Wettbewerb behaupten kann. Auch ist die Steuerlast in einer Kapitalgesellschaft günstiger als bei Einzelunternehmern, da es mehr Steuerwettbewerb der einzelnen Länder um die besten Unternehmer gibt. Anders als Arbeitnehmer und viele Selbständige haben Unternehmer eher die Möglichkeit, Teile oder das gesamte Unternehmen ins Ausland zu verlagern, wenn der aktuelle Standort als ungünstig wahrgenommen wird. Hier ist es Aufgabe jeder Regierung, ein für Unternehmensansiedlungen günstiges Klima zu schaffen und Unternehmertum mit steuerlichen Anreizen zu fördern. Denn am Ende sind es die Unternehmer, also Menschen, die etwas unternehmen, die die Grundlage für den Wohlstand eines Landes schaffen. Das Thema „Fehler machen" ist für innovative Unternehmen existenziell: Neue Wege gehen, Neues ausprobieren und damit auch das Risiko des kalkulierten Scheiterns einzugehen, ist die existenzielle Grundlage für erfolgreiches Unternehmertum. Durch Versuch und Irrtum findet der Unternehmer seine Nische. Businesspläne werden nur selten so realisiert, wie der Unternehmer diese in der Konzeptphase aufgesetzt hat. Er lernt im Prozess dazu und passt sein Geschäftsmodell laufend an bis es funktioniert. Gerade das Riskieren von Fehlern stellt seinen Erfahrungsschatz und damit auch die Erfolgskurve des Unternehmers dar. Wenn Unternehmer erfolgreich sein wollen müssen sie sich von dem typischen Arbeitnehmerbild, dass Fehler etwas Schlechtes sind, lösen. Der Unternehmer muss das kalkulierte Ausprobieren zur Grundlage seines Geschäftsmodells machen, wenn er nachhaltig Erfolg haben will.

Unternehmer lieben, wie Selbständige, die Freiheit. Der Unterschied ist nur: Umso erfolgreicher Unternehmer werden, umso mehr Freizeit haben sie und umso mehr können sie ausprobieren. Ein echtes Unternehmen hat man erst dann erschaffen, wenn es ohne die permanente Anwesenheit des Inhabers funktioniert. Ansonsten ist man Jobbesitzer. Eine oft notwendige Vorstufe zum freien Unternehmertum. In einem „echten" Unternehmen sollte der Chef als „störendes Element" die Entwick-

---

[6] Zitelmann, Rainer (2015): Reich werden und bleiben: Ihr Wegweiser zur finanziellen Freiheit. Finanz Buch Verlag. S. 35.

lung des eigenen Unternehmens vorantreiben durch Neuerungen und Impulse. Er nimmt die Funktion des Lotsens, Zukunftsmanagers und des kreativen Innovators ein, der nur im Notfall die Zügel an sich reißt, um sie dann auch schnell wieder loslassen zu können. Unternehmertum kann man nur sehr schwer in den klassischen Ausbildungsstätten lernen, da dies Orte sind, an denen es keine Unternehmer gibt, die man kopieren kann oder von denen man Unternehmertum lernen könnte. Schulen sind gerade heute ein Ort von sicherheitsorientierten Arbeitnehmern für sicherheitsorientierte Arbeitnehmer. Es wäre falsch zu denken, dass Beamte oder Mitarbeiter des öffentlichen Dienstes freiheitsliebende und selbstbestimmte Unternehmer entwickeln könnten. Wenn dann doch mal ein Unternehmer entspringt, ist das eher die Ausnahme, die die Regel bestätigt. Unternehmer können am besten von anderen Unternehmern lernen, was es bedeutet, ein Unternehmer zu sein. Nur weil der Autor selbst Unternehmer ist, kann er über Unternehmertum qualifiziert schreiben, denn er beschreibt seinen Alltag. Nur wer vorlebt, kann erzählen. Sonst würde ich zur „gefährlichen" Gruppe der Theoristen gehören. Das sind Menschen, die Dich eher aufhalten und ihr Wissen allein aus Büchern und durch Kopieren generieren. Statt Dich zu beflügeln füllen sie Deine Wissenstasse mit unbrauchbarem Ballast. Oft muss man als Start-Up Berater dann erst mal den Schaden wieder reparieren, den sie hinterlassen haben. Während Arbeitnehmer in einer engen Nische enorm tief ausqualifiziert sind (also von einer kleinen Nische ganz viel wissen), benötigen Unternehmer eher einen ganzheitlichen und generalistischen Blick auf ihr Arbeitsgebiet (vom Wesentlichen ein grundlegendes Verständnis haben), um ihr Unternehmen erfolgreich steuern zu können.

Unternehmern ist also Freiheit wichtig, sie lernen aus Fehlern, die eigene Erfahrung oder Mentoren sind ihre Lehrmeister, sie arbeiten primär mit der Zeit aber auch mit dem Geld anderer Menschen und Institutionen. Erfolg bringt ihnen mehr Freizeit und ihr Einkommen ist nach oben nur durch den Markt begrenzt. Dabei genießen sie steuerliche Vorteile.

Die Entwicklung zum Unternehmer ist kein gradliniger Prozess. Dennoch startet er oft in der folgenden Art und Weise, in der Du Dich vielleicht selbst auch wiedererkennst: Nach dem Besuch von (Hoch-)Schule oder Ausbildungsstätte haben wir unsere erste oder zweite Arbeitsstelle angetreten und einige Jahre berufspraktische Erfahrungen gesammelt. Die Arbeit selbst fanden wir interessant und auch teilweise erfüllend bis zu der einen Arbeitsstelle, an der sich nicht wirklich Erfüllung einstellen wollte. Diese Arbeitsstelle wurde vielleicht durch einen überforderten Vorgesetzten geleitet oder die Rahmenbedingungen wurden durch den technischen Fortschritt oder Umstrukturierung so verändert, dass der ehemals vielleicht gute Arbeitsplatz zu einer freudlosen und von täglicher Routine geprägten Zumutung wurde. Es machte einfach keinen Spaß mehr und Du hattest das

Gefühl, dass vieles in der Firma besser gemacht werden könnte. Aber Du fandest kein Gehör. Da der Arbeitsplatz in Deinem vorherigen Betrieb einer Verlagerung ins Ausland zum Opfer fiel, glaubtest Du nicht mehr so wirklich an das Märchen vom sicheren Arbeitsplatz. Auf der anderen Seite hast Du nicht geschlafen und durch Einsatz und Fleiß Deine persönliche Qualifikation ständig ausgebaut. Du hattest aber auch verstanden, dass Deine damalige Stelle eine Sackgasse war, die Dich nicht mehr wirklich erfüllte und dass auf der anderen Seite für Dich und Deine Fachqualifikation durchweg Bedarf am Arbeitsmarkt bestand. Auch hinterfragtest Du, ob das klassische Arbeitsplatzmodell überhaupt Erfüllung bedeuten kann. Denn Du setztest durch Deinen Arbeitseinsatz die Vision und Träume eines anderen Menschen um und nicht Deine eigenen. Du fragtest Dich, ob Du diese Marktnachfrage nicht auch selbständig bedienen könntest, ohne Deinen jetzigen Arbeitgeber. Die notwendigen Qualifikationen hattest Du. Du warst verunsichert und hast Deine Lebenspartnerin, Deine Eltern und Deine Freunde um Rat gebeten. Da es in Deiner Familie nur Angestellte gab, rieten sie Dir eher von diesem Schritt ab und fragten Dich, warum Du Deinen sicheren und gut bezahlten Job aufgeben willst, für den Du Dich doch über Jahre hinweg so gut qualifiziert hattest. Du selbst fühltest Dich in einem „goldenen" Käfig gefangen. Deine Verunsicherung stieg, aber Du arbeitetest trotzdem weiter an der Idee der Selbständigkeit, die Dich einfach nicht losließ, denn Du hattest das Gefühl, dass es für Dich einen besseren Weg geben musste. Die Beschäftigung mit der neuen, erhofften, beruflichen Freiheit lenkte Dich ab. Deine Lebenspartnerin sah, dass Dir Dein damaliger Job keine Freude mehr bereitete und wie ungern Du jeden Tag zu Deiner Arbeitsstelle fuhrst. Bei einem abendlichen Treffen mit Freunden war auch ein Ex-Arbeitskollege dabei von dem Du wusstest, dass er sich selbständig gemacht hatte. Nach dem zweiten Bier sprachst Du ihn auf seine Selbständigkeit an und Dein finaler Entschluss, Dich selbständig zu machen, kam ins Rollen. Er erzählte von seinem Werdegang und dass er einfach keinen Spaß mehr bei seiner Arbeit hatte. Dass die Bezahlung nicht schlecht war, aber auch nicht so gut, dass er sich jemals den Lebensstandard hätte leisten können, den er sich für seine Familie und sich selbst erhoffte. Er berichtete, dass der Anfang schwierig war und dass er gerade in den ersten zwei Jahren oft über Aufgeben nachgedacht hatte. Er wollte es aber unbedingt allein schaffen, hielt durch und heute nach fast drei Jahren Selbständigkeit ist er mit seiner Entscheidung zufrieden. Er hat zwei Mitarbeiter und die Auftragslage entwickelt sich gut. Was er in dieser Zeit gelernt hatte überstieg alles was es bisher wusste. Er war in seiner Berufung angekommen und das merkte man ihm auch an. Er war zufrieden und das wolltest Du auch sein. Er berichtete, dass er sich damals mit der IHK und dann mit einem Gründungsberater zusammengesetzt hatte, um seine Idee für die Selbständigkeit zu entwickeln. Er hatte vom Gründungsberater die notwendige Sicherheit und die fehlenden Informationen erhalten, die ihn auf den richtigen Weg gebracht hatten. Und vor allem hatte er gelernt was Unternehmertum wirklich bedeutet und an welche Strategien man sich halten sollte, um Erfolg zu haben. Genau diese Strategien habe ich für Dich im nächsten Kapitel aufgezeichnet. Sie sind das Geheimnis meines Erfolges und mein ständiger Wegbegleiter und der vieler meiner Kunden, denen ich dieses Buch gewidmet habe. Es sind die Helden, die den Mut hatten, ihr Leben in die eigenen Hände zu nehmen und ihren beruflichen Traum zu leben.

Ich mag keine Bücher, die das Offensichtliche erzählen! Ich bevorzuge Aha-Effekte und genau das ist der Anspruch dieses Buches: Dich zu überraschen und für Dich einen Mehrwert zu erzeugen: Denn wenn Produkte oder auch Unternehmen für den Kunden keinen wirklichen Nutzen bieten, dann haben sie auch keine Existenzberechtigung. Leider gibt es nicht die eine Blaupause, „die für jedes Geschäftsmodell und jeden Unternehmer passt - genauso wenig, wie es nicht die eine Unterhose geben kann, die jeden Hintern optimal bedeckt. Unternehmertum lebt auch von einer klaren und sichtbaren Unterscheidbarkeit der Geschäftsmodelle. Wenn wir alle genau das Gleiche machen würden, dann gäbe es keinen Wettbewerbsvorteil mehr und der Preis würde als einziges Kriterium bestimmen, wer den Auftrag erhält. Entsprechend geht es beim Unternehmertum nicht zwingend darum, eine noch nie dagewesene Idee zu entwickeln, sondern es reicht in der Regel aus, ein bisschen besser oder anders zu sein als der Mitbewerb und den Kunden diesen Vorteil wissen zu lassen.

Einer der mächtigsten Vermögenswerte, den wir besitzen, ist unser natürlicher Verstand. Wenn dieser gut trainiert ist kann er Enormes erreichen. Um also aus Deiner bestehenden Komfortzone auszubrechen, musst Du Deinen Verstand erweitern. Wir müssen uns neue Strategien aneignen, trainieren und in einen Prozess der Selbstausbildung eintreten. Beim Unternehmertum können wir uns leider nicht auf unsere Schulausbildung verlassen oder die Erfahrungen und das Wissen unserer Familien und Freunde aus Anstellungsverhältnissen. Es liegt einfach außerhalb ihrer Wissensgebiete. Deshalb ist es mir ein persönliches Anliegen, meine Strategien mit Dir zu teilen und Dir zu helfen, Unternehmertum als ernsthafte Alternative zum typischen Angestelltenverhältnis zu entwickeln. Unternehmertum verstehe ich als die Kunst, mit begrenztem Wissen zu praktikablen Lösungen zu gelangen, mit einem Bündel von Strategien, geleitet durch die Vorgehensweise Versuch und Irrtum, zum Erfolg zu kommen. Trotz diverser Hochschulabschlüsse bin ich ein absoluter Praktiker geblieben, und ich entwickele mich durch Versuch und Irrtum ständig weiter. Denn auch wenn Du Mathematik, Erdkunde und Chemie beherrschst, hat das doch alles gar nichts damit zu tun, das echte Leben zu meistern. Das basiert auf praktischen Fähigkeiten und Alltagsstrategien, die Dein Leben als Privatperson oder als Unternehmer erfolgreich machen, und das sind genau die Strategien, die ich in diesem Buch mit Dir teilen möchte. Strategien verstehen wir selbst als vorgeordnete Konzepte, die uns helfen die richtigen Entscheidungen zu treffen. Sie stellen dabei unsere Leitplanken auf dem Weg zum Erfolg dar. Diese Schutzeinrichtungen verhindern, dass wir von der Fahrbahn abkommen und außerhalb des Erfolgsbereiches landen. Sie reduzieren auf der einen Seite die möglichen Gefahren des Unternehmertums und erhöhen auf der anderen Seite die Wahrscheinlichkeit, Erfolge zu erzielen. In diesem Buch stelle ich Dir meine unternehmerischen Leitplanken vor, die Dich bei jeder Entscheidung als Ratgeber begleiten, um Dich so zu einem erfolgreicheren Unternehmer zu machen. Diese Strategien wurden nicht nur aus eigenen Erfahrungen abgeleitet, sondern entstanden aus über 1000 Businessmeetings mit einem Team von erfolgreichen Gründungsberatern. Es sind ganz konkrete Strategien, die aus diversen Handlungsverläufen abgeleitet wurden und eher aus der Praxis und aus dem natürlichen Verstand, als aus Theorien geboren worden sind. Sie sollen Dir helfen, wieder Eigentümer Deines eigenen Lebens zu werden.

„Natürlicher Verstand kann fast jeden Grad von Bildung ersetzen, aber keine Bildung den natürlichen Verstand."[7]

Viele dieser Strategien können nicht nur Dein Unternehmerleben nachhaltig verbessern, sondern sind auch dazu geeignet, Dein Privatleben neu zu ordnen, denn sie sind Erkenntnisse des gesunden Menschenverstandes. Du solltest möglichst keine dieser Erfolgsstrategien überspringen. Am Ende jeder Strategie solltest Du kurz in Dich gehen und Dir überlegen, wie Du diese Strategie am besten für Dich nutzbar machen kannst. Dann hat dieses Buch für Dich den höchsten Nutzen und garantiert eine sofortige Umsetzung des Erfahrenen. Meine Aufgabe sehe ich darin, mit diesen Strategien Unternehmertum zu einer sicheren und alternativen beruflichen Strategie weiter zu entwickeln. Solltest Du im Laufe Deines Unternehmerlebens noch weiteren guten Strategien begegnen würde ich mich sehr freuen, wenn Du meinen Lesern und mir diese zur Verfügung stellst. Besuche mich einfach auf unserer Internetseite: www.FeuerDeinenBoss.de. Mein Team und ich freuen uns, von Dir zu hören! Ich habe Dir für jede Kalenderwoche eine Strategie formuliert, so kannst Du das Buch genüsslich über ein ganzes Jahr verteilt konsumieren oder auch im Crashkurs verschlingen. Du kannst es als Impulsgeber zu Rate ziehen oder als Student zur Anreicherung meiner Kurse verwenden. Ich bin gespannt auf Deine Rückmeldung!
Legen wir also los!

---

[7] Frauenstädt, Julius (1888). Arthur Schopenhauer. Lichtstrahlen aus seinen Werken. Mit einer Biographie und Charakteristik Schopenhauer's, 6. Aufl., Leipzig 1888, S. 7 f.

4.1   Motivation, Lifestyle und Unternehmensdesign

Zum Thema Gründungsmotivation gibt es viele Studien. Meiner Erfahrung nach gibt es drei Hauptmotive: Es gibt die Gründergruppe, die sich aus der Notwendigkeit heraus selbständig macht. Das kann der Weg aus der Arbeitslosigkeit sein oder aus einem unliebsamen Jobverhältnis. Auf der anderen Seite gibt es die chancenorientierten Motive und Motive, die sich aus dem Wunsch nach Selbstverwirklichung und Freiheit entwickeln. Alle drei Motivgruppen haben die gleiche Kraft, führen aber oft erst dann zu einer Neugründung, wenn sie in Kombination auftreten. Ich möchte Dir aber eine komplett andere Perspektive mit an die Hand geben! Wie auch immer Deine Motive sein sollten, forme Dir von Anfang an ein Unternehmenskonzept, was mit Deinem persönlichen Leben und Fähigkeiten einhergeht. Baue Dir ein Unternehmen auf, das Deine Lebensträume und geheimsten Wünsche unterstützt. Dann wird sich Deine Arbeit nie wie Arbeit anfühlen, Dich erfüllen und Dir Freude bereiten. Stelle Menschen ein, die Deine Schwächen kompensieren und die Du vor allem magst. So bist Du immer von Freunden umgeben. Die meisten Unternehmen haben nicht ihren Ursprung in einer besonderen Idee, sondern basieren auf dem, was man gerne tut und für das man brennt. Denn es ist ganz schön hart in etwas gut zu sein, wenn man es eigentlich scheiße findet.

Bevor Du also Dein Unternehmen startest nimm Dir Zeit, um über Deinen Lebensentwurf nachzudenken und dann designst Du ein Unternehmen, welches Dein Lebensmodell optimal unterstützt. Oft mache ich in der Beratung die Erfahrung, dass Menschen sich enorm viele Gedanken über Ihren Job machen, aber sich kaum Zeit nehmen, um über Ihr Leben nachzudenken. Das ist ein Fehler! Oft genug habe ich Ziele verfolgt um ihrer selbst willen. Ich war auf der Suche nach einer Herausforderung. Sie hatten oft wenig mit meinen eigenen Lebenszielen zu tun, da ich diese zu wenig kannte.

Designe Dir also ein Leben, das Du liebst! Plane Deine eigene Reise, sei flexibel und bestimmt. Hierzu gibt es viel gute Ansätze.

Die ersten Fragen, die Du Dir dabei stellen solltest sind:

• Wer möchte ich sein?
• Was motiviert mich?
• Was will ich am Liebsten jeden Tag tun?
Was wäre, wenn:
• ...sich in meinem Leben gar nichts verändert? Wäre ich dann 100 % glücklich oder gibt es Dinge, die ich verändern möchte?
• ...ich morgen sterben würde? Würdest ich etwas bereuen? Bin ich zufrieden?
• ...Geld kein Problem darstellt? Was würde ich den ganzen Tag tun?
• ...es mir völlig egal wäre, wie andere Menschen über mich denken. Was würde ich tun?

Nimm Dir eine Liste und schreib auf, was Du nicht gerne machst und was Du gerne machst und orientiere Dich bei Deiner Unternehmensplanung an dieser Liste. Oft ist es wesentlich leichter, sich dabei an den Dingen zu orientieren, die man nicht mag und bei der Umsetzung des eigenen Unternehmens darüber nachzudenken, wie man diese Dinge loswird. Ich selbst mag keine Routine und mache gerne immer wieder neue und unterschiedliche Dinge. Ich liebe es, die Aufgaben, die mir dabei begegnen, zu lösen. Das Gelernte gebe ich gerne weiter, da man sich über Entdeckungen allein nur begrenzt freuen kann. Es erfüllt mich mit Stolz und geradezu kindlicher Freude, neue Kniffe, Tricks und Lösungen mit anderen zu teilen. Ich baue gerne Dinge auf. Entsprechend entspricht es meiner privaten Lebensführung, im Bereich Gründung und Immobilien tätig zu sein. Hier kann ich meine Fähigkeiten und die Dinge, die ich liebe, nutzen. Ich selbst bezeichne mich als Patchworker, da ich meine unterschiedlichen Leidenschaften beruflich mit Freude auslebe. Ich arbeite als Immobilieninvestor, Hochschuldozent, Business Angel, Buchautor, YouTuber und Start-Up Consultant. Wir Menschen sind nicht sonderlich kompliziert, obwohl viele uns das gerne denken lassen möchten und damit ihr Geld verdienen.

Starte mit der Liste, was will ich nicht in meinem Leben und kreiere einen Plan, wie Du diese Dinge aus Deinem Leben eliminieren kannst. Dein Leben wird sich dadurch enorm verbessern. Nicht Dein Job definiert Dich, sondern Du definierst Deinen Job!

Wenn Du jemand bist, dessen Ziele sich laufend verändern, dann ist auch das kein Problem. Schaffe ein Unternehmen, das mit Deiner Flexibilität mithalten kann. Reist Du zum Beispiel gerne, solltest Du Dir ein Unternehmen aufbauen, dass sich maximal automatisieren lässt. Magst Du keine Kundengewinnungsgespräche, sollte Du gerade in der Gründungsphase einen großen Akzent auf Onlinevertrieb legen. Baue Dir das Unternehmen, das ideal zu Dir und Deinem Lebensentwurf passt. Wir leben in einer Welt voller Möglichkeiten. Fokussiere Dich auf die Dinge, die Du gerne machst und kein Arbeitstag wird sich wieder wie Arbeit anfühlen. Oft gehen wir Wege, die uns aufgrund unserer Gesellschaft und unserem Alter vorbestimmt erscheinen. Aber das ist nicht so. Wir sind nicht alle gleich! Wir sind alle anders!

Merke: Es ist niemals zu spät, das Leben zu leben, das Du liebst. Versteh was Du willst und designe Dir ein Unternehmen, das Dich Deinen Traum leben lässt. Dein Job sollte nicht Dich definieren, sondern Du Deinen Job!

4.2   Das Glück ein Unternehmerheld zu sein

Auf meiner eigenen Suche nach Glück und Zufriedenheit habe ich festgestellt, dass es im Wesentlichen vier Vermögenswerte sind, die unsere Lebenszufriedenheit beeinflussen. Diese vier Werte bestimmen unsere Chance auf ein zufriedenes Leben. Diese Vermögenswerte sind: unsere Lebenszeit, Freiheit, Gesundheit und Unabhängigkeit. Die eigene Lebenszufriedenheit steigt, je größer die persönlichen Vermögenswerte sind und sinkt, je kleiner diese ausfallen.

Unternehmertum ist eine der besten Möglichkeiten, die eigenen Vermögenswerte zu optimieren. Das System des Lebensunternehmertums zielt darauf ab, Deine Vermögenswerte zu maximieren und dadurch eine geeignete Lebensinfrastruktur aufzubauen. Diese Lebensinfrastruktur beschreibt dabei das Lebenssystem, das Du um Dich herum aufgebaut hast und das Deine Zufriedenheit trägt. Volkstümlich ausgedrückt liegt jeder Mensch so, wie er sich bettet. Das Groteske daran ist, dass die meisten Menschen in ein System hinein geboren werden, das der Zufriedenheit nicht gerade dienlich ist. Sie bauen sich eine Lebensinfrastruktur auf, die die persönlichen Vermögenswerte ausbeutet. Oft sind es sogar andere, die zu wissen glauben, was gut für uns ist. Und dann verlieren wir unsere Freiheit und Unabhängigkeit. Denn wir leben das Lebensmodell einer anderen Person oder eines Staates, der ein genaues Bild davon definiert hat, wie unser Leben auszusehen hat. Wir haben verlernt nach unserem eigenen Lebensmodell Ausschau zu halten und dieses eigenverantwortlich und selbstbestimmt aufzubauen und nach unseren Wünschen zu designen. Mit diesem Buch hast Du eine Blaupause erworben, Deine persönlichen Vermögenswerte und damit Deine Zufriedenheit zu verbessern. Ich würde mich persönlich sehr freuen, wenn Du etwas daraus machst und mir über Deine Erfolge berichtest!

Der Großteil der Menschen im deutschsprachigen Raum sind Arbeitnehmer und damit praktisch kaum in der Lage einen wirklichen Zustand der nachhaltigen Zufriedenheit zu erreichen, da sie ihre beruflichen Träume und gewünschten Freiheiten in einer fremddefinierten Stellenbeschreibung nicht wirklich ausleben können. Als Arbeitnehmer bis Du abhängig, unfrei und Du tauschst Deine wertvolle Lebenszeit gegen schnöden Mammon[8] ein. Arbeitnehmer verkaufen in der Regel mehr oder weniger freiwillig ihre persönlichen Vermögenswerte gegen „Sicherheit". Diese „Sicherheit" wird dabei von den meisten Arbeitnehmern definiert - so meine persönlichen Studien und Erkenntnisse - als ein regelmäßiges monatliches Einkommen, das im besten Fall bis zur Rente angelegt sein soll. 40 % des Wachzustandes verbringen Arbeitnehmer normalerweise an einem fremddefinierten Arbeitsplatz und setzen weisungsgebunden um, was ihnen

---

[8] Anderes Wort für Geld im Allgemeinen.

vorgesetzt wird und das solange, wie man sie eben braucht und lässt. Entsprechend hoch sind oft die Krankheitstage. Viele Arbeitnehmer leiden unter Burn-Out oder anderen berufsbezogenen Erkrankungen. Dies sind Sachverhalte, die für unsere Zufriedenheit nicht förderlich sind. Erschwerend kommt hinzu, dass wir unsere Arbeit nicht nach unserem persönlichen Biorhythmus gestalten können, da unsere Arbeitszeiten oft unflexibel und branchenbezogen vordefiniert sind. So muss eine Krankenschwester Nachtschichten im Krankenhaus leisten, der Bäcker um 03:00 Uhr morgens den Ofen anschüren und die Einzelhandelsverkäuferin um 08:00 Uhr den Laden aufschließen, um nur einige Beispiel zu benennen. Das heißt, egal, ob Du nun ein Morgen- oder ein Nachtmensch bist, das „Runde wird ins Eckige" geklopft. Unabhängig davon, ob es Dir dabei gut geht oder eben nicht. Ein Umstand, der uns selten zufrieden stellt. Auch sind in der Regel längere Fahrzeiten zum Arbeitsplatz notwendig, die unsere Lebenszeit zusätzlich auffressen und für uns selbst unproduktiv und eine Verschwendung von persönlicher Lebenszeit sind.

Basierend auf den Ergebnissen verschiedener Befragungen u.a. im Rahmen von Betriebsklimachecks in Mittelstandsbetrieben weiß ich, dass nur wenigen Arbeitnehmern die aktuelle wirtschaftliche Situation der eigenen Firma überhaupt bekannt ist. Entsprechend sind Arbeitnehmer nur sehr selten in der Lage bei Umstrukturierungen, Betriebsteil- oder Vollschließungen die eigene Qualifikation noch rechtzeitig zu erweitern, um das sinkende Schiff mit einer guten Marktqualifikation zu verlassen. In der Regel erfolgt nach einer Entlassung der Gang zum Arbeitsamt. Das erklärt auch, warum Arbeitnehmer so erbittert um vergangene Arbeitsplätze kämpfen. Es ist die Angst und das Wissen um die eigene unzulängliche Marktqualifikation. Denn warum sollte man sonst kämpfen, wenn man doch am nächsten Tag gut gelaunt in einer anderen wirtschaftlich stärkeren Firma wieder neu starten könnte?

Wenn ich mich selbst frage, ob ich je wieder Arbeitnehmer sein könnte, dann lautet meine Antwort: Technisch ja, aber mir ist das Risiko und der Preis eines abhängigen Beschäftigungsverhältnisses einfach zu hoch. Aufgrund der zunehmenden Digitalisierung, der kürzeren Produktlebenszyklen und der härteren Wettbewerbsbedingungen durch die Globalisierung wird die Lebenszeit von Unternehmen in Zukunft tendenziell abnehmen. Entsprechend gefährlich wird der Deal, Sicherheit gegen Arbeitsleistung und Abhängigkeit einzutauschen. An dieser Stelle sei noch mal auf die Wichtigkeit der laufenden Weiterbildung hingewiesen. Denn nur wer sich fortlaufend weiterbildet und Fähigkeiten besitzt, die der Markt braucht, wird am Markt bestehen können. In dynamischen Zeiten ist die Halbwertszeit von Wissen und Ausbildung kurz. Daher sollten wir fortlaufend unsere Marktqualifikation im Blick halten, um auch morgen noch unsere Lebenshaltungskosten mit dem Modell Zeit-gegen-Geld finanzieren zu können.

Ich selbst war fast acht Jahre lang glücklicher Arbeitnehmer in einem Start-Up-Unternehmen. Anfänglich mit enormer Begeisterung. Ich konnte sehr viel lernen. Ich hatte tolle Vorgesetzte und super Kollegen. Ich konnte mich und meine Person austesten und herausfinden, wo ich beruflich stehe, was ich kann und wo meine Grenzen liegen. Mit der Zeit nahm meine Motivation ab. Auch habe ich gelernt, dass man sich als Arbeitnehmer nicht auf vergangenen Erfolgen ausruhen kann. Als Arbeitnehmer arbeitet man im Jetzt und der Wert der eigenen Arbeitskraft richtet sich nach der zukünftigen Nutzbarmachung der eigenen Fachkompetenz für den Betrieb. Im Prinzip wie eine gelistete Aktie am Aktienmarkt. Unabhängig davon, was uns Headhunter, Schulen und Personalabteilungen propagandistisch erzählen: Am Ende bist Du als Arbeitnehmer ein weisungsgebundenes Individuum, dass bei auftretender Fehlfunktion, Rebellion, Umorganisation oder sinkenden Nutzen ausgetauscht wird. „Nirgendwo gehen die Menschen so lustlos zur Arbeit wie in Deutschland. Das zeigt eine globale Studie zur Mitarbeiterzufriedenheit."[9] An dieser Stelle ist wohl eine Entschuldigung angebracht für meine harte Darstellung der Situation. Aber, was gesagt werden muss, muss gesagt werden und wie ich zu Beginn erwähnt habe: Das ist kein Buch für Arbeitnehmer. Wir wollen ja etwas ändern und in Bewegung kommen. Eine gute Motivation ist nicht nur die Hin-zu-Motivation, sondern auch die Weg-von-Motivation. Beides zusammen bringen uns in Bewegung. Natürlich wird Dir das in den wenigsten Schulen dieser Welt gelehrt, denn diese leben davon, dass sie Deinen Fokus auf die Karriereleitern der Unternehmen dieser Welt lenken. Auch macht es wenig Sinn Dich zu frustrieren, denn Unternehmen wünschen sich engagierte Mitarbeiter, die sich für das Unternehmen einsetzen. Überspitzt formuliert sind Arbeitnehmer die modernen Sklaven unserer Zeit und die Unternehmen sind Ihre Plantagen. Natürlich kultivierter und respektvoller, aber das System ist ähnlich. An dieser Stelle muss gesagt werden, dass es auch einige besondere, inhabergeführte Unternehmen gibt, die sich in beeindruckender Weise für Ihre Mitarbeiter einsetzen und diese als ihre Familie verstehen. In solchen Unternehmen zu arbeiten ist Glück und macht bis zu dem Zeitpunkt wirklich Spaß, bis der Inhaber sich entschieden hat, altersbedingt auszuscheiden oder sein Unternehmen an jemanden zu verkaufen, der eine andere Einstellung zum Unternehmertum hat. Ob Du Dich für eine Arbeitnehmerinfrastruktur als Teil Deines Lebens entscheidest oder Dir eine eigene berufliche Infrastruktur aufbauen willst entscheidest Du. Dieses Buch ist geschrieben für Menschen, die Ihre Lebensinfrastruktur nachhaltig verbessern wollen. Unsere Lebensinfrastruktur beschreibt den Unterbau unseres Lebens und das Netzwerk, das wir uns zum Schutz und zur Förderung unseres eigenen Lebens aufgebaut haben. In der Regel sind es langsam gewachsene Gebilde, die unsere persönlichen Vermögenswerte maßgeblich beeinflussen.

---

[9] Gontek, Florian (2020). Deutschland ist Frustweltmeister. Spiegel.de. 10.03.2020, 09:36 Uhr.

Betrachten wir unseren Gesundheitszustand: Der Unterbau für eine gute Gesundheit ist geprägt von unseren Arbeitsbedingungen, unserer Lebenszufriedenheit, der Qualität unserer medizinischen Versorgung und den Nahrungsmitteln, die wir konsumieren, unserem ökologischen Umfeld (Umweltverschmutzung), unserer Familie, Freunden und anderen Stressoren, wie der Freiheitsgrad des politischen Systems indem wir leben, und andere Abhängigkeiten. Gesundheit bestimmt maßgeblich unsere Lebenserwartung und damit ebenfalls unsere verfügbare Lebenszeit. Unsere persönlichen Vermögenswerte beeinflussen sich gegenseitig positiv, aber auch negativ. Vernachlässigen wir ein Asset,[10] so wirkt sich das negativ auf unsere anderen Vermögenswerte aus und umgekehrt.

Unsere Lebensinfrastruktur definiert in welcher Art und Weise wir unsere Zeit verbringen können und mit welcher Qualität. Freiheit und Unabhängigkeit definiert die Stabilität und Sicherheit unserer Lebensinfrastruktur maßgeblich. Der Stand der eigenen Altersvorsorge, Dein fachlicher Bildungsgrad, Deine finanzielle Bildung, die Achtsamkeit für Deine Gesundheit, die eigene finanzielle Ausstattung, Dein Berufsstatus sorgen für eine stabile und freiheitlich geprägte Lebensinfrastruktur, die sich in einer gesteigerten Lebenszufriedenheit ausdrückt. Es ist der Grad der „Selbstmächtigkeit" über unser eigenes Leben, der Ausdruck findet in unserer subjektiv wahrgenommenen Lebensqualität. Freiheit heißt auch von staatlichen Infrastruktursystemen ausweichen zu können, wenn sie Dich freiheitlich einschränken, ausbeuten oder bevormunden. Unternehmertum beinhaltet die Idee, sich frei zu machen und loszulösen von einengenden Konventionen und Dein Leben nach Deinen eigenen Vorstellungen aufzubauen. Natürlich nur soweit es den Freiheitsdrang anderer Menschen nicht verletzt und in sozial akzeptabler Weise. Als Unternehmer wählst Du den Weg der Freiheit und Selbstbestimmung. Es ist eine spannende Herausforderung sich von einem dominierenden Arbeitnehmerumfeld zu befreien. Aber Du wirst sehen: es lohnt sich!

Merke: Unternehmertum bedeutet eine Vision über das eigene selbstbestimmte Leben zu haben. Besuche auf Facebook unsere Seite „FeuerDeinen-Boss" und tausche Dich mit gleichgesinnten Unternehmerhelden aus.

---

[10] Asset = Engl. Vermögenswert.

4.3   Warum wir immer Schuld sein sollten

Einer der Hauptgründe, warum erfolgfreie Menschen keinen Erfolg haben, ist, dass sie immer anderen Menschen oder Sachverhalten die Schuld für ihre eigene Situation oder ihr Versagen zuschieben. Nach dem Motto: „Kann der Bauer nicht schwimmen, dann schiebt er es auf die Badehose." Auf dieser Maxime sind oft Teile oder sogar das gesamte Lebensmodell aufgebaut. Schlechte eigene Entscheidungen gibt es in diesem Weltbild nur selten. Gibt es keine Beförderung, sind der Chef, die bösen Kollegen oder die Firma schuld. Wenn etwas im Leben nicht so richtig läuft, dann wird immer schnell ein Schuldiger oder ein externer Grund dafür gefunden. Bei schlechten Noten ist der Lehrer schuld. Bei einer unglücklichen Beziehung der Freund oder die Freundin. Arbeitet man im Vertrieb und der notwendige Erfolg bleibt aus, dann liegt es natürlich immer daran, dass die Produkte der Konkurrenz besser sind, die eigene Firma ineffiziente Prozesse hat oder die Preise für die eigenen Produkte zu teuer sind. Es liegt niemals an ihnen selbst. Wenn Menschen in ihrem Umfeld erfolgreicher sind, dann vermuten sie dort Glück, Vitamin B, eine große Erbschaft oder kriminelle Energie, aber selten sehen sie Fleiß und Disziplin, denn sie müssten sich sonst eingestehen, dass sie einfach im Vergleich zu diesen Menschen fauler sind. Diese Einstellung macht sie immer zum Opfer. Sie sind selbst nie schuld und als Bonus können sie sich und ihr Leid noch so richtig schön bedauern lassen. Oft bilden sich dann Opfergemeinschaften, die sich, anstatt sich an die eigene Nase zu fassen und ihr Leben proaktiv zu verändern, in Ihrem Leid suhlen.

Das Problem dabei ist nur, dass sie mit ihrer Schuldzuweisung anderen Sachverhalten oder Menschen die Macht über sich und ihr Leben geben. Sie machen es sich dadurch extrem schwer dazuzulernen und sich zu verbessern. Denn zum Lernen ist die offene Auseinandersetzung mit den Problemstellungen und die Übernahme von Verantwortung notwendig.

Im Prinzip hat nur derjenige, der die „Schuld" bei sich selbst sucht und diese auch offen für sich anerkennt, die Macht etwas zu verändern und seine zukünftigen Handlungen zu verbessern. Denn nur der, der schuld an dem gegenwärtigen Zustand ist, hat auch die Macht, etwas daran zu verändern. Wenn du dies akzeptiert hast kannst Du Dich fragen: Was ist da genau passiert? Wo habe ich den ersten Schritt in der Kausalkette unternommen, damit sich der aktuell ungünstige Zustand eingestellt hat? Unter Kausalkette verstehe ich eine Abfolge von aufeinander bezogenen Ereignissen und Zuständen, deren Ursprung auf einer ungünstigen Entscheidung oder Handlung liegt. Wir übernehmen Verantwortung für den aktuellen Zustand und fragen uns, warum und wo genau wir den Stein ins Rollen gebracht haben, der zu der aktuellen, für uns ungünstigen Situation geführt hat, mit dem Ziel diese Handlung oder Entscheidung in Zukunft zu vermeiden oder anzupassen. Das heißt, wir entwickeln für uns eine Liste von Handlungen und Entscheidungen, die wir tunlichst vermeiden sollten, wenn wir negative Zustände und Ereignisse in unserem Leben beseitigen wollen, und wir entwickeln umgekehrt für uns einen Strategienkatalog, der unser Leben positiv beeinflussen kann.

Wenn die fehlende Beförderung an Dir liegt, dann kannst du nämlich plötzlich selbst etwas verändern. Du könntest Deine Kollegen, Freunde und Deinen Chef fragen, warum es bei Dir noch nicht für eine Beförderung gereicht hat und damit beginnen, diese Hindernisse zu beseitigen. Du könntest Dich zum Beispiel weiterqualifizieren, den Job wechseln, Persönlichkeitsschulungen besuchen, Deinen Vorgesetzten und Deine Kollegen bitten, Dir bei Deiner Zielerreichung zu helfen. Du bist auf einmal offen, suchst die Ursache in Deinen eigenen Handlungen und Entscheidungen und Du hast viele neue Möglichkeiten die aktuelle Situation für Dich zu verändern. Du bist nun kein Opfer mehr und hast die Macht, den gegenwärtigen Zustand zu verbessern. Du kannst bei einer schlechten Situation einfach in der Kausalkette rückwärtsgehen und herausfinden, wo genau Du den ersten Schritt in die falsche Richtung gegangen bist und daraus lernen, diesen Fehler nicht zu wiederholen. Denn eines ist klar: Wenn Du keine neuen Wege gehst und nichts dazu lernst, wirst Du auch immer der bleiben, der Du warst und eine Verbesserung im Status Quo wird nur sehr selten eintreten. Unternehmer glauben nicht an Glück oder Pech, sie glauben daran, ihr Leben in die eigenen Hände zu nehmen und es positiv zu verändern. Genauso haben sich auch die Erkenntnisse zu diesem Buch entwickelt. Ich habe mir die Frage gestellt: Welche Strategien und Entscheidungen haben den Erfolg meiner Kunden extrem positiv beeinflusst und was verhinderte eher den Erfolg? Die gewonnenen Erkenntnisse sind die hier abgebildeten Erfolgsstrategien. Es sind die Erfolgsgrundlagen von vielen Unternehmern und mir selbst. Du hältst also mit diesem Buch den Schlüssel für Deinen eigenen Erfolg in Deinen Händen.

Merke: Übernimm die Verantwortung für die Missstände und Fehler in Deinem Leben. Hol Dir Deine Macht zurück! Geh bei Situationen, die Du als negativ empfindest, die Kausalkette rückwärts und finde den Ursprung des Übels heraus. Lerne bessere Kausalketten für Dich und Dein Leben zu bauen. Sie sind die Grundlage für Deinen Erfolg!

4.4 Das „Pechvogelkonzept"

Erfolgfreie Menschen neigen dazu, für Erfolge oder Misserfolge ihres persönlichen oder beruflichen Handelns „Pech" und „Glück" verantwortlich zu machen und sich damit von den Konsequenzen ihres eigenen Handelns frei zu machen. Für sie sind Pech und Glück zufällige Ereignisse, denen man ausgeliefert ist und die man nicht beeinflussen kann.

Erfolgreiche Unternehmer hingegen glauben nicht an das Konzept von Glück und Pech oder Schicksal. Sie glauben daran, dass jeder Mensch selbst sein Leben und seine Zukunft durch proaktives Tun bestimmen kann. Sie glauben daran, dass jeder seines eigenen Schicksals Schmied ist. Selbstverständlich begegnen wir in unserem Leben Situationen und Ereignissen, die eher förderlich oder hinderlich für unsere eigenen Lebensziele sind. Einfach ausgedrückt: Mal fallen wir und mal fliegen wir! Oder: Mal haben wir Pech und mal Glück. Wirkliches, unbeeinflussbares Pech oder Glück sind allerdings Zufallswerte, die allen Menschen mit der gleichen Wahrscheinlichkeit begegnen.

Wenn man sich zum Beispiel als Repräsentant für das Thema Pech und Glück einen Würfel nimmt und sagt die Eins steht für Glück, die Sechs steht für Pech und Zwei bis Fünf sind das normale Leben, dann kommt man schnell zu dem Ergebnis, dass Glück und Pech gleichverteilt sind. Dass jedem Menschen Glück oder Pech mit der gleichen Wahrscheinlichkeit begegnen und hier niemand im Druchschnitt und auf lange Sicht bevorzugt oder extrem benachteiligt wird. Kurzfristig besteht natürlich die Möglichkeit, dass wir einige Sechser oder ein paar Einser hintereinander würfeln, aber im Lebensdurchschnitt schlägt dann die Wahrscheinlichkeitsrechnung zu und die sagt uns: Jeder Mensch hat gleich viel Glück und Pech.

Wie kann es nun sein, dass einige Menschen den Anschein erwecken, sie wären Glückspilze, während andere scheinbar auf der Schattenseite des Lebens zu Hause sind? Die Antwort auf diese Frage ist einfach! Es ist eine Frage des Mindsets und wie wir mit Situationen und Ereignisse umgehen, die wir als glück- oder pechbehaftet beschreiben würden. Sagen wir mal wir hatten Glück und wir finden auf der Straße 100,00 € oder bekommen ein tolles Jobangebot, weil uns ein Exkollege bei seinem neuen Arbeitgeber empfohlen hat. Menschen, die sich als Pechvögel bezeichnen, würden wahrscheinlich die 100 € unbedacht für Konsum ausgeben und den Job ablehnen, weil sie das Gefühl haben, diesem Job und was der Exkollege darüber erzählt hat, nicht gewachsen zu sein. Sie bleiben lieber da, wo sie sind, denn da wissen sie was man hat, unabhängig davon ob nun die Bezahlung mies ist und es keine Mitarbeiterförderung gibt. Glückskinder würden die 100,00 € anders nutzen. Sie würden zum Beispiel den Exkollegen zum Essen einladen, sich bedanken und sich den neuen Job und die Möglichkeiten erklären lassen. Sie würden eine Probearbeit vereinbaren, um die neue Stelle und den neuen Chef kennen zu lernen und viele Fragen stellen zu den Themen: Arbeitsklima, Entwicklungsmöglichkeiten, Bezahlung und welche Erwartungen der neue Chef an einen guten Mitarbeiter hat, um ihre Chancen genau auszuloten. Den Rest des Geldes investieren sie vielleicht in eine kleine Gemeinschaftsaktivität mit ihrer Familie oder legen es für pechbehaftete Zeiten zurück, damit sie freie Liquidität für die Lösungsfindung haben.

Menschen, die auf der Sonnenseite des Lebens stehen, versuchen Chancen zu ergreifen und investieren sinnstiftend in ihre Zukunft, um ihr Leben weiter zu verbessern. Sie öffnen dem Glück die Tür. Dem Pech versuchen erfolgreiche Menschen eher die Tür zu versperren und in günstigere Bahnen zu lenken, mit dem Ziel, aus einer anfänglich negativen Situation etwas Positives zu formen. Nach dem Motto: Mach das Beste aus jeder Situation.

Wie verfahren erfolgreiche Menschen mit Pech? Zum Beispiel vergisst unser Nachbar durch Gedankenlosigkeit beim Umzug, die Kellertür zu versperren. Diebe nutzen das und brechen in unseren Keller ein und bestehlen uns. Dies ist ein wahres Beispiel aus meinem Leben. Da mir das passiert ist, habe ich meine Hausratsversicherung um Kellereinbruchdiebstahl erweitert, um dem Pech die Tür zu versperren. Nach einem Diebstahl schicke ich also meiner Versicherung eine Liste mit den gestohlenen Sachen und erhalte den Wert zurück. Außer ein bisschen Schreibarbeit ist nichts passiert und ich habe mein „Pech" durch eine einfache Maßnahme abgefedert. Pech und Glück haben wir alle gleichermaßen. Die Frage ist immer nur: Was machen wir daraus? Im Leben kommt es darauf an, die richtigen Strategien zu entwickeln und sich unabhängig von Glück und Pech zu machen. Es gilt dafür zu sorgen, dass man immer auf der Sonnenseite des Lebens steht. Zusätzlich hat in meinem Beispielfall die Hausgemeinschaft in größere Sperrriegel für alle Kellerabteile investiert. So hat auch die Gemeinschaft die Wahrscheinlichkeit reduziert, Opfer von Einbrüchen zu werden. Ein altes Sprichwort sagt: „Kümmere Dich um das Schlimmste, das Beste kümmert sich um sich selbst." Entsprechend versuche ich immer, die jeweils möglichen, ungünstigsten Entwicklungen durch vorbeugende Maßnahmen zu vermeiden und dadurch mein Pech abzufedern. Ich versuche also aus unkalkulierbaren Negativszenarien, kalkulierbare Risiken zu machen. So gehe ich mit meiner Gesundheit um, mit Investments und mit dem Thema Unternehmertum. Ich versuche Absicherungsstrategien zu entwickeln, die das Schlimmste vermeiden. Durch dieses Vorgehensweise lernen wir über verschiedene Worst-Case-Szenarien nachzudenken und überlegen uns schon im Vorfeld Lösungen dafür - wie ein guter Schachspieler. Wir werden also zu einem Experten für Problemlösungen und Prophylaxe. Entsprechend sind wir auch seltener Opfer, stehen dadurch öfters auf der Sonnenseite des Lebens und erscheinen für andere als Glückspilze. Manchmal erwische ich mich sogar dabei, mich über negative Zufälle zu amüsieren und frage mich: „Was ist da jetzt wieder drin für mich?"

Ich genieße das Glück und lerne aus meinem Pech. Dies ist eine Vorgehensweise mit Pech umzugehen, die ich Dir nur ans Herz legen kann.

Natürlich bin ich in dem Moment, in dem ich Pech habe, auch nicht immer besonders glücklich. Meistens jedoch habe ich gerade aus diesen Erfahrungen die größten Erkenntnisse für mein Leben und meinen beruflichen Erfolg gewonnen. Ich habe daraus diese Erfolgsstrategien entwickeln können. Die Frage ist im Endeffekt nur: Wie reagieren wir, wenn uns das Pech oder das Glück heimsucht? Also, wie gehen wir mit Situationen um, die wir als hinderlich oder förderlich betrachten und wie können wir das Beste daraus für uns und unser Leben machen?

Merke: Im Endeffekt zählt, was Du aus Deinem Pech und Glück machst und **nicht**, ob es Dir begegnet. Wir können am meisten aus dummen Zufällen lernen und daraus für unser Leben und unser Unternehmen Gewinnerstrategien entwickeln. Ohne dumme Zufälle kommen wir oft gar nicht auf neue Ideen. Pech oder Zufall sind also wesentliche Grundlagen für unseren Erfolg.

4.5   Optimismus allein ist nicht genug

Beim Start eines neuen Unternehmens reicht kein Zweckoptimismus nach dem Motto: „Ich schaffe das." Hier ist echtes Anpacken angesagt. Das ist wie beim Fliegen: Ein Flugzeug kann nur mit Vollgas abheben. Ein bisschen Gas läuft da nicht! Arbeitnehmer, so liest man vielerorts, bekommen Burn-outs. Sie brennen aus, ihre Arbeit erschöpft sie emotional, sie fühlen sich überfordert und leiden unter Arbeitsunzufriedenheit. Das kann ich aus meiner Sicht als Unternehmer und ehemaligem Arbeitnehmer gut nachempfinden. Denn Arbeitnehmer verwirklichen die Träume anderer Menschen. Da reicht das Gehalt oft nicht mehr aus, um Freude bei der täglichen Abarbeitung von fremddefinierten Arbeitspaketen zu empfinden. Du als Unternehmer solltest hingegen einen „Burn-in" haben. Du solltest für Dein Thema brennen, Dich damit identifizieren, stolz auf das sein, was Du tust. Es sollte Dein Leben mit einem tieferen Sinn erfüllen und Dir das Gefühl von Zufriedenheit vermitteln. Denn Du nimmst Dein Leben in die eigenen Hände und gewinnst Deine Freiheit zurück. Du bist wieder Herr über Dein eigenes Leben und das bedeutet Freiheit und Unabhängigkeit und die Grundlage für die Entfaltung unseres eigenen selbst.

Eine Work-Life-Balance zu leben bedeutet, die wesentlichen Bereiche des menschlichen Lebens in einem ausgeglichenen Zeitverhältnis zu bedienen. Beruf, Familie, soziale Aktivitäten, Freizeit und Sport, … sollen gleichermaßen ein Stück von Deinem Zeitbudget erhalten. Die verschiedenen Lebensbereiche sollen sich nicht behindern und bestenfalls unterstützen. Das klingt zwar gut, ist aber nicht der Weg, um in einer bestimmten Disziplin Erfolg zu haben. Wenn Du allen Bereichen in Deinem Leben ein durchschnittliches Zeitbudget zuordnest, dann wirst Du sehr wahrscheinlich auch am Ende nur überall durchschnittlich sein. Stellt Dich Durchschnittlichkeit zufrieden, dann ist das natürlich in Ordnung. Fakt ist, wenn Du als Unternehmer durchstarten willst, dann geht das in den seltensten Fällen mit Durchschnittlichkeit. Besonders am Anfang musst Du Vollgas geben und eben nicht durchschnittlich arbeiten. Mit einer 35-Stundenwoche gibt es hier nur sehr selten etwas zu gewinnen. Warum? Nun, Du willst für Dich und Deine Familie etwas aufbauen. Ein Hausbau braucht mehr Energie, als ein bestehendes Haus instand zu halten. Du solltest jedoch, bevor Du startest, mit allen anderen Lebensbereichen eine Verhandlung führen und sie darauf einstimmen, dass sie in nächster Zeit kein oder nur ein kleineres Zeitbudget von Dir erhalten werden. Plane vorsichtig zwei bis drei Jahre für den Start Deines Unternehmens ein. Solltest Du bei den Verhandlungen auf größere Widerstände stoßen, dann mach Dir im Vorfeld darüber Gedanken, wie wichtig Dir Dein Start in das Unternehmerleben ist. Gute Freunde und eine Familie, die Dich lieben, werden Dein Engagement unterstützen, auch wenn sie es gerade am Anfang nicht lieben werden. Erfolg beruht auf der Kür und nicht auf dem Pflichtprogramm. Oder um es anders auszudrücken: Die meisten sehen nur das Blumenbeet, aber nicht den Spaten. Als Gründer solltest Du Deine Work-Life-Balance auf Arbeit priorisieren und alle anderen Bereiche sollten dem Zweck dienen, Dich Deine Arbeit bestmöglich machen zu lassen. Dazu gehören ausreichend Schlaf, gesunde Ernährung und körperliche Fitness. Alle Lebensbereiche werden zu unterstützenden Tätigkeiten, die nur ein Ziel kennen: Dich als Unternehmer zu etablieren und Dich wachsen zu lassen. Das Leben des Unternehmers ähnelt sehr dem eines Spitzensportlers, der alle Bereiche seines Lebens dem Sport unterwirft. Ist der Start gelungen und Dein Unternehmen läuft stabil, dann darfst Du auch gerne die Akzente wieder etwas verschieben. Umso erfolgreicher wir als Unternehmer werden, umso freiheitlicher können wir unsere Zeit einteilen.

Merke: Wenn Du Erfolg haben willst, dann musst Du alle Bereiche Deines Lebens auf Erfolg einnorden. Eine 35-Stundenwoche ist kein Startkonzept für ein besseres Leben.

4.6   Sinn und Unsinn von Mentoren, Trainern und Coaches

Bei der Nutzung von Mentoren, Trainern und Coaches geht es darum, sich von einer erfahrenen Person zum Erfolg anleiten zu lassen. Es geht um Wissenstransfer, aber auch um Motivation. Dabei steht im Fokus der Betrachtung eine schnelle und effiziente Zielerreichung. Oft werden die Begriffe Mentor, Trainer und Coach nicht klar gegeneinander abgegrenzt und eher beliebig verwendet. Das stellt für uns aber kein größeres Problem dar. Wichtig für den Hilfesuchenden ist nicht der Titel des Lehrers, sondern sich die Person auszusuchen, die auch wirklich Hilfestellung leisten kann und Dich nach vorne bringt.

Wie in allen Berufsgruppen gibt es auch hier gute und schlechte Dienstleister und wie bei den meisten Dienstleistungsangeboten üblich, kauft man die Katze im Sack. Leider steht es einer Person nur sehr selten auf der Stirn geschrieben, ob diese für uns einen Mehrwert leistet oder nur Zeit und Geld verschwendet. Auch gibt es kaum gute Datenbanken, die die Qualität eines Beraters zuverlässig bewerten. Im Laufe der Zeit habe ich verschiedene Qualitätskriterien bzw. eine Vorgehensweise entwickelt, wie man den richtigen Unterstützer auswählen kann. Bevor Du Dich aber für diese Form der Unterstützung entscheidest, solltest Du Dir die Frage stellen, ob Du überhaupt coachbar bist oder ob Du eher Schwierigkeiten hast, direktes Feedback von anderen Menschen anzunehmen und Dich unterzuordnen. Starke Unternehmer kennzeichnet oft eine gewisse „positive" Dickköpfigkeit, die mir selbst auch anhaftet. Entsprechend müssen Dritte immer etwas mehr „Druck" ausüben und müssen smart sein, um durchzudringen. Diese Eigenschaft der positiven Dickköpfigkeit ist gut, wenn es darum geht schnell und effektiv, aber auch gegen Widerstände, Dinge durchzusetzen. Wenn es aber um die eigene Weiterentwicklung geht, kann das zuweilen auch mal hinderlich sein, denn eine Fähigkeit, die in einem Kontext positiv ist, kann in einem anderen Zusammenhang eher hinderlich für den eigenen Erfolg sein. Solltest Du Dich selbst als nicht coachbar einstufen, dann empfehle ich Dir herauszufinden, was für Dich der beste Weg des Lernens und der eigenen Weiterentwicklung ist. Ich selbst kann gut aus Büchern lernen und die 1:1 Beratung im Form des Mentorings bringt mich gut voran. Hier kann ich die Informationen am Besten Verarbeiten und Umsetzen. Größere Mainstream Seminare sind nicht so mein Weg. Hier zahle ich 100 %, aber ich kann oft nur 5 % selbst gebrauchen. Auch das Stellen von Fragen gestaltet sich schwierig. Leider muss ich gestehen: Mein Gehirn ist sehr effektiv. Alles was ich gerade nicht nutze oder was mein Bewusstsein als unbrauchbar markiert wird schnell wieder vergessen und gefühlt in den Papierkorb abgelegt. Wenn Du zum gleichen Lerntypus gehörst, dann empfehle ich Dir, wichtige Dinge immer mal wieder aufzukochen, damit Du sie nicht vergisst. Entsprechend nehme ich alle zwei Wochen eine Stunde Englischunterricht, damit ich bei längerer Sprachabstinenz nicht das Gefühl habe, die Sprache von Neuem lernen zu müssen. Nimmst Du Dich selbst als coachbar wahr, dann solltest Du unbedingt dieses wertvolle Weiterentwicklungsinstrument nutzen. Es kann Dich geradezu in den Erfolgshimmel katapultieren. Es liefert Dir neue Impulse, zeigt Dir schonungslos Deine Fehler auf und tritt Dir in den Hintern, wenn Du es brauchst.

Woran erkenne ich einen guten Lehrer? Diese Frage ist enorm wichtig! Denn wir wollen unsere Zeit ja nicht mit Theoretikern und erfolgfreien, aber sprachgewandten Blendern verplempern. Ich selbst suche mir in der Regel Personen, die in dem Zielgebiet erfolgreicher sind als ich selbst, die aber zusätzlich auch meine Werte teilen. Ich bevorzuge bei Geschäftspartnern Zuverlässigkeit, Fairness, Verbindlichkeit, Pünktlichkeit, Intelligenz und Leidenschaft. Auch suche ich mir Mentoren, denen mein Erfolg am Herzen liegt.

Meine Kunden fragen mich oft, warum ich denn selbst noch als Mentor arbeite und nicht nur die Früchte meiner Arbeit genieße. Die Antwort darauf ist ganz einfach: Ich empfinde Nichtstun als langweilig und nicht besonders erfüllend. Auch verstehe ich das Leben als eine Entwicklungsreise, in der es meine Aufgabe ist, mich weiter zu entwickeln. Ich habe mich gefragt: „Flo, was willst Du den ganzen Tag tun, wenn Du finanziell unabhängig bist?" Das Ergebnis war eindeutig! Mich bereichert der Umgang mit Menschen, die positiv und motiviert sind und die versuchen, ihr Leben für sich und ihre Familien zu verbessern. Mich erfüllen nur wenige Dinge im Leben so sehr, wie Menschen auf ihrer Erfolgsreise zu begleiten. Mein Vater und meine Mutter waren engagierte und leidenschaftliche Lehrer. Entsprechend gibt es in mir auch diese Berufung. Das heißt nicht, dass ich nun sieben Tage die Woche als Mentor arbeiten möchte. Dafür habe ich einfach zu viele Interessen. Es bedeutet, dass es mir ein bis zwei Tage die Woche Spaß macht, Wissen und Erfahrung weiterzugeben. Und so gibt es auch viele andere erfolgreiche Menschen, die gerne Lehrer sind und auch gerne ihr Wissen mit anderen Teilen. Bei der Wahl das Lehrers solltest Du darauf achten, dass Du es nicht mit bloßen Verkäufern zu tun hast, die Wissen verkaufen, das sie selbst irgendwo erworben oder abgeschaut haben und nicht selbst durch eigene praktische Tätigkeiten entwickelt haben. Umso größer die Lebensleistung eines Mentors, umso größer ist sein Wert für Dich. Der Mentor sollte dort stehen oder gestanden haben, wo Du auch hinwillst. Er sollte ein Praktiker sein. Fordere einen Nachweis über seine Leistung. Heutzutage gibt es viele Menschen deren einzige Leistung darin besteht, andere zu beraten. Nur wenn Du selbst praktische Erfolge in einem Geschäftsfeld erworben hast, kennst Du die wahren Geheimnisse und Details des Erfolges.

Merke: Suche Dir einen Lehrer, der sich bewiesen hat und der dort steht oder stand, wo auch Du stehen willst.

4.7 Go trendy!

Willst Du unternehmerisch tätig sein oder auch nur einen neuen Job anfangen, dann solltest Du die Branche, in der Du durchstarten willst, genau unter die Lupe nehmen! Um es uns einfach zu machen arbeiten wir mit Trends. Trends sind gesellschaftliche Entwicklungen, die uns verändernde Kunden- bzw. Marktbedürfnisse aufzeigen. Es sind Phasen des Wandels und der Umstrukturierung, denn Zeiten ändern sich. Früher gehörte es zum Schick jeder Familie, ein Porzelanservice zu besitzen oder dass Kinder klassische Musikinstrumente erlernen. Heute trinken wir bevorzugt aus Werbetassen und Ikea Gläsern, die nur wenig kosten und das Erlernen klassischer Musikinstrumente ist zu einem Hobby für Exoten geworden. Hast Du in diesen abnehmenden Trendverläufen Dein Musikhaus eröffnet oder Du bist in die klassische Porzelanfertigung eingestiegen, dann hattes Du sehr wahrscheinlich wenig Freude. Es gibt viele traurige Beispiele für Unternehmensentwicklungen in abnehmenden Trendverläufen. Für uns, unseren Job und unser Geschäftsmodell ist es wichtig, die guten Wellen zu reiten.

Es gibt abnehmende Entwicklungstrends, gleichbleibende Trendentwicklungen und neue, sich entwickelnde, positive Trends. Positive Trendentwicklungen bedeuten auf der einen Seite viele gesellschaftliche Herausforderungen, aber auch zugleich enorme Chancen für trendbegleitende Geschäftsideen. Nehmen wir als „positiven" Trend zum Beispiel den Trend der Singlesierung. Singlesierung bedeutet, dass wir eine Erhöhung der Single-Haushalte in manchen Städten von bis zu 50 % haben. Es gibt Witwen, Studenten, Geschiedene, aber auch viele junge Arbeitnehmer, die sich erst später binden und Familien gründen wollen. Selbstverwirklichung gewinnt als Lebensprinzip an Bedeutung. Doch die meisten Singles sind Individualisten auf Bindungssuche. In nur vier Prozent der Fälle ist das Alleinsein für Singles die favorisierte Lebensform.[11] Und wenn wir uns jetzt die Entwicklung der Singlebörsen und Kontaktportale wie Tinder und Co. anschauen, dann verstehen wir deren regelrechten Boom. Setzen wir mit unserem Geschäftsmodell auf einen abflauenden Trend, so haben wir in der Regel viel etablierten Mitbewerb, und wir müssen uns gegen eine absinkende Marktnachfrage durchsetzen. Das kostet in der Regel enorm viel Geld und Energie und am Ende bleibt nur selten ein guter Gewinn. Natürlich gibt es auch hier vereinzelte Nischengewinner. Aber eben nur vereinzelte. Sinkt die Kundennachfrage, dann sinkt das Marktvolumen und Unternehmen scheiden aus dem Marktsegment aus.

Starten wir unser Geschäftsmodell in einer gleichbleibenden, unveränderten Trendentwicklung, müssen wir uns im Wettbewerb gegen die Konkurrenten be-

---

[11] Gründerzeiten (2011). Gründungsideen entwickeln. Weniger Glück als Verstand. Bundesministerium für Wirtschaft und Technologie (BMW), Berlin, S.10.

haupten und uns Marktanteile hart erkämpfen. Du solltest hier neben einem starken Alleinstellungsmerkmal auf jeden Fall über ein gutes Werbebudget verfügen. Denn Business ist in diesem Fall ein Kampf um die Kunden bei starkem Mitbewerb. Positionieren wir hingegen unser Geschäftsmodell in einen wachsenden Trend, bedeutet das automatisiertes Marktwachstum. Jeden Tag entstehen neue Kunden, die auf den Trend aufspringen. Das Marktvolumen wächst. Mitbewerb ist kaum vorhanden, und wir können mit starkem Rückenwind unser Geschäftsmodell etablieren. Es geht nicht um Geschenke, aber es ist doch wesentlich einfacher und erbaulicher bei Rückenwind als bei Gegenwind ein Geschäftsmodell zu etablieren. Bei der Jobsuche ist es nicht anders. Suchst Du Dir einen Job in einem wachsenden Unternehmen, dann hast Du immer Rückenwind. Die Firma wächst, es werden neue Positionen geschaffen, Mitarbeiter werden durch Gehaltserhöhungen motiviert, das Klima ist positiv optimistisch und Du surfst auf der Positivwelle mit. Suchst Du Dir allerdings eine Firma aus, die sich seitwärts entwickelt und nicht mehr wächst, dann musst Du im Prinzip darauf warten, bis Dein Vorgesetzter verstirbt oder Du musst ihn durch Outperformance deklassieren. Beides sind Faktoren, die wenig Spaß machen und viel Kraft kosten. Fängst Du hingegen in einer Firma an, die gerade stirbt, dann gibt es definitiv keine Gehaltserhöhungen, das Klima ist schlecht, und die, die zuletzt kommen, müssen oft zuerst wieder gehen. Neue spannenden Aufgaben sind hier eher die Seltenheit. In deutschen Firmen wird Rückgang meistens mit einem effizienten Kostenmanagementprogramm begegnet, anstatt mit einer Ausweitung der Vertriebsbemühungen. Das heißt, Incentives werden gestrichen und die Zügel angezogen. Jeder muss mehr mit anpacken, um die Karre wieder aus dem Dreck zu ziehen, wenn das bei einem abnehmenden Trend überhaupt möglich ist.

Für Dich gilt also: Suche Dir einen Job in einer wachsenden Firma, in einem positiven Branchenumfeld in einem Land, das sich positiv entwickelt und qualifiziere Dich für diese Trendentwicklung. Sieh das berufliche Leben wie das Leben eines Wellensurfers, der smart nach den guten Wellen sucht, um diese mit Freude und Engagement zu reiten. Ist Flaute und es gibt keine Wellen mehr zu reiten, dann verabschiedet er sich freundlich aus der Region, freut sich über die gute Zeit und bereitet sich auf die nächsten Wellen in einer anderen Region vor. Ein guter Surfer erkundigt und informiert sich permanent und ist auf der Suche nach den besten Wellen. Er bereitet sich smart vor, macht sich fit für das Wellenreiten und kann so sein Surferleben lang Wellen reiten. Sei Dir bewusst, dass kein Trend, keine Welle, kein Produkt, kein Unternehmen und kein Job für immer bestand hat. Bleib stets fit, positiv und motiviert und halte Ausschau nach den guten Wellen. Für uns als Unternehmer gilt entsprechend, das eigene Geschäftsmodell in einem positiven Trendumfeld zu entwickeln und den Blick offen nach vorne zu richten, um zu erkennen, wann eine Welle ausläuft und ein Produkt oder eine Dienstleistung überholt ist und wir unser Geschäftsmodell neu justieren und unsere Produkte neu anpassen müssen.

Trendentwicklungen werden in Branchenausblicken, Marketingzeitschriften und in Trendmagazinen beschrieben. Der Zugang ist über das Internet großteils kostenfrei und durch eine einfache Internetrecherche möglich. Auch kann man sich mit Branchenprofis austauschen und Insidertreffs besuchen. Das Erkennen von Marktentwicklungen ist keine Hexerei. Bleibst Du trendy und Dein Markt wächst, dann ist Kundengewinnung und Profiterzielung definitiv einfacher.

Merke: Setz bei der Jobauswahl und beim Unternehmertum auf positive Trends. Sie bestimmen, ob Du und Dein berufliches Leben mit Rückenwind oder Gegenwind arbeiten.

4.8   Das Denken in schlanken Prozessen

Einer der großen Fehler, gerade in der Aufbauphase von Unternehmungen, ist die übermäßige Funktionsorientierung. Dabei wird der Fokus auf die Optimierung von Einzeltätigkeiten gesetzt, ohne die zentralen Prozesse im Blick zu halten. Diese Funktionsorientierung verhindert oft die sogenannten WOW- oder Exzellence-Effekte von Unternehmenskonzepten, die gerade für die heutige Positionierung und Wahrnehmung am Markt wichtig sind.

Dabei kann ein Unternehmen als ein System von Bewegungen verstanden werden, das auf die Kundenzufriedenheit auszurichten ist. Der Unternehmer teilt dabei die Bewegungen in seinem Unternehmen in Kernprozesse und unterstützende Prozesse ein und versucht diese Abläufe ideal aufeinander abzustimmen und fortlaufend mit dem Ziel zu optimieren, eine gut geölte Maschine für seine Kunden und sich zu entwickeln. Im Folgenden findet Ihr ein einfaches Gestaltungsbeispiel:

Abb. 02: Dein Unternehmen aus der Prozess-Sicht.

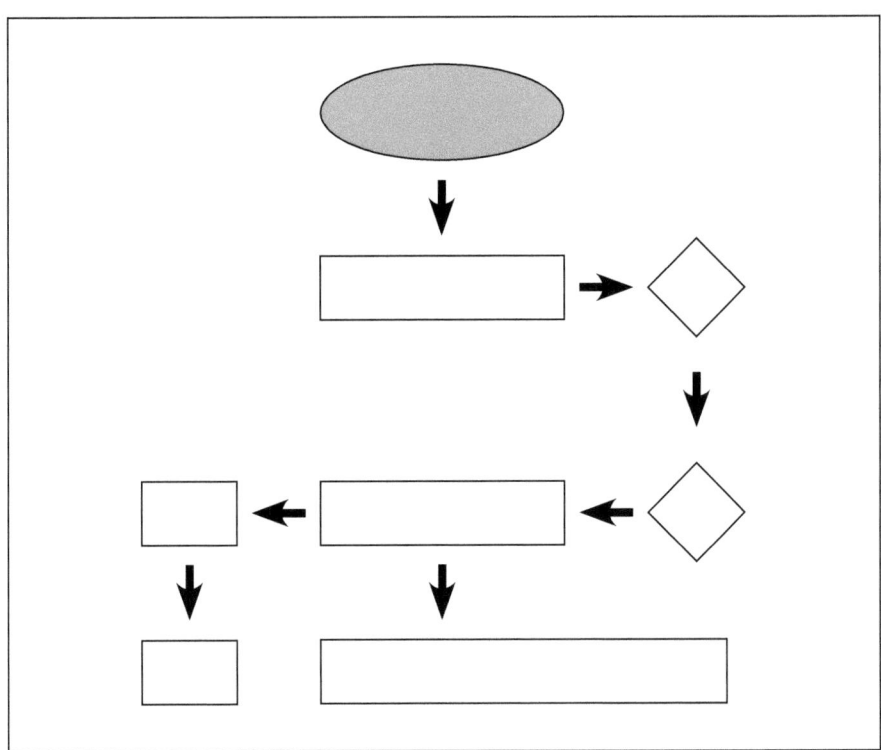

Gerade auch die entscheidenden Themen Automatisation, Qualität und Durchsatzgeschwindigkeit sind eng mit dem Prozessdenken verknüpft, was uns folgendes Beispiel verdeutlicht:

Ein Foodtrucker hat ein Produkt entwickelt, dessen Marktakzeptanz er durch diverse kostenlose Probeverkostungen getestet und optimiert hat. Im Ergebnis findet das Produkt rasenden Anklang und in kürzester Zeit entwickelt sich eine kleine Fangemeinde für das Produkt unseres Foodtruckers. Dieser Foodtrucker hat sich nun verschiedene Stellplätze gesichert, um sein Produkt aus seinem Foodtruck heraus zu verkaufen. Die Hauptverkaufszeit unseres Truckers ist die Mittagszeit zwischen 11:30 Uhr und 13:00 Uhr.

Schon beim ersten Probelauf stellt der Foodtrucker frustriert fest, dass sein Produkt zwar starke Nachfrage erzeugt, dass aber der Bestell-Ausgabeprozess so lange dauert, dass der Foodtrucker nicht in der Lage ist, genügend frische Produkte herzustellen, um ein gutes Betriebsergebnis zu erzielen. Die Herstellung des Produktes im Foodtruck dauert einfach zu lange für die kurze Mittagspause. Dass Problem geht sogar so weit, dass viele enttäuschte Kunden wütend abziehen und mit negativen Bewertungen auf Social Media unseren Foodtrucker abstrafen.

Unser Beispiel verdeutlicht auf einfache Art und Weise, wie wichtig eine Prozessbetrachtung ist und dass der Blick auf die reine Optimierung von Einzelfunktionen nicht der Königsweg sein kann. Unternehmer, die ihre Unternehmensprozesse kennen und beherrschen, haben die Nase stets vorn. Gründer sollten die Idee des Prozessdenkens mit dem Ansatz des Lean Entrepreneurships kombinieren, also der effizienten Gestaltung aller Wertschöpfungsprozesse im Unternehmen und versuchen, Werte ohne Verschwendung bei maximaler Automatisation und Durchlaufgeschwindigkeit zu schaffen. Wichtig bei aller Prozessbegeisterung ist die konsequente Ausrichtung auf den Kundennutzen, denn nur wenn wir unseren Kunden Nutzen stiften, haben wir eine Existenzberechtigung am Markt. Unser Ziel ist es dabei, alle Aktivitäten entlang der Wertschöpfungskette optimal aufeinander abzustimmen und überflüssige Handgriffe zu vermeiden.

Um Prozesse mit hoher Kundenorientierung in unseren Unternehmungen genau zu erkennen und zu dokumentieren, eignen sich sogenannte MindMap-Software-Programme hervorragend. Diese helfen uns auf einfache Art und Weise, genaue Prozessdefinitionen vorzunehmen und stabile und effiziente Prozesse für unser Unternehmen zu entwickeln. Durch klare Prozessstrukturen wird Dein Unternehmen unabhängiger von Mitarbeitern, die ihre Arbeitsplätze häufig wechseln. Die Qualität Deiner Prozesse bestimmt die Qualität Deines Unternehmens. Werde also zum Prozessgestalter und Manager in Deinem eigenen Unternehmen. Eine einfache Frage, die Dir Klarheit hinsichtlich Deiner Kernprozesse bringt, ist: Welche Unternehmensprozesse sind für das Geschäft mit Deinem Kunden von grundlegender Bedeutung? Unterstützende Prozesse haben in der Regel keine direkte

Kundenbeziehung. Sie liefern die Voraussetzungen für das Funktionieren einer Unternehmung. In unserem Beispiel „Foodtrucker" sind das zum Beispiel: der Einkaufsprozess für die Nahrungsmittel, die Reinigung des Foodtrucks, die Aufstellung des Foodtrucks oder die Organisation des Stellplatzkalenders. Jeder dieser Supportprozesse ist wichtig für den Gesamterfolg der Unternehmung. Wenn die Unternehmung Foodtruck erfolgreich sein soll, lohnt es sich, diese Prozesse zu optimieren. Oft erkennt man durch undokumentiertes Denken und Planen nicht sofort jeden Unternehmensprozess. Entsprechend wichtig ist die Verbildlichung der Prozesse zu einer erfolgreichen Prozesslandschaft. Auch hier wird nicht jeder definierte Prozess von Beginn an gleich das Optimum sein und das ist auch ganz normal so. Unternehmertum beinhaltet ein fortlaufendes Tüfteln hin zu einer noch besseren Lösung.

Merke: Denke in Prozessen und erstelle Dir von Deinem Unternehmen eine graphische Prozesskarte. Erschaffe Produkte und richte Dein Unternehmen konsequent auf den Kundennutzen aus. Versuch dabei Werte zu schaffen ohne Verschwendung (lean), automatisiert und mit hoher Durchlaufgeschwindigkeit. Auf der Seite: www.FeuerDeinenBoss.de findest Du Buch- und Softwareempfehlungen zum Thema: Denken in Prozessen.

4.9 Business ist Teamwork

Schüler, Studenten, Angestellte und Selbständige ohne Mitarbeiter sind es gewohnt, ihre Aufgaben selbst zu erledigen. Sie haben in ihren Ausbildungsstätten und an verschiedenen Arbeitsplätzen gelernt, dass Fehler machen bestraft wird und ungünstig für ihre berufliche Entwicklung und die Bewertung ihrer Arbeitsleistung ist. Folglich ist die Angst Fehler zu machen groß und entsprechend hoch ist die Hürde, Arbeitspakete abzugeben, für die Du am Ende verantwortlich gemacht werden könntest. Aber genau dieser Schritt ist erforderlich, um eine Unternehmensinfrastruktur zu entwickeln, die Dir mehr Freiheit ermöglicht. Wir müssen lernen, die Zeit anderer Menschen geschickt zu nutzen und Arbeitspakete und Teilaufgaben unseres Geschäftsmodells abzugeben und so konkret zu definieren, dass andere Menschen diese Pakete möglichst in unserem Sinn erledigen. Lernen wir das nicht, werden wir immer alles selber machen müssen, und wir werden niemals ein System besitzen, das für uns arbeitet und uns unterstützt.

An dieser Stelle möchte ich Dir einen Rat mitgeben: Geh niemals davon aus, dass andere Menschen genauso ticken wie Du! Erkläre lieber zu ausführlich als zu knapp. Dokumentierte Aufgabenstellungen reduzieren das Risiko, dass man Dich falsch versteht und damit Fehler macht. Versteh, dass es immer Deine Schuld ist, wenn der Empfänger Deiner Aufgabe diese fehlerhaft umsetzt. Für Dich gibt es immer nur zwei Fehler: Entweder Du hast die falsche Person ausgewählt oder Du hast die Arbeitspakete unklar gestellt. Sei nie enttäuscht oder ärgerlich, wenn eine andere Person Deine Aufgabe nicht verstanden hat. Es ist immer Dein Fehler. Lerne aus Deinen Fehlern und lerne es besser zu machen. Gerade dieses „tüftelnde Weiterentwickeln" ist die Essenz des Unternehmertums. Probier Dich aus und werde ständig besser! So schafft man große und kleine Imperien! Alles selbst zu machen ist nicht die Lösung für ein stressfreies Leben.

Natürlich wirst Du Fehler machen und das ist gut so! Fehler machen wir immer dann, wenn wir die eigene Komfortzone verlassen und Neues ausprobieren. Fehler zu machen ist ein Zeichen dafür, dass Du das bekannte Terrain verlassen hast und etwas Neues in Deinem Leben ausprobierst. Fakt ist auch, dass wir nur außerhalb unserer eigenen Komfortzone wachsen können. Wir wachsen und entwickeln uns weiter, wenn wir uns neuen Aufgaben stellen. Stellen wir uns nicht dem Unbekannten, dann werden wir auch wenig Neues erfahren und nur wenig dazu lernen. Andes formuliert: Du musst die Möglichkeit Fehler zu machen zulassen, wenn Du besser werden willst, denn genau aus diesen Fehlern lernen wir. Gerade auch in der Zusammenarbeit mit anderen Menschen lernen wir unsere Aufgaben sauber zu formulieren und so weiter zu geben, dass sie fehlerfrei erledigt werden können.

Arbeit in Netzwerke zu delegieren oder durch Kollegen erledigen zu lassen erweitert Deinen Freiraum und stabilisiert Dein System. Denn wenn Dein Unternehmensnetzwerk erst mal zuverlässig seine Arbeit aufgenommen hat, wird dieses Netzwerk zu einem Deiner größten Vermögenswerte. Ein stabiles Netzwerk beschützt sich auch selbst und stabilisiert sich. Jeder Mitspieler ist daran interessiert, dass das Netzwerk zum Wohle aller Teilnehmer funktioniert. Umso smarter Du Dein Netzwerk konzipierst, umso freier wirst Du sein. Das Arbeiten im Team zur Erzielung von besseren Ergebnissen wird meistens wenig geübt und in der Schule sogar als Täuschungsversuch getadelt. Entsprechend vorsichtig sind wir im Bereich der Teamarbeit. Ich höre in meiner täglichen Beratungspraxis immer wieder Glaubenssätze wie: „Willst Du, dass es gut gemacht wird, dann mach es lieber selbst." Das Problem bei dieser Sichtweise ist nur, dass wir dann immer alles selbst machen müssen und nie den Vorteil bekommen, neue Sichtweisen zu entwickeln und unsere Systemperformance zu verbessern. Beim Unternehmertum geht es darum, tragfähige Partnerschaften aufzubauen, bei denen alle Partner die Gewinner sind. Denn Business ist Teamwork! Jeder auch noch so kleine Unternehmer sollte in seinem Netzwerk im Minimum einen guten Rechtsanwalt, einen zuverlässigen und smarten Buchhalter und einen Banker als „Freund" haben.

Merke: „Willst Du schnell gehen, dann geh allein. Willst Du aber weit gehen, dann geh zusammen."[12]

---

[12] Afrikanisches Sprichwort. Quelle unbekannt.

4.10 Sichere Strategien in unsicheren Zeiten

Die Welt ist nicht vorhersehbar, denn dafür ist sie zu komplex und zu beweglich. Milliarden von Menschen bewegen sich in die verschiedensten Richtungen und versuchen bei wachsender Mobilität ihre Lebensziele zu erreichen. Diese werden beeinflusst von Religion, Staat, Philosophie, Individualität und Lebensstandard und sind damit unterschiedlich. Wir leben in einer dynamischen Welt in dem starre und unflexible Strukturen permanent an ihre Grenzen stoßen und sogar anecken. Staatssysteme sind vielerorts inflexibel. Sie sind planwirtschaftlich und damit langsam und starr organisiert. Es fehlt ihnen an Agilität. Entsprechend werden sie zunehmend als störend wahrgenommen. Sie verwalten das Leben und fördern es nicht. Viele Menschen wollen sich nicht bevormunden lassen von einem Staat, der angeblich alles besser weiß. Denn, wenn es neue elektronische Netzwerke und Communities gibt, die sich unterstützen, wozu braucht man dann noch einen Staat, der sich bis in die Mikroebene des Lebens einmischt, obwohl er oft gar nicht darum gebeten wurde. Menschen fühlen vielerorts, dass die Staatssysteme, in denen sie leben, nicht mehr die ideale Lösung darstellen. Das System Staat muss neu gedacht werden. Entsprechend steigen auch die Unruhen und die Unzufriedenheit breiterer Bevölkerungsschichten und den Volksparteien läuft das Volk davon. Modelle, die über Jahrzehnte augenscheinlich funktioniert haben, geraten ins Wanken und verlieren massiv an Glaubwürdigkeit. Gerade die Leistungsträger sind vielerorts nicht mehr bereit, sich zum Wohle alter Strukturen steuerlich schröpfen zu lassen, um Politiker und althergebrachte Strukturen zu finanzieren. Durch wachsende Überwachung und Kontrolle versucht der Staat dem entgegen zu wirken. Das macht aber die Welt zu keinem besseren Ort. Es entstehen zunehmend Überwachungssysteme, die die gefühlte Freiheit massiv einschränken. In diesen sich verändernden Zeiten, in denen alles möglich erscheint, wirken bestehende Dinge extrem zerbrechlich und bedroht. Wir suchen nach Sicherheit für uns und unsere Familien. Entsprechend braucht es Systeme und Berufsbilder, um diesen Grad an gefühlter und tatsächlicher gestiegener Unsicherheit zu begegnen. Wir wollen uns wieder sicher fühlen. Die Frage ist nur, wie kann man das am besten bewirken? Im Folgenden benenne ich Euch einige ausgewählte Ansätze, um auf Unternehmerart mehr Sicherheit für Euch und Eure Familien zu erzeugen:

01: Reduziere Deine Immobilität!

In unsicheren Zeiten gewinnen Menschen, die sich mobil aufstellen. Sie investieren fortlaufend in ihre Fähigkeiten und Qualifikationen. Denn es gibt nichts Sichereres und Mobileres als das Wissen, das Du in Deinem Kopf trägst. Dein Gehirn solltest Du ständig schulen und zu einer Problemlösungs- und Wissensmaschine weiterqualifizieren, die sich schnell an neue Gegebenheiten anpasst und durch praktisches Wissen glänzt. Es geht nicht um abstraktes Wissen, um bei Trivial Pursuit zu gewinnen. Sondern um Wissen, das Dich in der Praxis befähigt, neue Dinge mit Deinem Geist zu erschaffen. Es geht also nicht um ein Studium der Geisteswissenschaften oder Sozialpädagogik, sondern um eine Ausbildung als Elektriker, Ingenieur, Programmierer, um nur einige Beispiele zu nennen. Diese Fähigkeiten sind der Schlüssel zur Welt und einem guten Leben. Denn jeder braucht Dich und diese Fähigkeiten.

02: Sicherheit First, Konsum Second!
Eine der wesentlichen Erkenntnisse ist, dass Konsum und Konsumartikel keine Sicherheit stiften, sondern eher noch Deine Flexibilität und Freiheit hemmen. Denn das was Du besitzt, besitzt auch Dich. Es muss umsorgt, gepflegt, transportiert und bekümmert werden. Deshalb solltest Du zuerst dafür sorgen, dass Du und Dein Unternehmen einen finanziellen Puffer aufbauen, bevor Du anfängst, unproduktive Sachen zu kaufen wie: ein größeres Auto als notwendig, eine größere Wohnung als notwendig, teurere Kleidung als notwendig usw. Ich denke Du verstehst, was ich meine. Alles was nicht wirklich Deinen Umsatz und Deine Lebensqualität steigert, sollte hinten angestellt werden bis Du ausreichend finanzielle Sicherheit aufgebaut hast. Fixe Kosten sollten auf allen Ebenen (privat und beruflich) möglichst vermieden werden. Betrachte alles nach dem Motto: Ich investiere nur in das, was ich innerhalb von drei Monaten wieder abwerfen kann. Denn im Notfall sind es langfristige Verpflichtungen, die Dich unflexibel und damit verletzlich machen. Überlege Dir bei Deinen Entscheidungen, was Du optimieren und wo Du Deinen Grad an Flexibilität erhöhen kannst. Flexibilität wird Dich etwas kosten, aber Inflexibilität auch, nämlich im Worstcase Dein unternehmerisches Leben. Es geht um Sparsamkeit und Effizienz. Es geht darum, mit weniger mehr zu erreichen. Leichtfüssig und unstarr zu bleiben, wie eine Karawane. Weiterziehend auf der Suche nach den besten Lebensbedingungen. Das schafft Schutz und Sicherheit zugleich. Immobilität macht uns schnell zum Opfer der lokalen Umstände. Mir als Immobilieninvestor ist dieses Risiko nur zu gut bekannt! Ein finanzieller Puffer von Sechsmal-Lebenshaltungskosten und Sechs-mal-betrieblichen Fixkosten sollten Dir einen ausreichenden Spielraum geben, um effizient auf Veränderungen reagieren zu können.

03: Schaffe ein autarkes System!
Ein weiterer absichernder Punkt ist es, sich selbst als Eigentümer aus dem eigenen unternehmerischen System zu eliminieren und ein System zu erschaffen, das wie ein Perpetuum mobile, also ohne das permanente Zutun des Eigentümers, Erträge produziert. Das ist die wahre Freiheit.

04: Baue Dir mobiles Vermögen auf!

Es geht darum, in flexible Lösungen für flexible Zeiten zu investieren. Umso schneller Du Dein Vermögen in Cash transferieren kannst und umso zugriffgeschützer das Vermögen ist, umso sicherer ist der Vermögenswert. Oft steht das leider im Gegensatz zur Investitionsrendite. Trotzdem sollte man einen Teil seines Vermögens flexibel in Gold, in Aktien und Devisen investieren. Umso breiter dieses Vermögen auf Konten in sicheren Ländern und Häfen verteilt ist, umso besser. So minimieren wir Risiken in Krisenzeiten – und nicht alle Risiken sind planbar, wie wir 2020 in der nicht vorhersehbaren Corona-Pandemiephase erleben. Entsprechend ist es nie gut in einem Land „all in" zu investieren, sondern sich einen kleinen Gold Topf am Ende des Regenbogens zu positionieren, der Dir einen neuen Lebensstart am anderen Ende der Welt ermöglicht für den Tag X. Möge er niemals kommen.

> **Merke:** Unternehmertum ist per Definition dynamisch und die höchste Form der Flexibilität. Hüte Dich langfristig vor zu großen Abhängigkeiten. Wenn sich jeder auf sich selbst verlassen kann, dann sind wir alle gut gestellt.

4.11 Gute Geschäftspartner & Arbeitnehmer finden

Dieses Kapitel ist eines der Wichtigsten! Bitte gut aufpassen! Gute Geschäftspartner und Arbeitnehmer sollte man nicht nur nach Ihrer Expertise oder theoretischen Passigkeit aussuchen. Mindestens genauso wichtig sind der Wille und das Engagement sich für das Unternehmen einzusetzen und es mitzugestalten. Viele Menschen sind „wurstig" oder legen einfach ihren Lebensakzent betont nicht auf die Arbeit. Für sie ist Arbeit nur Mittel zum Zweck. Das ist natürlich legitim, aber wenn Du ein Unternehmen von der grünen Wiese aus entwickeln möchtest wird das mit Lifebalancern kaum möglich sein, denn ein Start-Up frisst Zeit und absorbiert Energie wie ein Hundewelpe. Was hilft Dir ein Geschäftspartner oder Arbeitnehmer, der zwar jede Ausbildung hat, aber eher ein 9-to-5-Typ ist und es gemütlich angehen lässt und für den die Life-Balance das absolut Wichtigste ist. Sein Ziel ist es, die eigene Zeit nicht einseitig, sondern gleichmäßig auf alle Lebensbereiche zu verteilen. Das wirft für Dich als Start-Up-Unternehmer folgende Frage auf: Wie will man sich mit dem reinen Pflichtprogramm durch überdurchschnittliche Leistung am Markt hervortun? Auch die viel gelobte überdurchschnittliche Effizienz des deutschen Arbeitnehmers halte ich für einen Mythos aus vergangenen Tagen unserer Nachkriegsgesellschaft. Das aktuelle Menschen- und Medienbild zeigt heute den Arbeitnehmer auf dem Weg zur Arbeit mit dem Fahrrad, angenehme Sozialräume, gute Sozialleistungen und das Wochenende im eigenen Gemüsegarten. Die Medien stellen den schönen Garten in den Vordergrund, aber nicht den Spaten. Sie glorifizieren nicht Leistungsträger und Menschen, die sich anstrengen und durch besondere Leistung auffallen oder sich in Wettbewerben messen. Die neue Humanität ist das schöne Leben ohne Leistungspflicht und Verantwortung. Bezeichnenderweise ist das letzte Start-Up mit internationaler Signifikanz in Deutschland SAP, das im Jahr 1972 gegründet wurde. Seitdem kam nicht mehr viel Bedeutendes nach, außer einem Sozialstaat, der aber eben kein Leistungsstaat mehr ist. Wir haben uns in Richtung Gemütlichkeit mit Vollkaskoversicherung entwickelt. Entsprechend gleicht die Suche nach engagiertem Personal in Deutschland eher dem Cherrypicking und hat daher große Bedeutung für Deinen Unternehmenserfolg. An dieser Stelle sei auch nochmals darauf hingewiesen, dass wir heute durch die internationale Mobilität die ganze Welt als Ressourcenquelle nutzen können und nicht allein auf den Deutschen Arbeitsmarkt angewiesen sind. Große Konzerne machen uns vor wie es geht. Setz Dir keine räumlichen Grenzen. Dein Netzwerk und Deine Geschäftspartner beeinflussen Deinen Unternehmenserfolg maßgeblich. Eine der größten Herausforderungen jedes Unternehmers ist es, hier Lösungen zu finden. Grundsätzlich gilt jedoch das afrikanische Sprichwort: "Wenn Du schnell gehen willst, dann geh allein. Wenn Du aber weit gehen willst, dann musst Du mit anderen zusammen gehen." Gerade das Eingehen von strategischen Partnerschaften erleichtert uns Unternehmern den Zugang zu erweiterten Ressourcen, unterstützt uns beim Aufbau von Wettbewerbsvorteilen, optimiert unseren Umsatz und sorgt für eine Minimalisierung der Kosten. Und ja, der Umgang mit Kollegen und Mitarbeitern muss gelernt werden. Eine der wichtigsten Lerneinheiten in meinem Leben war, dass eben nicht alle Menschen gleich sind und nur wenige richtig „Bock haben" zu arbeiten und Gas zu geben. Mit diesen solltest Du Dich aber umgeben, wenn Du erfolgreich sein willst. Der Rest bremst Dich als Unternehmer eher aus! Arbeitnehmer, Geschäftspartner etc … sind für mich alle gleich wichtig. Sie sind Weggefährten, mit denen ich produktiv, engagiert und mit Freude zusammen an Zielen arbeite. Wir begleiten uns gegenseitig und stehen uns in dieser Zeit zur Seite. Wir haben alle unsere persönlichen Ziele, aber uns vereint der Gedanke an ein gutes Leben. Die höchste Form der Produktivität ist es, den richtigen Partner an der Seite zu haben und umgekehrt. Für die Auswahl des richtigen Partners bist aber ganz allein Du als Unternehmer verantwortlich. Wählst Du jemanden aus, der nicht passt, ist es Deine Schuld und vice versa. Denn Du hast die Person ausgewählt. Das ist wie in einer privaten Beziehung. Ist es der falsche Partner, dann hast Du bei der Personalauswahl gepatzt. Also wähle weise und mit Bedacht! Du investierst in eine Arbeitsbeziehung mit der Hoffnung, dass sich diese für beide Partner positiv auszahlt. Umso besser Dir das gelingt, umso fruchtbarer sind Deine Arbeitsbeziehungen.

Wie wir die richtigen Arbeitnehmer und Geschäftspartner für uns herausfiltern zeigen Dir meine Best Five for Business Partner Life:

01: Teste Deine Partner und Mitarbeiter gut, bevor Du Dich bindest.

Die (Ent-)bindungskosten sind immer teuer und unangenehm. Keiner gewinnt! Wie sich im privaten Leben der Dreiklang: verliebt, verlobt, verheiratet als „Erfolgsmodell" etabliert hat, so solltest Du diese Technik auch mit neuen Geschäftspartnern und Mitarbeitern anwenden. Bevor Du also einen neuen Mitarbeiter einstellst, vereinbare immer eine Probearbeitszeit und nutze diese Zeit weise, indem Du den Alltag mit Deinem neuen Geschäftspartner und auch doofe, niedrige, smarte, stressige und überfordernde Situationen simulierst. Vom Keller aufräumen, Kaffee kochen bis zu überfordernden und normalen Aufgaben sollte alles drin sein. Du verstehst was ich meine! Suchst Du nach einem neuen Sekretär, dann diktiere ihm einen komplexen Text aus der Medizintechnik oder dem Maschinenbau in einem ordentlichen Tempo. Ist der Test bestanden, kannst Du ihn oder sie mit einem guten Gefühl einstellen. Vergisst Du, Deine Partner vor der Zusammenarbeit in kleinen Projekten zu prüfen, schaffst Du das Risiko, eine falsche Auswahl getroffen zu haben. Schau genau hin, wie er mit anderen Kollegen umgeht und ob er zu Deiner gewünschten Firmenkultur und den anderen Kollegen passt. Frage auch Deine Kollegen und Mitarbeiter, wie sie den neuen Geschäftspartner empfunden haben. Denn auch sie sollten sich an ihrem Arbeitsplatz mit dem neuen Geschäftspartner wohlfühlen.

02: Hire slowly, fire quickly:

Lass Dir Zeit bei der Einstellung und beim Eingehen von Vertragsbeziehungen. Prüfe intensiv. Denn alles das, was nach der Einstellung oder dem Vertragsabschluss nicht funktioniert, wird teuer und ist Deine Schuld. Arbeitnehmer lernen in Bewerbungstrainings, sich generell top zu verkaufen, so als wären sie die ideale Jobbesetzung, auch wenn sie es nicht sind. Sie haben gelernt, dass das Ergebnis eines Bewerbungsgespräches ein Jobangebot sein sollte. Für Dich sollte das Bewerbungsgespräch eine andere Aufgabe erfüllen. Dein Ziel sollte es sein herauszufinden, ob die Lebensumstände, die Lebensziele, die Qualifikation und das Mindset des Mitarbeiters zu Deiner Firma und Dir passen und ob der neue Geschäftspartner einen positiven Gesamtbeitrag leisten kann. Es ist Deine Firma, also kannst Du frei entscheiden und Kollegen und Geschäftspartner aussuchen, die Dich und Dein Unternehmen am besten vervollständigen. Überlege Dir im Vorfeld genau, was Du und Dein Unternehmen brauchen. Bist Du Dir mit dem Geschäftspartner nicht sicher, dann such lieber weiter. Prüfe gewissenhaft den Markt, denn es ist eine kostspielige Investition, die mit Bedacht und nicht leichtfertig vorgenommen werden sollte. Einfach rumprobieren führt nur selten zum Ziel und ist auch demotivierend für Deine neuen Geschäftspartner. Denn auch sie suchen nach einem neuen beruflichen zu Hause und sind keine Teststationen. Prüfe am Anfang intensiv und mach keine Schnellschüsse bei der Personalauswahl. Hast Du Dich für einen Geschäftspartner entschieden, dann versuch alles, dass Dein Geschäftspartner sich wohlfühlt und auch das lernen kann, was er braucht, um erfolgreich zu sein. Investiere in Eure Geschäftsbeziehung.

Merkst Du, dass es nicht funktioniert, dann ist es Deine primäre Aufgabe, Dein Investment zu schützen und in direkten Gesprächen und durch Weiterbildung Deinen Partner zu befähigen. Hilft das alles nicht, dann „eiere" nicht lange rum und gib den Geschäftspartner wieder frei. Nicht jede Partnerschaft funktioniert. Sei ehrlich und direkt und wenn Du Dich wirklich bemüht hast und sich kein Erfolg einstellt, dann sollten beide Seiten einsehen, dass die Geschäftsbeziehung nicht passt. Bedenke aber bitte bei der Aufhebung einer Partnerschaft: Man sieht sich immer zweimal und ein ehemaliger Geschäftspartner, der schlecht von Dir spricht, ist keine gute Werbung. Sei also fair und direkt. So können Du und auch Dein Geschäftspartner für das weitere Leben am meisten lernen. Vielleicht bietet sich ja Jahre später wieder die Möglichkeit, unter anderen Bedingungen neu zu starten. Man sollte sich bemühen, keine verbrannte Erde zu hinterlassen. Langfristig zahlt sich das aus.

03: Leg alles auf die Goldwaage!

Ein Vorstellungsgespräch dauert in der Regel nicht sehr lang. Es ist also wichtig, diese Zeit gut zu nutzen und Deinen neuen Partner in spe genau unter die Lupe zu nehmen. Ist er pünktlich, respektvoll, engagiert und neugierig oder eher lahm, muffel und spult das Pflichtprogramm ab. Leg alles was Du siehst auf die Goldwaage und frag direkt nach. Auch kann man aus der Vergangenheit und der Vita des Gesprächspartners viel über ihn lernen. Geh über nichts hinweg. Es könnte Dich später teuer zu stehen kommen. Es ist Deine Verantwortung, dass die neue Geschäftsbeziehung erfolgreich wird. Mach Dir also ein genaues Bild und ignoriere nichts. Es gibt da ein schönes Sprichwort: So wie man im Kleinen ist, so ist man im Großen. Nutze also das Gespräch, um Dir ein genaues Bild zu machen und achte auf alle Kleinigkeiten.

04: Zielübereinstimmung prüfen!
Ein weiterer wichtiger Punkt beim Kennenlernen ist das Zielmatching. Passen die Ziele Deines Gesprächspartners zu Deinen Zielen und den Zielen der Firma? Einen möglichen Geschäftspartner, der 100 km weit weg wohnt und Dir erzählt, dass die tägliche Fahrt zur Arbeit kein Problem darstellt, würde ich skeptisch betrachten. Jemand der für den Job umziehen will zeigt hingegen, dass er es ernst meint. Frag nach den Lebenszielen, den Berufszielen und der familiären Situation und überleg Dir, ob die Zusammenarbeit mit Dir und Deiner Firma dort matcht oder eben nicht. Keiner fährt gerne lange Strecken zum Office, arbeitet unter seiner Berufsqualifikation oder führt langfristig eine Fernbeziehung. Nur wenn das Setting passt, dann hat die Zusammenarbeit eine reelle Chance auf Langlebigkeit.

05: Chemiecheck.
Ich selbst stelle nur Menschen ein, die mein Team und ich mögen. Das Leben ist einfach zu kurz für Disharmonien und Spielchen. Ich hoffe es ist okay, wenn ich hier so ehrlich bin. Aber so vermeidest Du die Fehler, die ich und andere bereits gemacht haben!

Merke: Teste bevor Du Dich bindest. Und nur wenn das Testergebnis begeistert, geh den nächsten Schritt. Alles andere ist reine Zeitverschwendung. Leg den Fokus gezielt auf den Aufbau von guten Partnerschaften.

4.12 Sei nicht dein größter Gegner

Unser härtester Gegner und Kritiker ist der Typ, den Du morgens im Spiegel siehst und genau den musst Du besiegen und auf Deine Seite ziehen. Du musst ihn motivieren, mit ihm Ziele stecken und Pläne schmieden. Bring diesen Typen auf Deine Seite! Wie kannst Du das tun? Im Folgenden zeige ich Dir neun Wege, wie ich den Typen im Spiegel auf meine Seite gezogen habe! Auf der Seite www.FeuerDeinenBoss.de werde ich Dir im Laufe der Zeit weitere Möglichkeiten veröffentlichen.

01: Pass auf dich auf!
Arbeite nicht gegen Deinen Biorhythmus. Finde heraus, zu welcher Uhrzeit Du am motiviertesten bist und stimme Deinen Arbeitsalltag mit Deinem inneren Kritiker ab. Vergiss nicht auf gute Ernährung und Sport zu achten. Denn Du gewinnst nicht, wenn Du den Typ im Spiegel durch Fastfood und fehlende Bewegung zerstörst. Du bist auf diesen Typ angewiesen und er auf Dich. Also kümmere Dich um ihn, und er wird sich um Dich kümmern.

**02: Lass Dich niemals von Deinen inneren Stimmen reduzieren
und verängstigen.**
Überzeuge diesen Typ im Spiegel, dass Ihr zusammen Großes leisten könnt. Bedanke Dich für seine Einwände und seine Sorgen und dann geh Deinen Weg. Bring die inneren „Dämonen" auf Deine Seite und Du wirst nie wieder allein kämpfen müssen.

03: Diese innere Stimme ist oft ungeduldig und launisch.
 Mach ihr klar, dass große Erfolge immer auch in kleinen ausdauernden Schritten umgesetzt werden. Es gibt keine Abkürzungen. Der Weg muss gegangen werden. Lass Dich nie entmutigen. Denn der Weg ist auch das Ziel. Er ist aufregend, lehrreich, und mit der richtigen Einstellung wirst Du viel Freude auf Deinem Weg empfinden, denn Du und Dein Begleiter wachsen zu einem freien und selbstbestimmten Wesen heran.

04: Motivation ist alles.
Fertige eine „Shitlist" an mit den Dingen, die dem Typ im Spiegel schwer von der Hand gehen und versuch, jedes Jahr mindestens 20-30 % dieser Dinge outzusourcen oder abzuschaffen. Fokussiere Dich auf die Dinge, die Du am besten kannst und überlass die anderen Sachen anderen Menschen oder der Technik. So wird sich Dein Leben fortlaufend verbessern. Denn Du lässt den Mist los.

05: Fokussiere Dich nicht darauf, Zeit gegen Geld zu tauschen.
Versuch ein System zu etablieren, das für Dich arbeitet. Auch das ist ein Prozess. Es wird nicht sofort gehen. Sei geduldig mit Dir und gib nie auf, an Deinem System zu arbeiten.

06: Mach Dir die Internationalisierung zu nutze.
Folge nicht immer den ausgetrampelten Pfaden, sondern such ab und zu auch mal nach einem neuen Weg. Unternehmertum lebt auch vom Alleinstellungsmerkmal. Und das findet man nicht auf angestammten Wegen. Hab keine Angst vor neuen Dingen. Es gibt heute keine Säbelzahntiger mehr, die vor der Höhle auf Dich warten.

07: Triff Vorsorge für das Schlimmste, das Beste kümmert sich um sich selbst.
Ich glaube daran, dass mir die Welt zu Füßen liegt, wenn ich fleißig bin. Aber ich bin kein Träumer, und ich weiß, dass „shit happens". Schütze Dich vor den dümmsten Sachen. Bau Dir einen privaten, sowie beruflichen Liquiditätspuffer auf. Drei bis sechs Monate sollten für das Gröbste genügen.

08: Versuch und Irrtum sind existenziell für uns Unternehmer.
Unternehmertum ist primär das Tun und Tüfteln und nicht das Herumsitzen und Warten. Versuch und Irrtum sind der Ersatz für fehlendes Wissen. Du weißt, was zu tun ist!

09: Geh nie Risiken ein, die Dich unternehmerisch „töten" können.
 Entwickele Dich in kleinen, kalkulierten Schritten. Versuch flexibel und leicht zu sein, dann bist Du dynamischer und weniger anfällig gegenüber strukturellen Änderungen. Wir leben in extrem dynamischen Zeiten. Was gestern noch das große Geld versprach, kann morgen schon out sein. Die meisten Risikofaktoren lassen sich durch eine Handvoll Maßnahmen ausschalten.

> **Merke:** Mach Deinen inneren Gegner zu Deinem Verbündeten und ihr werdet zusammen die Welt erobern.

4.13 Die „richtige" Vorbereitung

Wann sollte man mit der Gründung starten? Wie kann man sich richtig vorbereiten? Gerade in einem Rechtssystem, das auf die gesamtschuldnerische Haftung aufgebaut ist, sollten das mitunter die wichtigsten Fragen sein. Der Erfolg einer Unternehmung lebt auch von einer guten Vorbereitung. Die wesentlichen Bausteine, die ich in meine Gründertasche packen würde, werde ich Dir im Folgenden vorstellen:

01: Lebensdesign.
Es gibt wenig so Lebensveränderndes wie eine Unternehmensgründung. Da muss man sich gut anschnallen. Dein Weltbild und auch Dein tägliches Leben werden sich verändern. Im Durchschnitt braucht eine Unternehmensgründung 1 bis 2 Jahre bis sie von der Verlust- die Gewinnzone erreicht. Entsprechend umsichtig sollte der Start geplant werden. Eines der wesentlichen Erfolgsrezepte ist die komplette Ausrichtung Deiner Tätigkeiten auf den Vertrieb. Die eigene Zeit sollte zum Beispiel nicht mit der Auswahl des richtigen Bürostuhls vertrödelt werden. Alles sollte der Idee unterworfen werden, so schnell wie möglich das rettende Ufer, also die Gewinnzone zu erreichen. Denn das Verweilen in der Verlustzone frisst Deine Ersparnisse auf, schafft Unbehagen und erhöht Dein unternehmerisches Risiko. Jeden privaten „Luxus" solltest Du radikal zurückstellen und erst wieder in den Fokus rücken, wenn Du die Gewinnzone erreicht hast. Dazu gehören sicherlich der Jahresurlaub mit der Familie, Kinobesuche, Theaterbesuche und alle kleinen Luxusdinge des täglichen Lebens, wie der Mitnahmekaffee bei Starbucks. Ganz wichtig ist es, diese Phase mit der eigenen Familie abzustimmen und genau zu prüfen, ob dieser Lebensalltag für ein bis zwei Jahre mitgetragen wird und vor allem finanzierbar ist. Gerade junge Eltern sollten sich diesen Schritt doppelt überlegen. Unternehmertum fordert gerade zu Beginn eine erhöhte Arbeitslast. Es geht darum, sich am Markt und im Wettbewerb zu positionieren. Lebenspartner und Kinder sollten auf die erste Gründerzeit eingestimmt werden. Alle müssen an einem Strang ziehen, um erfolgreich durchstarten zu können.

02: Reisen mit leichtem Gepäck.
Bevor Du mit Deiner Selbständigkeit durchstartest, solltest Du alle Deine privaten Kosten auf den Prüfstand stellen und diese abschaffen oder minimieren. Umso niedriger die Lebenshaltungskosten sind, umso leichter sind diese durch die ersten eigenen Erträge zu decken und umgekehrt. Mutiere zu einem Einsparungsweltmeister. Hier ist Kreativität gefragt. Ein teures Eigenheim, das durch hohe Kreditzahlungen an die Bank und hohe Wohnnebenkosten belastet ist, ist nicht das ideale Gründungsumfeld. Auch private Leasingraten und Konsumentenkredite

sollten möglichst ausgeglichen sein, bevor man in die Selbständigkeit durchstartet. Denn mit Beton an den Füßen muss man wesentlich heftiger strampeln, als wenn man nur mit leichtem Gepäck reist. Entsprechend kann ich nur raten, alle Belastungen möglichst abzubauen oder zu minimieren, bevor es losgeht - auch wenn das die Gründung verzögert. Die Investition lohnt sich! Eine Vorlage zur Ermittlung Deines kalkulatorischen Unternehmerlohns findest Du auf www.Feuer-DeinenBoss.de.

03: Fit und Energetisch

Neben den finanziellen Altlasten, die vor dem Start in eine erfolgreiche Selbständigkeit abgebaut werden sollten, ist es wichtig, sich ehrlich zu hinterfragen, ob Dein eigener Gesundheitszustand und Energiehaushalt ausreichend sind, um einen unternehmerischen Marathon mit Marschgepäck zu überstehen. Ein Arztbesuch und ein Check-Up sind sicherlich kein Fehler. Menschen, die besonders gesundheitsbelastet und nicht in der Lage sind, auch mal zwei Monate durchzuarbeiten, sollten lieber von der Idee der Selbständigkeit Abstand nehmen. Gerade die Startphase ist kein Kindergeburtstag. Es verlangt emotionale Stabilität und Durchhaltevermögen. Sei also entsprechend ehrlich zu Dir selbst und frag Dich, ob Du das „bringst". Deine Selbständigkeit sollte nicht in einen Herzinfarkt münden. Das ist vielleicht etwas übertrieben, aber Du verstehst hoffentlich was ich damit zum Ausdruck bringen will! Wenn Du besonders sensibel bist und Dein inneres Erleben einer Achterbahn gleicht, solltest Du Deine Amplituden nicht durch das Abenteuer Selbständigkeit in neue Höhen treiben. Lass Dich also Durchchecken und arbeite an Deiner Gesundheit und Deiner emotionalen Resilienz bevor Du Deinen Weg in die Selbständigkeit startest.

04: Du bist was Du weißt und kannst! Das Thema Qualifikation.

Ohne Qualifikation und Fleiß keine Gratifikation. Entsprechend solltest Du auch hier wieder ehrlich zu Dir sein und überprüfen, ob Du die Qualifikationen und Fertigkeiten für Dein geplantes Unternehmen hast. Viel zu oft höre ich: kochen kann doch jeder, ein Restaurant führen ist leicht, … um nur ein paar der klassischen Beispiele zu nennen. Meine eigenen Erfahrungen zeigen, dass das erfolgreiche Betreiben eines Restaurants alles andere als leichte Kost ist. Das erinnert mich an die Fernsehserie „Goodbye Deutschland" in der Menschen ohne nennenswerte Qualifikation und finanzielle Ausstattung einfach auswandern und oft grandios scheitern. Fehlen Dir heute noch Qualifikationen oder ein ausreichendes Maß an Berufserfahrung, um einen guten Start hinzulegen, dann qualifiziere Dich bevor Du loslegst. Alles andere ist nicht wirklich smart und qualifiziert Dich eher als Teilnehmer einer Fernseh-Reality-Show.

05: Ohne Moos nicht starten.

Genauso, wie Du Deine berufliche Qualifikation einem Stresstest unterziehen solltest, solltest Du Dir bewusst sein, dass Du gerade am Anfang Deiner Selbständigkeit eher reduziert verdienen wirst. Ein entsprechender Umsatz und Kundenstamm müssen erst aufgebaut werden. Leg Dir vor dem Start Deiner Unternehmung einen finanziellen Puffer an, um Durststrecken überwinden zu können. Das Anlegen eines finanziellen Puffers zeigt Dir, dass Du in der Lage bist zu wirtschaften.

06: Meilensteinplanung und Wirtschaftlichkeitsrechnung.

Bevor man die eigene Gründungsidee realisiert, sollte man in jeden Fall eine Meilensteinplanung und eine grundlegende Wirtschaftlichkeitsberechnung machen. Denn viele Dinge, die überschlägig im Kopf sinnvoll erscheinen, verändern ihren Glanz, wenn man sie in Excel nüchtern nachrechnet. Oft werden einfach wichtige Faktoren vergessen. Hier gilt: Wer sauber kalkuliert, der gewinnt. Alles andere ist naiv. Und naiv sind wir ja nicht! Weitere Hilfestellung zu diesem Thema erhältst Du unter www.FeuerDeinenBoss.de

07: Erkunde Deinen Markt.

Hast Du mit Deiner Geschäftsidee noch keinen Kunden konfrontiert, dann solltest Du das unbedingt tun, bevor Du durchstartest. Stell Dein Geschäftsmodell so vielen potentiellen Kunden wie möglich vor und erbitte Feedback. Erfrage, ob diese Kunden auch wirklich bei Dir kaufen würden und zu welchem Preis. Zu wissen, ob ein Geschäftsmodell läuft bevor man damit startet, ist wesentlich. Sammle so viele Informationen wie möglich über Deine Kunden und ihre Bedürfnisse. Hol Dir Feedback und pass gegebenenfalls Dein Geschäftsmodell an.

08: Die ersten Kunden warten schon.

Ich selbst bin ein großer Fan von Gründung light, das heißt, schon während der eigenen Arbeitnehmertätigkeit parallel mit der neuen Selbständigkeit zu experimentieren. Wenn die erste Kundenbasis steht und das Geschäftsmodell erfolgreich im Kleinen getestet wurde, kannst Du sicher zum nächsten Schritt in die Vollselbständigkeit übergehen. So stellst du sicher, dass das Gedankengerüst im Kopf auch wirklich funktioniert. Ein Test parallel zur gewohnten Atmosphäre ist auch der Weg, mit dem ich selbst meine damalige Selbständigkeit in kleinen Schritten begonnen habe. Und ich habe es bis heute keinen Tag bereut!

Merke: Wie man im Englischen so schön sagt: „Preparing is caring!" Eine gute Vorbereitung, und Du hast es schon fast geschafft.

4.14   Erreiche deinen persönlichen "Fuck-You-Zustand"

In der heutigen Zeit gibt es diverse erstrebenswerte „Fuck-You-Zustände". In diesem Kapitel möchte ich Dir drei verschiedene vorstellen, die sich hervorragend auf die hohe Kunst des „Am-Arsch-vorbei…" addieren lassen und die für einen freien Unternehmergeist wichtig sind: Es geht um die Kunst, sich unabhängig und frei zu machen und sich von nur wenigen Dingen beeinflussen zu lassen. Denn je freier und unbeeinflusster Du bist, je objektiver und besser sind Deine Entscheidungen! Meine Erfahrung ist, dass leider zu viele Menschen zu einfach manipulierbar sind. Sie sind kaum in der Lage, einen Zeitungsbericht zu lesen oder etwas über einen anderen Menschen zu erfahren, ohne dass es ihr eigenes Denken beeinflusst. Nachrichten sind in der Regel manipulativ konzipiert. Sie legen die Agenda darüber fest, was für uns an einem bestimmten Tag wichtig ist. Sie definieren also, auf welche Themen wir uns fokussieren und worüber wir diskutieren und nachdenken. Der Produzent einer Nachricht sendet zudem seine eigene Meinung oder die Meinung des Kartells, das er vertritt, in jeder Nachricht mit. Neutral und objektiv zu bleiben ist erstens nicht leicht und zweitens oft nicht gewollt. Entsprechend ist schon aufgrund der Festsetzung der Themenwahl und der eigenen Meinung des Berichterstatters Objektivität nur schwerlich gegeben. Die Gefahr, einfach manipuliert zu werden, sollte den gleichen Respekt erhalten, wie die Gefahr, die von einem offenen Tigerkäfig ausgeht oder von einer Fallgrube, die nicht abgedeckt wurde.

Ein Beispiel aus eigener Erfahrung: Im Mai 2019 haben wir Freunde in Delhi besucht und ich war erschrocken, mit welchen Vorurteilen und Befürchtungen meine Begleitung und ich die Reise nach Indien antraten. Im Vorfeld konnten wir uns gar nicht so richtig auf die Reise freuen. Dies ist für uns ungewöhnlich, denn wir lieben Reisen. Wir hatten aber diesmal ein mulmiges Gefühl und grausame Bilder im Kopf von Massenvergewaltigungen, verstümmelten Kindern und Armutskriminalität. Diese Bilder waren aber nicht unsere Bilder, gewonnen durch eigene Erfahrungen, sondern Bilder, die wir durch den Konsum von Nachrichten verinnerlicht hatten. Durch wiederholte Präsentation von Schreckensbildern in den Nachrichten wurde in unseren Köpfen ein unbewusstes, negatives Gesamturteil über ein Volk erzeugt. Wir wurden Opfer der Manipulation. Bei unserer Reise haben wir Indien als ein offenes und freundliches Land kennengelernt, in dem Gastfreundschaft ein hohes Gut ist. Wie hatten insgeheim Massenvergewaltigungen, dunkle Straßen und Armutskriminalität erwartet. Herzlichkeit und Respekt haben wir bekommen. Was haben wir gelernt? Es ist wichtig, sich jeder Form von Propaganda zu entziehen. Propaganda beschreibt dabei den Versuch der gezielten Beeinflussung unseres Denkens, Fühlens oder Handelns durch bestimmte Interessengruppen. Wenn Du also schlechte Dinge zum Beispiel über Engländer, Franzosen, Italiener oder Amerikaner liest, dann sei Dir gesagt: Es ist gelogen. Der durchschnittliche Bürger ist überall auf der Welt gleich anständig und nett. Alles andere ist Propaganda.

Ebenso verhält es sich bei der Werbung. Wie oft kaufen wir Dinge, die wir eigentlich gar nicht brauchen oder fällen Urteile über Menschen, die sich als unschuldig herausstellen... Mein Opa hat immer gesagt: Du kannst nur beurteilen, was Du selbst erlebt oder gesehen hast. Unsere Meinung sollte sich aus unseren eigenen Erfahrungen und Erkenntnissen bilden und aus den Berichten und Erfahrungen von Menschen, denen wir vertrauen. Alles andere halte ich für manipulative Propaganda. Am besten versucht man, sich dieser so weit wie möglich zu entziehen, wenn man nicht zum Spielball fremder Interessen werden will. Ein weiteres gutes Beispiel der Manipulation ist der Fall Cambridge Analytica, dem manche sogar den Wahlsieg Trumps und den Brexit zuschreiben. Durch die Analyse mehrerer Millionen Nutzerdaten wurde Menschen, die als überzeugbar eingestuft wurden, durch die üblichen Social Media Kanäle Artikel, Videos, Memos und Links zum jeweiligen Nachteil der Wahlgegner zugespielt. Sie wurden scheinbar durch Datenpenetration, teilweise sogar mittels Fake Videos, regelrecht bearbeitet und „überzeugt".

Eine weitere Quelle der Manipulation und der Einflussnahme ist die Meinung anderer und das Gerede im Allgemeinen. Entsprechend weise sollten wir die Menschen auswählen, die wir in unseren näheren Kreis lassen. Grundsätzlich ist es nicht schlecht, sich die Meinung anderer Personen einzuholen. Dabei ist eine Meinung eine persönliche Auffassung, die jemand von einer Sache, Zustand oder Person hat. Das muss aber nicht zwangsweise etwas mit Wissen zu tun haben. Eine Meinung kann emotional eingefärbt, manipuliert, verbunden mit einer versteckten Absicht geäußert werden oder basiert auf den Einzelerfahrungen - oft auch nur vom Hörensagen - anderer Personen. Höre freundlich zu und lerne aus den Meinungen anderer.

Wenn Du Dich als Unternehmer am Markt behaupten willst, dann geht das nicht, indem Du es allen recht machst, sondern indem Du Deinen eigenen Weg findest. Der dritte Punkt für das Erreichen des vollkommenen „Fuck-You-Zustandes" ist die finanzielle Unabhängigkeit. Diesem Thema habe ich das nächste Kapitel gewidmet. Denn dieser Punkt ist so wichtig, dass er ein gesondertes Kapitel verdient.

Merke: Mach Dich frei von Influencern und der Meinung anderer. Sie hindern Dich daran, Deinen eigenen Weg zu gehen!

4.15 Finanzielle Unabhängigkeit erreichen

Erst wenn Du den Status der finanziellen Unabhängigkeit erreicht hast, wirst Du wirklich frei sein! Frei von der Verpflichtung, Deine Zeit gegen Geld einzutauschen. Aber wie funktioniert eigentlich finanzielle Unabhängigkeit? Finanziell unabhängig bist Du, wenn Deine laufenden Lebenshaltungskosten (also die Summe Deines monatlichen Standard-Rechnungsvolumens) durch Erträge aus passiven Einkommensquellen bezahlt werden können. Dann hast Du den sogenannten finanziellen „Fuck-You-Zustand" erreicht. Wenn Dein Arbeitgeber Forderungen hat, die Du nicht erfüllen willst oder einen Firmenumzug plant, dann darfst Du laut „Fuck-You" denken und Dir überlegen, ob Du diese Forderungen erfüllen möchtest und umziehen willst oder eben nicht. Denn Du bist finanziell unabhängig und brauchst den Job nicht. In diesem Buch stellt der kalkulatorische Unternehmerlohn quasi das Pendant zu den Lebenshaltungskosten dar. Einen Muster-Kalkulator findest Du auf unserer Seite www.FeuerDeinenBoss.de.

Im Status der finanziellen Unabhängigkeit musst Du Deinen Lebensunterhalt nicht mehr durch aktive Einkommensströme verdienen. Aktive Einkommensströme sind Einkommen, bei denen Du Deine Zeit gegen Geld tauschst, zum Beispiel Einkommen aus selbständiger und unselbständiger Arbeit. Passive Einkommensströme sind Einkommen, bei denen Dein Unternehmen, Deine Mieter oder Dein Kapital für Dich arbeiten. Umgangssprachlich nenne ich diesen Zustand der finanziellen Unabhängigkeit auch „Fuck-You-Zustand", denn es bedeutet letztendlich, dass Du Deinen Tag mehr oder weniger frei gestalten kannst, ohne den Frondienst der täglichen Arbeit leisten zu müssen. Du hast Dich quasi weiter entwickelt von einem einfachen Zeit-gegen-Geld-Tauscher zu einem Investor oder einem Unternehmer. Du kannst Deinen Hobbys nachgehen, in der Hängematte liegen oder einfach den Sachen folgen, die Dir Spaß machen. Finanzielle Unabhängigkeit bedeutet in der Regel noch nicht, dass Du „reich" bist und leben kannst wie die Geissens und Rockefellers, sondern dass Du nun nicht mehr gezwungen bist, einer täglichen Arbeit als Pflichterfüller nachzugehen. Es ist ein wesentlicher Schritt zu mehr Freiheit und Selbstbestimmung. Viele Menschen versuchen diesen Zustand mit 65 oder 67 durch eine Kombination aus gesetzlicher, betrieblicher und privater Rente zu erzeugen.

Ich hatte diesen Zustand bereits mit 39 Jahren mit einer „einfachen" Methode erreicht, die ich Dir gerne im Folgenden verrate: Ich habe auf der einen Seite so wenig wie möglich ausgegeben und meine Lebensinfrastruktur bewusst auf ein sehr niedriges Kostenniveau gerückt. Auf der anderen Seite habe ich meine Fachkompetenz und folglich auch meinen „Stundensatz/Verdienst" permanent erhöht, indem ich viel in Bildung und in mich selbst investiert habe. Parallel zu dieser Scherenmethodik mit hohem aktivem Cashflow habe ich mich in kleinen, aber soliden Schritten zum Investor und Unternehmer weiterentwickelt. Aktiven Cashflow definiere ich als Liquiditätsüberhang zwischen monatlichen Ausgaben und Einnahmen. Umso weiter Deine Einnahmen Deine Ausgaben übersteigen, umso höher ist Dein aktiver Cashflow und umso größer der Betrag, den Du monatlich investieren kannst und umgekehrt. Vermögen entsteht durch den Aufbau von Vermögensbeständen, also einzig und allein durch Konsumverzicht und Investment. Konsum ist entsprechend der logische Feind des Vermögensaufbaus. Je öfter Du Opfer des Marketings und der Konsumfallen wirst, je kleiner ist die Wahrscheinlichkeit, dass Du jemals Vermögen aufbauen wirst. Umso größer Dein aktiver Cashflow und umso kleiner Deine laufenden Kosten sind, umso schneller schaffst Du es, finanziell unabhängig zu werden. Wenn Du jedoch jeder Konsumversuchung nachgibst, wirst Du arbeiten müssen, bist Du umfällst. An dieser Stelle möchte ich Dir folgende „Weisheit" als Inspiration ans Herz legen: Nichts was man im Laden kaufen kann, macht wirklich glücklich! Oft haben Begegnungen, Erkenntnisse und Freundschaften einen wesentlich größeren Einfluss auf unsere Lebenszufriedenheit als ein schicker Luxusschlitten. Meine eigene finanzielle Unabhängigkeit konnte ich durch das Investieren in Immobilien erreichen. Desto früher Du planst, frei zu sein und den „Fuck-You Zustand" zu erreichen, desto weniger solltest Du heute ausgeben und desto besser solltest Du Dich qualifizieren. Wobei im Sparen aufgrund der hohen Steuer- und Abgabenbelastung in Deutschland der größere Hebel liegt als im weiteren Verdienen. Ebenso hat Geld, das Du in frühen Jahren anlegst, einen größeren Hebel als Geld, das Du in späteren Jahren investierst, aufgrund des Zinseszins-Effektes. Deswegen hat der junge Frugalist[13] die höchste Chance auf finanzielle Freiheit. Du fragst Dich nun sicherlich: Was hat das Ganze mit Unternehmertum zu tun? Die Antwort ist ganz einfach: Eines der größten Risiken des jungen Unternehmers sind überbordende Ansprüche und Konsumwünsche. Es sind der Sportwagen, das Luxusbüro, die Rolex, die sofortige Umwandlung der ersten Unternehmensgewinne in privaten Konsum, die eine der größten Gefahren für das Unternehmen darstellen. Genauso wie im privaten Leben, ist es für den Unternehmer wichtig, seine Ausgaben flach zu halten und den Ertrag zu maximieren. Der 3.000 € teure Lederbürostuhl bringt in der Regel keine neuen Kunden!

Merke: Bevor Du konsumierst, spare und lerne zu investieren. Finanzielle Unabhängigkeit erreichst Du, indem Du die Schere zwischen Ausgaben und Einnahmen maximierst.

---

[13] Vom englischen Wort „frugal" sparsam, schlicht, bescheiden.

4.16   Mach dich nicht abhängig!

Einer der Sprüche, die ich immer wieder im Alltag höre, ist: Jeder ist irgendwie von irgendjemandem und irgendwas abhängig. Hmm, die erste Frage ist: Was will man mir damit sagen? Und die zweite Frage ist: Ist Abhängigkeit ein Problem?

Um die Folgen von Abhängigkeiten zu verdeutlichen, machen wir eine kurze Reise in den Bereich der persönlichen Beziehungen: Stell Dir vor, Du bist von einer Person emotional abhängig oder im extremsten Fall: Du bist einer Person emotional komplett verfallen. Vielleicht bist Du sogar wirtschaftlich von dieser Person abhängig. Dann hast Du für diese Person Deine Eigenständigkeit aufgegeben. Abhängigkeiten reduzieren die Möglichkeit, eigenständig und frei Entscheidungen zu treffen. Bist Du in irgendeiner Form abhängig, bist Du ein Gefangener Deiner Lebensinfrastruktur. Deine Handlungsoptionen reduzieren sich und damit Deine Möglichkeiten, Dein Traumleben zu führen. Abhängigkeit beinhaltet die externe Beherrschung durch andere Personen oder auch Unternehmen und die damit verbundene Möglichkeit der externen Einflussnahme. Es gibt Unternehmenskonzepte, die sind quasi in einer dienenden Stellung positioniert und komplett abhängig von anderen beherrschenden Personen oder Unternehmen. Abhängigkeiten beginnen bei Abhängigkeiten vom Leistungsvermögen einzelner Fachkräfte in Deinem Unternehmen, von einer einzelnen finanzierenden Bank, von einem einzelnen Großlieferanten, von einem einzelnen Großkunden. Logischerweise definiert der Grad Deiner Abhängigkeiten auch das Risiko Deines Geschäftsmodells. Das heißt, wenn Du beispielsweise 80 % Deines Umsatzes mit einem einzigen Kunden machst, dann bist Du im Prinzip nichts anderes mehr als eine verlängerte Werkbank dieses Kunden, aber sicherlich nicht frei. Wenn der Kunde eine Aufgabe formuliert, dann springst Du, weil Du Angst hast, Dein Geschäft zu verlieren. Entsprechend einfach ist es zu verstehen, dass Dein eigener Freiheitsgrad, gemessen an Deiner eigenen Unabhängigkeit, einen wesentlichen unternehmerischen Erfolgsfaktor darstellt. Umso abhängiger Du bist, umso größer ist das Risiko, dass diese Abhängigkeit gegen Dich und Dein Unternehmen missbraucht wird. Entsprechend bin ich auch kein großer Fan von Anstellungsverhältnissen, die ja im Prinzip die größte Form der Abhängigkeit darstellen. Natürlich kann man jetzt einwenden, dass man doch gebraucht wird und es gegenseitige Abhängigkeiten gibt. Das ist richtig, der Grad Deiner Freiheit bestimmt sich nach Deiner individuellen Unabhängigkeit im System. Das heißt, je besser zum Beispiel Deine Berufsqualifikation ist und je höher die Nachfrage am Markt nach Deiner Qualifikation ist, je freier bist Du. Umso einfacher man Dich hingegen ersetzen kann, umso abhängiger bist Du vom guten Willen Deines Arbeitgebers. Entsprechend ist gerade auch das Streben nach beruflicher Unabhängigkeit und Autonomie freiheitsbestimmend.

Wenn Du also damit beginnst, Dein Unternehmen zu designen, solltest Du gut darauf achten, so wenig Abhängigkeiten in Deinem Geschäftsmodell wie möglich zu erzeugen. Natürlich kann es passieren, dass Du gerade auch am Anfang kurzfristige Abhängigkeiten eingehen musst. Du solltest aber bei allen Entscheidungen tunlichst darauf achten, Deine Abhängigkeiten auf das kleinstmögliche Maß zu reduzieren. Dein langfristiges Ziel sollte es sein, dass Du von nichts und niemandem wirklich abhängig bist und Du so weder erpressbar noch manipulierbar bist. Unabhängigkeitsstreben zeigt sich am Deutlichsten im Eingehen von vertraglichen Verpflichtungen. Je mehr Du Dich als Unternehmer fixieren lässt, desto mehr verlierst Du Deine Flexibilität und umso größer ist das Risiko, aus eingegangenen Abhängigkeiten Nachteile zu erfahren.

Werden wir konkret: Du bist zum Beispiel auf der Suche nach neuen Büroräumen: Hier steht Dir heutzutage ein wirklich breiter Blumenstrauß an Bürokonzepten zur Verfügung. Die Frage ist nun: Unterzeichnest Du einen zehnjährigen fixen Gewerbemietvertrag für Deine Büroeinheit oder kämpfst Du in den Verhandlungen wie ein Löwe und baust Dir Sonderkündigungsrechte und eine einseitige Kündigungsmöglichkeit bei geschäftlichen Problemen usw. ein? Die Frage ist immer, wie weit lassen wir uns in ein System fixieren und in eine Abhängigkeit bringen. Oft versuchen uns Geschäftspartner in Abhängigkeitsverhältnisse zu führen, denn für den Vermieter bedeutet ein 10-jähriger Mietvertrag eine höhere Absicherung gegen ein mögliches Ausfallrisiko. Es bringt den Vermieter in eine bessere - Dich dagegen in eine schlechtere - Position. Versuch also bei Deinem Tun immer den Aspekt der Abhängigkeit und die damit verbundenen Risiken zu berücksichtigen. Allein schon bei der Auswahl des Stromtarifs für Dein Büro gibt es monatlich kündbare Verträge und es gibt Verträge mit einer Mindestlaufzeit von 24 Monaten. Natürlich kostet die Herstellung von Freiheit und Flexibilität Energie, Zeit und manchmal auch etwas Geld. Aber Dein Ertrag ist die Reduktion des Risikos Deines Geschäftsmodells, mit den entsprechenden, positiven wirschaftlichen Auswirkungen. Das Streben nach Unabhängigkeit beinhaltet das Bedürfnis, ein unabhängiges Berufsleben zu führen, sich in und durch die eigene Arbeit persönlich zu verwirklichen und einer individuell ausgestaltbaren Tätigkeit nachzugehen. Du beginnst also mit Deinem eigenen Wunsch nach mehr Unabhängigkeit Dein eigenes Leben zu führen. Genau diese eigene Unabhängigkeit liefert Dir für Dein Leben die größtmögliche Form an Sicherheit. Abhängigkeit bedeutet im Gegensatz, dass Du eben abhängig bist vom Geratewohl anderer Personen oder Institutionen. Viele Unternehmer entwickeln eine enorme Antriebskraft aus ihrem individuellen Unabhängigkeitsstreben, also dem Streben nach Freiheit und Selbstbestimmung. Umso selbstbestimmter Du und Dein Unternehmen sind, umso freier bist Du. Eine Freiheit, die die Menschheit sich über 100te von Jahren schwer erkämpft hat und die man oft viel zu leicht opfert. Unternehmertum beinhaltet daher auch die Fähigkeit, sich als ein

Mensch der Freiheit zu begreifen und aus dieser Freiheit heraus zu handeln und diese zu verteidigen und einzufordern. Um also für Dich als Unternehmer einen maximalen Grad an Freiheit zu erreichen, brauchst Du Motivation, Durchhaltevermögen und Konsequenz. Unabhängigkeit beginnt auch damit, sich von Konventionen zu lösen und seinen eigenen Weg zu gehen. Es beginnt bei der Kleidung und endet an der Stelle, an der Dir völlig egal ist, was andere Menschen über Dich denken und sagen. Oft kann es auch extrem hilfreich sein, sich an dieser Stelle von einem erfahrenen Mentor begleiten zu lassen. Du wirst Deine Fortschritte durch eine Begleitung massiv beschleunigen. Designe Dir also eine Unternehmensinfrastruktur, die einen maximalen Grad an Freiheit anstrebt. Lebe nach dem Prinzip: Unabhängigkeit von Abhängigkeiten. Reduziere Deine Systemabhängigkeit auf ein Minimum. Durch die Reduktion von Systemabhängigkeiten schafft man automatisch eine Flexibilisierung und damit eine Stärkung des eigenen Ökosystems. Systemabhängigkeiten kann ich zum Beispiel auch privat reduzieren, indem ich keine Konsumentenkredite aufnehme, mir einen finanziellen Notgroschen anlege, kein überteuertes Eigenheim kaufe, mich generell nicht zu hoch verschulde oder mich ständig weiterbilde und an meinem Unternehmen und dessen Freiheit arbeite. Man stellt sich selbst so auf, dass man einen maximalen Grad an finanzieller Unabhängigkeit von staatlichen Sozialleistungen, Banken, Versicherungen, seinem Arbeitgeber oder Lebenspartner gewinnt. Umso unabhängiger Du und Dein Unternehmen sind, umso freier kannst Du Dich auf unserer Welt bewegen und sicherstellen, dass wirtschaftliche Krisen Dich wenig oder sogar gar nicht treffen.

Merke: Die Unabhängigkeit Deines Geschäftsmodells stellt einen Wert an sich dar und reduziert Dein unternehmerisches Risiko. Das Streben nach Eigenständigkeit und Autonomie sollte immer ein gewichtiger Teil bei allen Deinen unternehmerischen Überlegungen sein. Abhängigkeiten bedeuten hingegen immer das Risiko der externen Beeinflussung und ein Verlust an unternehmerischer Freiheit.

4.17 Die unternehmerische Freiheit

Das Merkmal eines guten Geschäftsmodells ist dessen Eigenständigkeit. Wenn man das eigene Unternehmen startet, dann tut man das in der Regel als One-Man-Show oder One-Woman-Show und ist in Personalunion Buchhalter, Cash-Manager, Vertriebler, Personalchef, ausführende Kraft und vieles mehr. Die Lernkurve ist grandios! Gerade zu Beginn hängt das „Baby" an der „Mutter" und ohne ihre Liebe und Hingabe gibt es selten eine gute Entwicklung. Schnell werden die Kinder groß und es kommt die Zeit, da müssen die Kinder Flügge werden und ihr Leben eigenständig meistern. Unterstützt man diesen Prozess nicht, dann geht man das Risiko ein, dass das Kind für immer anhängig bleibt. Oft kann man sich das zum Zeitpunkt des Unternehmensstarts noch gar nicht vorstellen. Tatsache ist, wenn Du das nicht angreifst und Dich diesem Thema stellst, dann wirst Du immer der aktive Part in Deinem Unternehmen bleiben. Du kannst Dich niemals vollständig entspannen, denn Du stehst gedanklich immer hinter der Ladentheke Deines Unternehmens.

Das ist natürlich erst der zweite Schritt beim Unternehmensaufbau. Dennoch macht es Sinn, gleich von Beginn an und beim Gestalten der Unternehmensprozesse und Entscheidungsbäume diesen Gedankengang der späteren Systemunabhängigkeit mit zu integrieren. Sehr wertvoll, um diese Entwicklung zu testen, ist der eigene Urlaub. Erst vorsichtig dosiert für eine Woche, dann auf sechs bis acht Wochen ausbauend. Es geht darum die Selbständigkeit und Überlebensfähigkeit des eigenen Systems zu testen und zu optimieren. So kann man sehr gut Schwachstellen erkennen und das Unternehmen als eigenständiges System fortlaufend verbessern und ausbauen. Man bekommt schnell Feedback und sieht, welche Prozesse funktionieren und wie das Unternehmen sich ohne den Inhaber bewährt. Am besten man stellt sich von Anfang an gar nicht als „Chef" auf, sondern als Kollege und Berater für die Kollegen und Mitarbeiter mit dem Ziel, diese und das Unternehmen auf Eigenständigkeit zu trimmen. Das hat den Vorteil, dass Dein Unternehmen losgelöst von Dir operieren kann. Deine Mitarbeiter motivierter sind, da sie sich selbst besser einbringen und gestalten können. Du hast mehr Freiheiten für Dich und Deine Familie und kannst vor allem das Unternehmen, wenn Du Dich zur Ruhe setzen willst, leichter an einen Dritten oder Deine Erben übergeben, ohne Dir Sorgen über die Überlebensfähigkeit machen zu müssen. Der Gedanke der Eigenständigkeit sollte vom Start weg Teil Deiner Unternehmens- und Führungskultur werden und sich in Deinem Unternehmen verselbständigen. Anders als viele Arbeitnehmer, die versuchen sich unentbehrlich zu machen, weil sie Angst vor einer Kündigung haben, musst Du als Unternehmer diese Angst nicht haben. Denn es ist Deine Party!

Natürlich geht das nicht sofort. Es ist ein Entwicklungsprozess, der seine Zeit braucht, der aber enorm wichtig für Dich und auch für den Wert Deines Unternehmens ist. Wenn Du ein Sommer-Sonne-Mensch bist und Dich der Winter in Deutschland eher belastet oder wenn Du die Abwechslung liebst so kannst Du jederzeit ausbrechen. Denn Du weißt, Dein Unternehmen ist ein eigenständiges System. In einem guten Unternehmen ist der Inhaber nicht in jeden Prozess integriert oder systemrelevant, sondern fungiert als Zukunftsmanager und Innovator für neue Ideen und Projekte. Er betrachtet sein Unternehmen nicht nur von innen, sondern kann sich Zeit nehmen, sein Unternehmen von außen zu betrachten, zu entwickeln und optimal am Markt zu positionieren.

Merke: Ein Unternehmen, das abhängig vom Arbeitseinsatz des Inhabers ist, ist ein Job! Nur ein eigenständig operierendes System macht Dich als Unternehmer nachhaltig frei. Das sollte Dein erklärtes Ziel sein!

4.18 Vertrauen ist das Maß aller Dinge

Nur wenn Du Vertrauen in Deine eigenen Fähigkeiten hast und das auch ausstrahlst, werden Dir Deine Kunden und Mitarbeiter vertrauen. Echtes Selbstvertrauen basiert auf dem Bewusstsein der eigenen Selbstwirksamkeit. Wie ist dieses Bewusstsein über die eigene Selbstwirksamkeit zu verstehen?

Stell Dir ein Arbeitsteam vor, das eine gute Gruppenleistung erbringt. Am Ende des Leistungserbringungsprozesses wird es in diesem Team Personen geben, die davon überzeugt sind, dass sie einen maßgeblichen Beitrag für das Teamergebnis geleistet haben. Andere Personen hingegen, die ebenfalls einen wichtigen Beitrag geleistet haben, werden ihre Leistung als weniger wichtig einstufen. Wieso ergeben sich solche Unterschiede in der Selbsteinschätzung der Teammitglieder? Die Antwort ist einfach. Die eine Person ist sich Ihrer Selbstwirksamkeit bewusst, die andere noch nicht. Das hat im Erwerbsleben oft die Folge, dass die Person mit dem höheren Bewusstsein dieses auch generell offener und bei jeder Gehaltserhöhung selbstbewusst vertritt - mit entsprechend positiven Effekten - und die andere Person ihre Leistung nicht herausstellt, da ihr diese gar nicht wirklich bewusst ist oder sie diese eher als unterdurchschnittlich wahrnimmt. Da man Menschen ihr Leistungsvermögen nicht an der Nasenspitze ansehen kann, wird der Person, die ihre eigene Leistung nicht vertritt und ins rechte Licht rückt, eine niedrigere Leistungsfähigkeit unterstellt. Das ist nachvollziehbar, denn die Person unterstellt sich selbst ebenfalls eine niedrigere Leistungsfähigkeit. Sie wird sich weniger zutrauen, weniger Aufstiegschancen wahrnehmen, und es wird sich sehr wahrscheinlich auch in einem niedrigeren Gehalt widerspiegeln.

Wie baut man sich so ein Selbstvertrauen bzw. Bewusstsein über die eigene Wirksamkeit mit entsprechend positiven Auswirkungen auf? Die Antwort ist einfach. Durch das Setzen und Umsetzen von Zielen. Du setzt Dir in Deinem Leben privat oder beruflich immer wieder kleine und größere Ziele und verfolgst diese mit Disziplin und Ehrgeiz. Der beste Weg, Selbstvertrauen aufzubauen, ist mit sich und seinen Handlungen ehrlich umzugehen und diese permanent weiter zu entwickeln. Es geht darum, keine Versprechungen abzugeben, die man nicht einhält. Wenn Du Dir sagst: „ich lerne jetzt noch eine Stunde", dann tust Du das auch. Wenn Du Dir sagst: „ich räume jetzt auf", dann machst Du das. Wenn Du Dir sagst:"ich nehme ein Kilo ab", dann ist das für Dich gesetzt und Du ziehst das durch. Denn immer, wenn Du ein Versprechen abgibst und Du hältst Dein Versprechen, dann machst Du eine Einzahlung auf Dein Selbstvertrauenskonto und umgekehrt. Entsprechend vorsichtig sollten wir mit Zusagen oder Versprechen sein. Denn am Ende schädigt jedes nicht eingehaltene Versprechen uns selbst. Wir entscheiden jeden Tag von Neuem durch unser Sagen und Tun, ob wir Selbstbewusstsein aufbauen oder eben nicht. Im Englischen wird dieses ehrenhafte Leitbild mit: „walk your talks" zum Ausdruck gebracht. Umso größer Dein Selbstvertrauen ist, umso besser kannst Du Dich und Deine Leistungsfähigkeit einschätzen, denn Du hast geübt, mit jeder Aussage oder Versprechen, das Du getroffen hast. Den Grad Deines Selbstvertrauens drückst Du mit Deiner Sprache und Deiner Körperhaltung aus. Denn Du weißt: Wenn Du etwas sagst, dann meinst Du das auch so und entsprechende Handlungen folgen zuverlässig. Du weißt, man kann sich auf Dich verlassen und auch Du glaubst an Deine Fähigkeiten, denn Dein Selbstvertrauenskonto ist gut gefüllt. Personen mit einem hohen Selbstvertrauen sind durchweg der Ansicht, dass die Ergebnisse Ihres Handelns der eigenen Kontrolle unterliegen. Sie machen andere Menschen nicht für ihr Tun oder Ergebnisse verantwortlich. Sie suchen die Schuld bei sich selbst und versuchen, sich laufend zu verbessern. Menschen mit einem hohen Selbstvertrauen lassen sich nur selten einen Bären aufbinden, denn sie sind nicht leicht zu manipulieren und lassen sich auch nicht gerne bevormunden. Sie haben Ihren eigenen Kopf und wissen, wer sie sind und was sie können und was eben nicht. Menschen, die hingegen kein sonderliches Selbstvertrauen haben, neigen dazu, Erfolg oder Misserfolg auf Glück oder Pech, also auf Schicksalsschläge zurückzuführen. In der Regel sind sie der Ansicht, dass die äußeren Umstände für die Konsequenzen ihres Handelns verantwortlich sind. Hier ist das unternehmerische Selbstvertrauen eher unterentwickelt. Personen mit einem hohen Selbstvertrauen sind hingegen der Ansicht, dass sie selbst ihres Glückes Schmied sind. Sie sind überzeugt, dass sie über ausreichende unternehmerische Fähigkeiten verfügen und habe gerne die Kontrolle über ihr Tun. Sich selbst zu vertrauen ist die Grundlage, um anderen Menschen vertrauen zu können. Wir alle kennen Menschen, die absolut niemandem vertrauen. Der Grund liegt in der Regel darin, dass sie selbst keine vertrauenswürdigen Menschen sind. Denn, wie der Volksmund sagt: Du traust anderen Menschen nur das zu, was Du Dir auch selbst zutraust. Sich selbst kennenzulernen und unternehmerisches Selbstvertrauen aufzubauen ist die beste Grundlage, um eine Erfolgsfirma aufzubauen.

Merke: Sich selbst zu vertrauen, heißt auch anderen Menschen vertrauen zu können und für andere vertrauenswürdig zu erscheinen. Achte auf Deine eigenen Gedanken und Versprechen. Sie sind die Grundlage für Deine Handlungen und Dein Selbstvertrauen.

4.19   Alles sofort verschieben

Alles ständig verschieben und nichts gleich erledigen ist genauso ineffizient, wie dem Drang nachzugehen, immer alles gleich erledigen zu wollen, es quasi nicht zu ertragen, dass noch offene To-dos auf der Arbeitsliste stehen. Verschieberitis, also alles aufzuschieben, wird auch als Prokrastination bezeichnet. Auf der anderen Seite steht die Präkrastination, also der Drang, alles immer sofort erledigen zu müssen. Beide Konzepte sind emotional gesteuert und entsprechend ohne Verstand. Gerade bei der täglichen Arbeit kann man enorm Zeit einsparen, wenn man das Denken dem Tun oder Nicht-Tun vorschaltet und die eigenen To-dos und das eigene Lassen oder Unterlassen konzeptgeleitet strukturiert. Viele meiner Kollegen und Mitbewerber fragen sich oft, wie ich meinen scheinbar immensen Workload umsetzen kann. Das Geheimnis dahinter ist meine Arbeitsstruktur, die ich Dir im Folgenden verraten werde:

01: Erschaffe Dir ein konstruktives Umfeld.
Finde heraus, was Dich beflügelt, wann und wo Du am Konstruktivsten bist. Mein ideales Arbeitsumfeld ist: Chill-Out-Musik auf den Kopfhörern (Fokus); Arbeiten in einem emsigen Umfeld (Aktivität ist ansteckend, also umgib Dich mit fleißigen Menschen); gute Technik (spart Zeit), organisiertes und aufgeräumtes Umfeld (fördert die innere Selbststrukturierung, denn so wie im Außen, so sind wir auch im Inneren). Die four-quarters Wirtschaftssozietät GmbH, ein Co-Working Space in Nürnberg mit ihren wundervollen Kollegen und Angestellten ist dabei für mich der perfekte Ort zum Arbeiten.

02: Kreativitätsfördernde Wirkung von Reisen.
Jeden Tag das gleiche Umfeld schafft gute Routinen und einen schnellen Arbeitsfluss. Auf Dauer kann es aber auch unkreativ und starr machen. Entsprechend baue ich mir immer wieder Phasen der Abwechslung ein. Mal arbeite ich von zu Hause und mal auf Reisen in fernen Ländern. Damit begebe ich mich bewusst in eine Distanzposition und kann mein Tun und Leben von außen betrachten. Diese Methode schafft neue Erkenntnisse und Impulse. Es gibt wenig Wertvolleres als den Perspektivenwechsel. Lass ihn Dir nicht entgehen!

03: Stapelverarbeitung.
Gleichartige Dinge zusammenfassen und in einem Zug abarbeiten ist eine der effizientesten Techniken überhaupt. Anstatt alles gleich erledigen zu wollen oder zu verschieben, sammle ich gleichartige Tätigkeiten und erledige sie in einem Zug. Ich öffne zum Beispiel nicht jeden Tag meine Post oder schaue mir jede ankommende E-Mail gleich an. Ich plane mir Zeitfenster ein für das Öffnen und Erledigen

meiner Post oder das Lesen meiner E-Mails. Ich arbeite nach dem Motto: fass keine Mail / Brief zweimal an. Denn jedes Mal muss ich mich erneut in das Thema einlesen und das verbraucht kostbare zusätzliche Zeit. Ich bestimme selbst wann und wie ich etwas mache und bleibe so Herr meiner Zeit. Auch vergebe ich Telefontermine, um nicht permanent unterbrochen zu werden. Wenn Du auf jede E-Mail, Anruf, Brief, Paketsendung sofort reagierst, dann hast Du definitiv die Kontrolle über Dein Leben verloren.

04: Zielsetzung.

Nur wenn Du weißt was Du willst, kannst Du das Dringende vom Wichtigen unterscheiden. Beschäftige Dich mit Deinen Lebenszielen und leite von diesen Deine Arbeitsziele ab. Suche Dir eine Betätigung die Deine Ziele und Deine Art zu arbeiten und zu denken am besten unterstützt. Frage Dich bei allem was Du tust: unterstützt es meine Ziele oder nicht. Dann weißt Du sofort was für Dich und Dein Leben wichtig ist und was nicht. So kannst Du leicht Deine Prioritäten festlegen und hörst auf Dich im Tun von unwichtigen Dingen zu verlieren.

05: Aufbau von Zielbuddies.

Erzähle Deinen Mitstreitern, Freunden oder Netzwerkpartnern von Deinen Zielen und Ideen. Nimm sie mit auf Deine Reise. Das erzeugt positiven Erfüllungsdruck und motiviert Dich, bei der Sache zu bleiben. Erschaffe mit Deinen Zielbuddies eine gegenseitige Nachfragekultur. Das beflügelt, motiviert und schult Dich. Du gewinnst positive berufliche Wegbegleiter und lernst aus den Erfahrungen Deiner Freunde.

06: Kompetenznetzwerk.

Bau Dir ein Netzwerk von Menschen auf, die Du schätzt und die schon dort sind, wo Du hinwillst. Investiere in dieses Netzwerk. Bring Dich ein. Dann hast Du immer gute Ratgeber und Ansprechpartner, die Dir bei Deinen Aufgabenstellungen zur Seite stehen. Jeder Unternehmer sollte in seinem Netzwerk mindestens einen guten Anwalt, einen guten Buchhalter und einen guten Banker haben. Denn Sie helfen Dir, das zu sichern was Du mühevoll als Unternehmer aufgebaut hast.

07: Säubere Deinen Geist.

Genauso wie Du Deine Festplatte regelmäßig aufräumst und von Überflüssigem befreist, solltest Du auch mit Deinem Geist regelmäßig Frühjahrsputz betreiben. Zu viele Dinge im eigenen Arbeitsspeicher zu halten, verklärt den Blick, verursacht Stress und lähmt. Bist Du an diesen Punkt angekommen und Du hast nur noch Honig im Kopf, dann raste. Setz Dich hin, öffne drei Wordseiten in Deinem PC: eine To-do-Liste, eine Liste für Problemstellungen und eine Shit-Liste. Die

To-do-Liste beinhaltet alle Aufgaben, die Du noch erledigen möchtest. Die Liste für Problemstellungen, umfasst alle Dinge, die Dich bremsen und Dir gerade das Leben schwer machen. Die Shit-Liste beinhaltet all die Dinge, die Dir auf den Keks gehen. Setz Dich an einen ruhigen Platz nieder und leere Deinen Kopf auf diese drei Seiten aus. „Kotz" alles aus und befreie Deinen Geist. Schreib alles auf was Dich bewegt und in Deinem Kopf steckt bis Dir nichts mehr einfällt. Du wirst sehen, sobald du alles notiert hast stellt sich eine angenehme Ruhe in Deinem Kopf ein. Sortiere und kategorisiere Deine Gedanken. Es wird Deinen Geist befreien und Dein menschlicher Computer wird wieder rational laufen. Du brauchst keine Sorge haben, etwas zu vergessen. Denn es steht alles auf Deinen Listen. Du hast nun einen „sauberen" Geist, der wieder frei denken kann. Nachdem Du Deine Aufgaben sortiert hast plan Dir regelmäßig ein Zeitfenster ein und arbeite sie ab. Nur ein klarer Kopf kann gute Entscheidungen treffen.

08: Große Ziele in kleine Aufgaben zerlegen.
Jedes noch so große Ziel besteht aus vielen kleinen Aufgaben. Die Kunst ist es, die eigenen Ziele in praktische Aufgaben zu zerlegen und jede Woche fleißig einige davon abzuarbeiten, bis man am Ziel angekommen ist. Ich trage mir alle meine Aufgaben in meinen Outlookkalender ein, so muss ich meinen Kopf nicht damit belasten. Ich habe dafür im Outlook ein Zeitfenster zwischen sechs und acht Uhr reserviert. Ein Zeitfenster, in dem ich gewöhnlicherweise keine Termine ansetze. Hier trage ich alle meine Aufgaben als Termine ein. Die erledigten To-dos verbleiben in dem Tageszeitfenster. Die offenen Aufgaben verschiebe ich auf den nächsten Tag. So habe ich jeden Morgen eine perfekte To-do-Liste und weiß, was zu tun ist und wann ich meine Aufgaben erledigt habe. Es ist eine Vorgehensweise, die ich Dir wärmstens ans Herz legen kann. Sie hilft Dir, Deine Ziele schnell und effizient zu erreichen.

Merke: Übernimm die Kontrolle über Deinen Arbeitsalltag! Organisiere Dich und Dein Umfeld so, dass Du Deine Ziele schnell und effizient erreichen kannst.

4.20   Im Einkauf liegt mindestens der halbe Gewinn

Unabhängig davon, wie Du planst unternehmerisch erfolgreich zu sein, am Ende bestimmen maßgeblich der Einkauf und Dein vertriebliches Geschick (siehe Kapitel: Umsatz heilt die meisten Probleme) den Erfolg Deiner Unternehmung.

Für den typisch deutschen Konsumenten stellen Preise oft harte unveränderliche Faktoren dar. In der Regel kommt er kulturbedingt gar nicht auf die Idee, dass das nur Angebotspreise oder Verkaufswünsche des Verkäufers sind. Denn wir kennen es nicht anders! Im Leben eines Deutschen gibt es keine Basare oder Märkte, auf denen herrlich gehandelt werden kann. Entsprechend schlecht sind wir für Einkaufsverhandlungen trainiert.

Es gibt zwischen zwei Kaufleuten grundlegend keinen Verbraucherschutz. Der Unternehmer, der das versteht, dem steht eine Welt von günstigen Einkaufsmöglichkeiten zur Verfügung. Feilschen und Verhandeln haben in Deutschland einen schlechten Ruf. Man denkt sofort an einen orientalischen Basar oder einen Straßenhändler mit Sonnenbrille, der gefälschte Markenware anbietet. Viele reagieren sogar verärgert auf Verhandlungsversuche, denn sie verstehen nicht, dass es gar nicht um sie geht. Es gibt in Deutschland sogar Rabattgesetze, die Rabatte verbieten und den Verkäufer schützen sollen. Aber, es geht ja nicht gegen den Verkäufer, sondern es geht um die Sache. Der, der nicht verhandelt unterwirft sich dem Preisdiktat seiner Lieferanten. Ein guter Einkauf ist überlebenswichtig für den Unternehmer! Umso günstiger Du einkaufst, umso weniger musst Du verkaufen, um das gewünschte Ergebnis zu erzielen. Der Erfolg im Einkauf schlägt sich 1:1 auf Dein Unternehmensergebnis durch! Es geht nicht darum möglichst viel Umsatz zu produzieren, sondern mit kleinstem Umsatz das angestrebte Ergebnis umzusetzen. Auf der Internetseite www.FeuerDeinenBoss.de werde ich Dir Hilfen für den erfolgreichen Einkauf zur Verfügung stellen. Es ist noch nie ein Meister vom Himmel gefallen. Sei also nachsichtig mit Dir und probier Dich aus!

Vergiss aber nicht bei allem Engagement einen Preis zu finden, der Deinem Verhandlungspartner ausreichend Luft zum Atmen lässt. Denn wir brauchen gesunde und gut gelaunte Geschäftspartner. Zu gut sollte die Laune allerdings auch nicht sein! Auch kommt es darauf an, ob Du eine Ware nur einmal benötigst oder wiederholt kaufen willst. Je seltener Du bei einem Geschäftspartner kaufst, je taffer darfst Du verhandeln, denn ein einzelner Deal ist auch für die meisten Verhandlungspartner nicht existenziell, sondern eben einfach nur ein einzelner Deal. Es ist verständlich, dass der Verkäufer versucht, den bestmöglich erzielbaren Marktpreis anzusetzen. Das würden wir nicht anders tun, denn es macht Sinn! Deine Aufgabe im Einkauf ist es dagegenzuhalten und einen angemessenen Preis für Dein Unternehmen zu erzielen. Mögen die Verhandlungen beginnen!

Lerne den Einkauf mit Freude und Mut zu betrachten. Ich liebe es einzukaufen! Viele Frauen lieben es einzukaufen oder neudeutsch zu „shoppen". Viele Männer lieben es, kleines und großes „Spielzeug" zu kaufen. Warum nicht diese Motivation für den Erfolg Deines eigenen Unternehmens nutzen? Nach der Idee: Wer günstig eine Handtasche oder Uhr kaufen kann, der kann auch verhandeln. Hier werden stundenlang Preise verglichen und Angebote auf den Auktionsplattformen getätigt und nach dem günstigsten Preis im Netz gesucht.

Besonders wichtig ist beim Einkauf die Vergleichspreisanalyse. Ein Muster dazu steht für Dich auf der Seite: www.FeuerDeinenBoss.de zur Verfügung. Je nach Wettbewerbsintensität und Einzigartigkeit des Produktes liegen entsprechend viele oder wenige solcher Vergleichspreise vor. Der Job der Vergleichspreisanalyse ist es, die am Markt angebotenen Preise für ein bestimmtes Produkt zu ermitteln und ihre Eignung für Dein Unternehmen festzustellen.

Bevor Du mit dem Einkaufsprozess startest sollte immer die erste Frage sein: Brauche ich das Produkt wirklich bzw. kann ich mit dem Produkt meinen Umsatz erhöhen? Auf viele Dinge kann man definitiv verzichten. Sie belasten nur die Liquidität, binden kostbare Zeit und vergeuden teure Stellflächen. Alles was Du besitzt, besitzt auch Dich und will umsorgt werden. Reduziere Deinen „Kram" auf ein sinnvolles, produktives Minimum!

Beim Einkaufen solltest Du nicht nur ein einzelnes Teil erwerben. Erstell Dir eine produktive Einkaufsliste, plane das entsprechende Budget dafür ein und hinterfrage die Sinnhaftigkeit jeder Anschaffung. Nachdem Deine Liste eine effektive Länge erreicht hat und Du das Budget angespart hast, arbeite die Liste in einem Zug durch. Stapelverarbeitung erhöht die Effizienz enorm.

Gewinnbringender Einkauf gelingt leider nicht in jedem Marktumfeld. Entsprechend solltest Du Dich bei Deinen Einkaufsbemühungen nicht von Ländergrenzen einschränken lassen. Wir leben in einer Welt ohne ökonomische Grenzen und der internationale Handel und Austausch von Gütern und Dienstleistungen ist von unseren Regierungen gewünscht und für Dich notwendig, um erfolgreiche Geschäfte zu machen. Erhebe die Welt zu Deinem Einkaufsspielplatz und verschaff Dir durch geschickten Einkauf und fleißiges Netzwerken Wettbewerbsvorteile auf Deinem Verkaufsmarkt. Früher wurde der Einkäufer als der natürliche Feind des Verkäufers gesehen. Meiner Meinung nach kann man heute mit dieser altmodischen Ansicht keinen Blumentopf mehr gewinnen. Es gibt nichts Besseres als strategische Partner, die mit Dir zusammen den Markt erobern. Der Einkäufer ist heutzutage aber nicht nur ein scharfer Preisverhandler, er ist auch Unternehmensgestalter. Moderne Einkäufer betrachten Ihr Business als Lieferkette und versuchen durch geschicktes Supply-Chain-Management (Lieferkettenmanagement) den gesamten Prozess vom Einkauf bis zum Verkauf zu optimieren.

Merke: „Kein Preis ist in Stein gemeißelt!" Es geht um Durchsetzungsbereitschaft, Schnelligkeit, Geduld und der Flexibilität Deiner Verhandlungsstrategie. Lerne zu verhandeln und das Ganze als ein Spiel zu sehen. Es geht niemals um den Verkäufer. Es geht um die Sache! Die Welt ist Dein Ein- und Verkaufsplatz. Begrenze Dich nicht selbst!

4.21 Pricing

Die Frage, bei der Dir dieses Kapitel hilft, ist: Welchen Preis kann ich für mein Produkt verlangen? Bevor wir uns damit beschäftigen was für Dich der richtige Preis ist, sollten wir kurz darüber nachdenken, was ein Preis überhaupt ist und wie er zustande kommt. Ein gutes Preisverständnis unterstützt uns bei der optimalen Preisbestimmung. An dieser Stelle sei wiederholt, dass ein Produkt entweder ein materielles oder eben ein immaterielles (Dienstleistung) Gut darstellt. Der Preis ist die in Geldeinheiten gezahlte Gegenleistung für eine Mengeneinheit Deines Produktes. Der Wert hingegen ist der von einem Kunden subjektiv wahrgenommene Preis für ein Produkt. Dieser Wert bestimmt sich aus dem Nutzen, den das Produkt für den Kunden stiftet. In der Realität können Preis und Wert stark voneinander abweichen, und zwar in Abhängigkeit vom Nutzen, den das Produkt für einen Kunden stiftet. Zwei Beispiele: Du gehst in einen Supermarkt und kaufst eine Flasche Wasser. Da Wasser in Deutschland überall verfügbar ist kaufst Du die Literflasche für 0,69 € und hast ein faires Preisgefühl. Stehst Du allerdings durstig in einer Wüste, dann ist der Wert des Wassers für Dich plötzlich ein völlig anderer. Denn dieses Wasser bedeutet für Dich Überleben. Entsprechend kann der subjektive Wert eines Produktes und der Angebotspreis stark voneinander abweichen. Ein zweites Beispiel: Du kaufst dieses Buch und studierst seinen Inhalt. Du stellst fest, dass dieses Buch Informationen bereithält, die Dir helfen Dein Leben positiv zu verändern und endlich als Unternehmer durchzustarten. Es beinhaltet praktisches Erfahrungswissen basierend auf über 20 Jahren Berufserfahrung. 20 Jahre sind eine lange Zeit! Du schaust Dir den Buchpreis an und denkst Dir: Das war eine super Investition, denn der Wert dieser Informationen ist wesentlich höher als der Preis dieses Buches. Es kommt bei der Preisgestaltung darauf an, welchen vom Kunden subjektiv wahrgenommenen Nutzen wir mit unserem Produkt erzeugen und wie sich die Verfügbarkeit darstellt. Zur Corona-Zeit hat sich der Preis einer einfachen Klorolle in Deutschland teilweise verdoppelt, während der Preis für einen Liter Dieselkraftstoff um 30 % gefallen ist. In Zeiten gesetzlich eingeschränkter Mobilität hat Dieselkraftstoff also einen wesentlich kleineren Nutzwert.
Neben dem Nutzen, den wir mit unserem Produkt erzeugen, hat die produktbezogene Marktsituation einen großen Einfluss auf das Preisniveau. Umso größer das Angebot an gleichen, ähnlichen oder substitutiven Produkten ist, umso niedriger der Preis. Neben dem Angebot beeinflusst die Nachfragesituation den Preis des Produktes. Durch eine einfache Marktrecherche können wir das Zusammenspiel zwischen Angebot und Nachfrage erkennen. Der Ort, an dem dieses Zusammenspiel stattfindet, bezeichnen wir als „Markt". Der Markt ist der Ort, wo sich Nachfrager/ Käufer und Anbieter/ Verkäufer treffen und sich der Preis für eine Mengeneinheit des Produktes bildet. Du als Marktteilnehmer solltest

Deinen Markt und dessen Dynamik gut verstehen, wenn Du den idealen Preis bestimmen willst. Je nachdem, ob Anbieter oder Nachfrager mehr Druck haben, steigen oder fallen die Preise.

Genau diese Grundlagen sind hilfreich für die Entwicklung eines Marktverständnisses. Sie schaffen die Basis für eine effektive Preisgestaltung. Entsprechend dieser Systematik macht es für Dich als neuen Marktteilnehmer Sinn im ersten Schritt eine Marktanalyse vorzunehmen. Finde heraus, mit welchen Marktteilnehmern Du im Wettbewerb stehst und welche Preise für welche Produktgüte gefordert werden. So kannst Du Dich am besten mit Deinem Produkt am Markt positionieren. Diese Vorgehensweise wird auch als Target Costing bezeichnet. Neben dieser marktorientierten Preiskalkulation sollte Du als Unternehmen auch eine Vollkostenrechnung vornehmen, also eine Kalkulation aus Sicht Deiner eigenen Betriebssituation. Welche Kosten entstehen, wenn Du eine Mengeneinheit des zu verkaufenden Produktes erzeugst? Ergibt Deine Vollkostenrechnung einen Preis über den Marktpreis, dann solltest Du in jedem Fall Deinen Produktionsprozess hinterfragen, denn Du produzierst zu teuer, um langfristig am Markt bestehen zu können. Befinden sich Deine Herstellkosten weit unterhalb des Marktpreises? Dann kannst Du Dich auf finanziell gute Zeiten einstellen. Aber das sollte kein Grund zum Ausruhen sein. Überlege Dir immer, wie Du noch besser und kostengünstiger werden kannst. Der Markt ist ein dynamisches Gebilde. Gute Erträge locken neue Marktteilnehmer an. Das Marktangebot verändert sich und die Preise geraten unter Druck. Das ist gut für den Käufer, aber eine permanente Herausforderung für uns als anbietende Marktteilnehmer. Selbstverständlich findest Du eine Musterkalkulation für das Target Costing und die Vollkostenrechnung auf der Seite: www.FeuerDeinenBoss.de.

Merke: Vollkostenrechnung und Target Costing sind wichtige Bestandteile einer soliden Wirtschaftlichkeitsrechnung. Kluge Unternehmer rechnen, bevor Sie mit Ihrer Unternehmung durchstarten und Ihre Preise fixieren.

4.22 MeConomy - Die disruptive Veränderung nutzen

Die Karten werden gerade neu verteilt und Du hast die einmalige Chance, Dich und Deine Familie optimal zu positionieren. Manchmal müssen wir aus der Bahn geworfen werden, um zu verstehen, wo es für uns hingehen soll. Die aktuelle Corona-Krise und die dadurch beschleunigende technische Disruption zeigen uns Grenzen, aber auch neue Chancen auf. Der lebenslange Job, der tägliche Weg ins Büro, staatliche Sicherungssysteme, bestehende Unternehmen und Arbeitsstrukturen werden sich verändern. Es erwartet uns ein Leben, das wir schon seit mehreren Jahren „vorgeschmeckt" haben, das aber zu probieren uns immer zu risikoreich erschien. Ein Leben, das uns Freiheiten, Entscheidungsoptionen und Wege der Selbstverwirklichung eröffnet, die noch vor kurzem undenkbar waren. Wir sind in der MeConomy angekommen und müssen uns auf unsere eigenen Fähigkeiten und uns selbst zurückbesinnen. Wir haben die Chance, unsere persönlichen Interessen zum Beruf zu machen und unseren Lebensmittelpunkt dorthin zu verlagern, wo wir am Produktivsten und Glücklichsten sind. Wir können uns am digitalen Markt positionieren, dazu lernen und Aufgaben arbeitsteilig mit anderen Menschen erledigen.

Die Digitale Disruption beschreibt einen Prozess bei dem durch technische Innovationen traditionelle Geschäftsmodelle teilweise, manchmal aber auch vollständig, verdrängt werden. Traditionelle Berufe verlieren ihre Bedeutung und werden durch neue digitale Berufe ersetzt. Der Begriff „Disruption" leitet sich von dem englischen Wort „disrupt" („zerstören") ab. Wissenschaftler aller Couleur prophezeien, dass Künstliche Intelligenz, Roboter und andere Technologien sich auf dem Vormarsch befinden und unsere Arbeitsplätze bedrohen. Die ersten Verlierer dieser neuen beschleunigten digitalen Dynamik sind die Träger traditioneller Berufe und ältere und unflexible Personengruppen, meistens geringqualifizierte Arbeitnehmer, die bisher wenig Akzent auf die eigene Weiterqualifikation gelegt haben. Diese werden regelrecht vom Arbeitsmarkt abgehängt werden. Die aktuelle Corona-Krise wird diesen Prozess beschleunigen. Gerade ältere Menschen und Personen, die das Internet noch wenig genutzt haben, lernen nun innerhalb der Quarantäne sich im Internet zu bewegen und Ihren Lebensalltag vom Homecomputer aus zu gestalten. Diese Lernerfahrung wird sich nicht mehr zurückdrehen lassen und wird das Sterben traditioneller Strukturen beschleunigen.

Diese Entwicklung macht viele Menschen Angst und trotzdem warten sie in ihren „goldenen Käfig". Dabei gäbe es viele Möglichkeiten, sich aus der Opferrolle zu befreien und sich auf diese Entwicklung vorzubereiten. Meiner Meinung nach gibt es nur einen guten Weg, sich solide auf die stetigen Veränderungen vorzubereiten: Werde selbst Teil dieser Bewegung und verändere Dein Mindset! Anstatt sich ängstlich in der Opferrolle zu positionieren ist es besser, diese Veränderungen zu akzeptieren und diese Entwicklung selbst auch zu gestalten. Alles andere ist eine Verschwendung an Lebenszeit, denn Du und ich können sowieso nichts an dieser Dynamik ändern. Ein wunderbarer Akt der Veränderung ist es anzufangen, das Berufsleben in die eigenen Hände zu nehmen und sich vom Arbeitnehmer zum Unternehmer weiterzuentwickeln. Das bedeutet den Arbeitsmarkt zu scannen und sich zu überlegen, mit welcher Dienstleistung oder welchem Produkt man sich am Markt positionieren kann. Also raus aus dem goldenen Käfig und berufsbegleitend die eigene Entwicklung vorantreiben!

Es geht darum, sich privat und beruflich zum Lebensunternehmer weiterzuentwickeln. Die Anforderungen des modernen Arbeitsmarktes sind Leistung und Flexibilität. Selbstoptimierung wird zu unserer permanenten Aufgabe. Das Lebenslange Lernen, was für viele bisher nur ein Schlagwort war, wird zur Realität. Klassische Arbeitsstrukturen werden vom Markt verschwinden, stattdessen werden Freiberuflichkeit, Zeitarbeit, Projektarbeit und befristete Verträge zunehmen. Es ist ein ideales Umfeld für Menschen, die sich als Unternehmer positionieren wollen, denn die Karten werden neu gemischt!

Merke: Das persönliche Management der selbstbestimmten Lebensführung wird unsere Kernaufgabe der nächsten Jahre werden. Nutze die aktuellen Veränderungen für Dich und Deine Familie.

4.23   Die Sache mit der Super-Idee

Ideen hat jeder! Daran krankt es nicht. In der Regel hapert es an der Umsetzungs-motivation. So werden jeden Tag 1000 Ideen in den Köpfen von uns Menschen geboren, aber die wenigsten gelangen in die Umsetzungsphase. Die meisten wer-den wieder vergessen und gelangen nie ans Licht. Das ist im Prinzip wie bei einer Geburt. Millionen Spermien machen sich auf den Weg, aber nur eine schafft es sich durchzusetzen.

Es sind nicht die Einfälle und Ideen, die uns zwingend zu einem Unternehmer ma-chen. Am Ende entscheidet die Realisierung, ob aus einer Idee ein Unternehmen wird oder eben nicht. Gute Ideen erkennt man daran, dass sie Mehrwert schaffen und Menschen helfen, Probleme zu lösen. Beim Stichwort „Geschäftsidee" denken die meisten Menschen sofort an die eine Superidee, die den ultimativen Durchbruch bringt und wissenschaftliche Grenzen durchbricht. Aber 99,99 % aller umgesetzten Ideen sind einfach nur Me-Too Ideen. Ideen, die es auf dieser Welt schon gibt, aber bei denen die Nachfrage noch nicht erschöpft ist und neue Kunden bedient werden wollen. Viele Unternehmer in spe suchen nach der einen großen Idee und kommen so nie zum Zug. Sie blockieren sich selbst. Denn keine Idee ist groß genug, um ihre Ansprüche zu erfüllen. Dabei liegt die Grundlage des Unternehmertums nicht in der Suche nach der einen großen Idee, sondern liegt eher im einfachen Tun.

Welche schlummernden Talente wir besitzen finden wir nur selten durch reines Nachdenken heraus. Fähigkeiten offenbaren sich üblicherweise den Menschen, die sich selbst im Tun ausprobieren. Auch beeinflusst unser Umfeld unser kreatives Po-tential. Bist Du von Angsthasen und Bedenkenträgern umzingelt, so wirst auch Du in der Regel keine Quelle neuer Inspirationen und neuen Muts sein. Wir Menschen werden durch unser Umfeld stark beeinflusst. Wir lernen von Vorbildern und durch einfaches Ausprobieren. Unsere Schulen sind nur selten Orte, die unsere Talente an die Oberfläche fördern. Oft sind es sogar Räume der Stumpfsinnigkeit, Langewei-le, Gleichmacherei und des Nachgesangs. Hier bekommt nur selten der kreativste Kopf die besten Noten, sondern der angepassteste Clon, der am Bravsten auf seiner Schulbank sitzt und nachplaudert, was die Lehrkraft ihm vorgibt.

Gerade kreative Menschen langweilen sich oft an diesen Orten, ziehen sich in sich zurück, opponieren und geraten sogar in Streit mit ihren Lehrern aus lauter Frust. Wo vor Beginn der Schulzeit Lebensfreude, Kreativität und Freigeist standen, gibt es hinterher oft nur noch uniforme, rundgeschliffene Kieselsteinchen. Der übliche Schüler kennt sein eigenes Potential nicht. Ich erinnere mich an meine Zeit nach dem Abitur und der Erkenntnis, dass ich eigentlich nichts kann.

Oft muss man nach der Schule in vielen Jahren wieder reparieren, was die Schule zerstört und verschüttet hat. Kreativität ist die menschliche Gabe der Schöpfung. Es ist die Fähigkeit, aus dem Nichts Dinge zu erschaffen - nur mit unseren Händen und mit unserem Geist. Kreativität lebt im Jetzt und nur selten in der Zukunft. Entsprechend wichtig ist es, die eigene Kreativität in den aktuellen Moment zu bringen. Hilfreich ist auch, keine Angst davor zu haben, nicht perfekt zu sein. Perfektion ist oft einer der größten Hemmschuhe für die gute Sache. Perfektion ist das, was uns die Schulen als höchste Form der Bildung lehren.

Im Gegensatz dazu liegt es eigentlich in unserer Natur, Dinge zu hinterfragen und seinen eigenen Weg zu gehen. Egal ob dieser von anderen nachvollziehbar ist oder eben nicht. Es ist Dein Weg und genau das ist Kreativität. Mit Mut gepaart kann diese Kreativität in neue und eigene Richtungen gehen und dabei ist es auch logisch, dass nicht gleich die erste Abbiegespur ins Himmelreich führt. Manche Wege sind „nur" Sackgassen, die uns aber aufzeigen, dass das nicht unser Pfad ist. Sie sind der wertvollste Teil der Suche, denn sie zeigen uns wer wir sind und wer wir nicht sind. Und damit sind diese Gassen wertvoll für uns, denn sie sind unsere Leitplanken auf dem Weg zum eigenen Lebenserfolg. Oft ist das Finden unseres eigenen Weges das Ergebnis vieler Sackgassen, die uns lehrten, demütig - aber auch mutig - zu sein. Diese Wege sollten wir mit Mut und Freude begehen und Spaß beim Entdecken unserer eigenen Talente entwickeln. Jeder Mensch ist als Lebewesen einzigartig. Das heißt wir alle tragen in uns ein natürliches Alleinstellungsmerkmal, das uns das Überleben sichert. Die Voraussetzung ist allerdings, dass wir es zulassen und uns auf die eigene Reise machen.

Bestehende Ideen auf neue Märkte zu übertragen ist dabei keine schlechte Idee. Denn die Idee ist bereits getestet und der Markt hat sie für gut befunden. Ein neues Haus zu bauen ist in der heutigen Zeit kein Wunder mehr, aber dennoch kann man damit in der richtigen Lage ein enormes Vermögen und damit Freiheit anhäufen. Die Entwicklung und Durchsetzung eines neuen innovativen Wohnkonzeptes ist sicherlich eine brillante Sache, aber definitiv ein härterer und längerer Weg, der nicht zwangsweise in Erfolg münden muss. Folglich geht es gar nicht darum, der nächste Albert Einstein oder Steve Jobs zu sein, sondern meistens geht es einfach nur darum, es durchzuziehen und mit minimalem Risiko und vollem Einsatz den maximalen Mehrwert für den Kunden und damit Erfolg zu erzeugen. Wichtig bei jedem neuen Geschäftsmodell ist die absolute Ausrichtung auf den Kundennutzen und die möglichst schnelle Positionierung auf den Markt. That's it! Einfach ausprobieren und tun. Dafür muss man kein Einstein sein, sondern neugierig auf das Leben!

Merke: Unternehmer sind die Systemrebellen unserer Zeit. Da wir als Menschen alle unterschiedlich sind, tragen wir den Geschäftserfolg in uns.

4.24 Die Angst vor dem „fiesen" Kunden

Der dickste Hemmschuh für den unternehmerischen Erfolg und die eigene Selbstständigkeit ist für viele Unternehmer die Angst vor der Kundenablehnung und damit der Vertrieb! So war es ehrlich gesagt auch bei mir am Anfang. Ich wusste, ich beherrsche meinen Job, aber irgendwie hat es sich ungut angefühlt sich und seine Leistung beim Kunden anzubiedern. Entsprechend habe ich Zeit gebraucht, um durchzustarten. Irgendwie - so war mein Denkmuster - muss doch der Kunde sehen, dass ich es kann und dass ich es ehrlich meine. Meine Philosophie war schon immer: Hat der Kunde Erfolg, dann wird er mich gut entlohnen und ich werde auch Erfolg haben. Ich wollte mich immer selbst durch die Ergebnisse positionieren, die meine Kunden mit meiner Hilfe erreicht haben. Das fand ich gut, ehrbar und es passte zu meinem Weltbild. Mein Motto ist entsprechend auch: powered by the success of my clients.

Das Problem mit meiner Einstellung war nur, dass Menschen nicht in der Lage sind meine Leistung zu beurteilen, ohne diese getestet zu haben oder eine Empfehlung von einem Freund bekommen zu haben. Sie haben Angst ihr hart verdientes Geld zu verlieren. Das verstehe ich gut. Kundenempfehlungen sind natürlich super, aber wie soll man eine Empfehlung am Anfang bekommen, wenn man noch keine eigenen Kunden hat? Willst Du also Dein Geschäft schnell aufbauen, dann gibt es nur einen guten Weg: Du musst Menschen finden, die Dir und Deinem Produkt eine Chance geben. Du musst so viele Menschen, wie nötig ansprechen. Du musst Lernen wie man freundlich und selbstbewusst auftritt und wie man schnell überzeugt.

Das lernt man am besten durch Ausprobieren. Durch Versuch und Irrtum finden wir unseren eigenen Weg. Dabei kam ich zu einer weiteren wichtigen Erkenntnis: Auf der einen Seite ist es wichtig zu lernen, wie man sich und seine eigene Leistung ins rechte Licht rückt. Im Chinesischen würde man sagen: „Wer nicht Lächeln kann, sollte kein Geschäft eröffnen." Auf der anderen Seite bestimmt aber auch die Schlagzahl der Kundenkontakte Deinen Erfolg. Der Unternehmer, der die meisten Körbe kassiert ist in der Regel auch der erfolgreichste Unternehmer, denn dieser hat es am Engagiertesten probiert, neue Kunden zu gewinnen. Heute durch das Internet ist es natürlich wesentlich leichter geworden, potentielle Kunden anzusprechen, ohne sich dabei wie ein Bettler zu fühlen. Auf der einen Seite willst Du ja sagen: „Eigentlich brauche ich Dich gar nicht!" Aber auf der anderen Seite brauchst Du irgendwie doch Kunden, um überleben zu können. Eine weitere wichtige, praktische Erkenntnis war für mich: Oft sagt eine Zurückweisung mehr über den Kunden als über Dich aus. Jeder Kundenkontakt ist im Prinzip wie ein Blind Date. Du weißt nie, was kommt und Du weißt nie, ob es passt bevor Du es ausprobiert hast. Ich habe auch gelernt, dass unfreundliche Kunden nur selten etwas mit Dir zu tun haben. Der Kunde ist oft einfach nicht offen für Dein Thema, er hat gerade andere

Prioritäten oder keine Zeit, oder er hat einfach nur einen blöden Tag. Das passiert und hat absolut nichts mit Dir zu tun. Hier gewinnt wieder das Gesetz der Masse. Umso öfter Du fragst, umso öfter gewinnst Du auch. Nun stellt sich die Frage, ob man gleich Angst vor allen Kunden und der Ansprache haben muss, wenn es in der Regel gar nicht um Dich geht, sondern einfach nur um das Thema Timing ...? Die Antwort, die Dir jeder erfolgreiche Unternehmer geben wird, ist eindeutig: „Nein!"
Sobald ich das selbst verstanden hatte, bin ich lockerer losmarschiert und habe nach dem idealen Timing gesucht. Und siehe da, mal passt das Timing und mal eben nicht. Oder um es wie ein Pokerspieler auszudrücken: 25 % ist Mathematik, 50 % Menschenkenntnis und 25 % Glück. Erfolg haben halt nur die Menschen, die auch spielen und sich dabei verbessern. Alle anderen gewinnen nicht!
Je öfter ich es dann ausprobiert habe mit dem Kunden aktiv in Kontakt zu treten, je erfolgreicher wurde ich. Wenn Du das einmal verstanden hast, dass Vertrieb im Prinzip mehr oder weniger ein Thema von Feedback, dazulernen und großen Zahlen ist, dann weißt Du, wie man Kunden begeistert. Du marschierst angstfrei los und suchst nach neuen Aufträgen. Klingt Dir zu banal? Es ist so banal! Deshalb glauben es viele Menschen einfach nicht, und sie bleiben lieber auf dem Sofa sitzen. Oder suchen nach Menschen, die ihnen Geheimnisse verkaufen, die es dann in der Regel doch nicht gibt.
Viele machen sich nicht selbständig, weil sie Angst haben, dass sie oder ihr Produkt nun doch nicht vom Kunden angenommen werden. Und genau das ist das Problem: Wir alle möchten Wertschätzung erfahren und nur weil wir Angst haben, genau diese Wertschätzung nicht zu erfahren, lassen wir es lieber komplett sein und leben unser Leben als Angestellter weiter, obwohl wir in den meisten Fällen das Zeug hätten unser Leben zu verbessern. Man kann das Ganze also recht einfach zusammenfassen: Wenn es keinen Vertrieb gäbe, würden sich wohl viel mehr Menschen selbständig machen.

Merke: Deine Angst vor dem Kunden ist unbegründet! Der Kunde will kaufen. Du musst ihm nur die Chance dazu geben, Dich und Dein Produkt kennenzulernen. Kundenablehnungen sind ganz normal und haben nichts mit Dir persönlich zu tun.

4.25 Warum Teamgründungen oft besser sind

Der Gründer selbst wird in der betriebswirtschaftlichen Literatur beschrieben als ein einsamer Streiter, der sein Geschäftsmodell gegen diverse Widerstände am Markt durchsetzt. Er nutzt dabei ein gewisses Geschick, Disziplin und Beharrlichkeit, um rechtliche, politische, soziale und finanzielle Barrieren zu überwinden. Gründerteams setzen sich aus mindestens zwei natürlichen Personen zusammen, die gemeinsam ein Unternehmen neu gründen und dabei bestimmte Risiken eingehen. Die Gründer sind dabei hauptberuflich in leitenden Positionen aktiv und halten jeweils einen bedeutenden Anteil am Eigenkapital. Ich selbst bin ein absoluter Fan von Teamgründungen, denn sie weisen viele Vorteile gegenüber nur wenigen Nachteilen auf. Apple, Microsoft, Facebook, Siemens und SAP waren zum Beispiel Teamgründungen. Auch belegen verschiedene Studien, dass Teamgründungen eine höhere Überlebenswahrscheinlichkeit aufweisen. Sie haben in der Regel von Beginn an eine höhere Beschäftigungszahl und ein höheres Umsatzvolumen, das zu mehr Stabilität des Systems Unternehmen beiträgt.

Besonders bei Teamgründungen macht es Sinn, sich ein Team aus ergänzenden und bereichernden Qualifikationen und Charakteren zusammenzustellen. Wir suchen unsere Teammitglieder nach der Qualifikation, Einsatzbereitschaft jedes Einzelnen und dessen Motivation aus. Dabei gehen wir nicht gleich von Anfang an in die Vollen, sondern wir testen unsere Teammitglieder, bevor wir sie fest einbinden. Damit reduzieren wir das Risiko auf eine „faule Nuss" reinzufallen. Wir heiraten ja auch nicht gleich nach dem ersten Kinoabend unseren neuen Partner, sondern wir testen erst mal dessen „Qualität" und unsere Kompatibilität, bevor wir den nächsten Schritt gehen. Nach dem Motto: Verliebt, verlobt und dann erst verheiratet. Teamgründungen sind auch eine komfortable Antwort auf eine knappe finanzielle Ausgangssituation. Denn ein Team hat in der Regel mehr Geld als der einzelne Gründer. Auch können so fehlende und wichtige Qualifikationen günstig eingekauft werden. Ich weiß gar nicht mehr, wie oft ich schon Gründer vor mir sitzen hatte, deren Start am Einkauf teurer Fremdqualifikationen scheiterte. Gerade in der aktuellen Zeit des Fachkräftemangels und besonders als Start-Up ist es schwierig, gutes Personal für sich und eine neue Idee zu begeistern. Ein neues Geschäft zu etablieren beinhaltet auch immer das Risiko des Scheiterns und das verursacht bei vielen sicherheitsorientierten und gerade auch älteren Arbeitnehmern Blockaden. Aus meiner Erfahrung würde ich Gründern eher jüngere und kostengünstige Teammitarbeiter empfehlen. Fehlende, langjährige Berufserfahrung kann durch Engagement kompensiert werden. Jüngere Menschen sind oft experimentierfreudiger und haben in der Regel weniger finanzielle Belastungen aufgebaut. Sie sind also noch freier und flexibler in Ihrem Tun. Sollte das Geschäftsmodell nicht klappen, haben sie genug Zeit, sich einen neuen Karriereweg aufzubauen. Auch sind die privaten finanziellen und zeitlichen Belastungen oft noch nicht so groß, da noch kein teures Eigenheim und die Familie mitfinanziert werden müssen. Durch eine Teamgründung entsteht ein Managementboard. Es werden Entscheidungen aus verschiedenen Perspektiven und mit unterschiedlichen Branchenkenntnissen geprüft. Diese sind oft qualitativ hochwertiger als die Entscheidungen einer einzelnen Person.

Es gibt natürlich auch Nachteile: Mehrere Geschäftspartner engen oft die Entscheidungs- und Handlungsfähigkeit des Gründers ein, denn die Entscheidungen müssen nun kollektiv getroffen werden und sollten möglichst einvernehmlich sein. Das bietet logischerweise Potential für Probleme und Konflikte. Übliche Streitthemen sind das Verhältnis von Arbeitseinsatz zum Anteil am betrieblichen Ertrag. Finanziellen Angelegenheiten, wie die Notwendigkeit von kleineren oder größeren Investitionen, die Entnahme von Geldern aus der Firma oder eine gerechte Gewinnverteilung bieten Raum sich zu streiten. Konflikte steigen in der Regel mit der Anzahl an Geschäftspartnern. Hier empfehle ich als Obergrenze drei Partner, da die Konfliktanfälligkeit zwischen den Partnern sonst eher exponentiell steigt.

Merke: Teamgründungen haben Vorteile! Du solltest Dir jedoch genau überlegen, wen und wie viele Geschäftspartner Du in Dein Team wählst. Ideal ist es, wenn sich die Geschäftspartner finanziell und vom Arbeitseinsatz gleichmäßig für das Unternehmen engagieren. Achte darauf, dass nicht alle Teammitglieder die gleiche Qualifikation aufweisen. Perfekt ist ein Team, das alle notwendigen Qualifikationen aufweist, ohne auf Dritte angewiesen zu sein.

4.26   Strategische Rechtsformwahl

In dieses Kapital wirst Du lernen was eine Rechtsform ist, welche es gibt und wie Du Dich für die Richtige entscheidest.

Jeder, der ein Unternehmen gründet, muss sich für eine Rechtsform entscheiden. Welche Rechtsformen Dir ein Land zur Verfügung stellt, bestimmt ein abgeschlossener Katalog. Entsprechend kannst Du Dir Deine eigene Rechtsform nicht selbst backen, sondern Du kannst lediglich aus einer Liste von Grundstrukturen die Rechtsform wählen, die für Dich und Deine Unternehmung als die Geeignetste erscheint. Folgendes Schaubild zeigt die Liste der wesentlichen Rechtsformen in Deutschland.

Abb. 03: Rechtsformen in Deutschland.

Privat-unternehmen	Versicherungsvereine auf Gegenseitigkeit	
	Hybride Formen	AG & Co KG
		GmbH & Co KG
	Kapitalgesellschaften	Aktiengesellschaft
		Gesellschaft mit beschränkter Haftung - GmbH, UG, Ltd (als internationale Rechtsform)
	Personen-gesellschaften	Offene Handelsgesellschaft - OHG
		Kommanditgesellschaft - KG
		Stille Gesellschaft
		Gesellschaft bürgerlichen Rechts (GbR)
	Einzelunternehmen (Freiberufler oder Gewerbetreibende)	
Non-profit organizations / Öffentliche Betriebe		

Jede dieser Rechtsformen ist dabei definiert als eine bestimmte Grundstruktur, die sich zum Beispiel bzgl. der mitwirkenden Personen, Haftungsform und -höhe, steuerliche Auswirkungen, Geschäftsführung, Rechnungslegung und Mitbestimmung unterscheidet. Es gibt diverse, gute Fachbücher zu den einzelnen Rechtsformen. Gerade für Beginner ist es aber regelmäßig eine Herausforderung, aus dem Dschungel von Rechtsformen die passende herauszufiltern. Entsprechend möchte ich Dir an dieser Stelle einige der wesentlichen Einflussfaktoren auf die Rechtsformwahl aufzeigen, die Dir helfen werden, die richtige Rechtsformwahl für Deine zukünftige Geschäftstätigkeit zu treffen. Ergänzend findest Du auf www.FeuerDeinenBoss.de weitere detaillierte Hinweise und wertvolle Buchtipps zum Thema Rechtsformen.

Im Folgenden findest Du die sieben wichtigsten Auswahlkriterien, die Du für Dich kritisch beleuchten solltest, bevor Du Deine Auswahl für eine Rechtsform triffst. Ich würde Dir empfehlen, im ersten Schritt mal die Kriterienliste für Dich abzuarbeiten, Dir Notizen zu jedem einzelnen Punkt zu machen und dann erst in die Detailauswahl zu gehen:

01: Anzahl der Gründerpersonen.
Ist Dein Unternehmen eine Teamgründung oder eine Einzelgründung? Die Beantwortung dieser Frage ist schon das erste wesentliche Ausschlusskriterium für bestimmte Rechtsformen. Der Gründung mit mehreren Personen steht ein größeres Feld an Rechtsformen offen. Eine AG benötigt zum Beispiel einen Vorstand und einen Aufsichtsrat. Ein Konzept, das für nur eine einzelne Gründungsperson allein definitiv eine Herausforderung darstellen dürfte. Auch ist in diesem Zusammenhang die Frage zu klären, welche Personen welche Anteile am Unternehmen halten sollen oder ob es nur einen Eigentümer des Unternehmens geben soll. Die Antworten definieren ebenfalls, welche Rechtsformen in Betracht kommen und welche dann eher ungünstig sind.

02: Geschäftsführung.
Beim Thema Geschäftsführung ist ebenfalls die Frage zu stellen, wie viele Personen das Unternehmen führen sollen. Sollen die Personen einzelentscheidungsbefugt sein oder nur zusammen Entscheidungen treffen können? Es gibt Rechtsformen, die lassen nur eine Führungsperson zu, andere verpflichten zur Geschäftsführung und andere wiederum profitieren von mehreren Führungspersonen. Entsprechend solltest Du Dir also die Frage stellen wer, wie und wie viele Personen sollen das Unternehmen führen.

03: Besondere Geschäftsrisiken.

Beinhaltet das Geschäftsmodell hohe operative Risiken, die nur sehr teuer oder gar nicht über eine Versicherungspolice abzudecken sind, ist in jedem Fall die Gründung einer Kapitalgesellschaft zu empfehlen, die das private Vermögen vom Betriebsvermögen trennt. So ist im Schadensfall der Verlust auf die Kapitalgesellschaft beschränkt und ein unbegrenzter Zugriff auf das persönliche Vermögen des Gründers wird im Haftungsfall vermieden. Natürlich verhindert die Gründung einer Kapitalgesellschaft nicht, dass Banken Ihre Ansprüche gegen den Unternehmer geltend machen.

Üblicherweise versuchen professionelle Kreditgeber bei der Kreditvergabe eine Durchgriffbesicherung auf das Privatvermögen des Eigentümers der Gesellschaft durchzusetzen. Entsprechend kann ich Dir an dieser Stelle nur empfehlen, Verträge mit Kreditgebern, gerade in Bezug auf die Sicherheitenstellung, genau zu prüfen und zu versuchen bei jedem Kredit so wenig Sicherheiten wie möglich und wirklich nur das, was nötig ist, zu besichern. Gerade aktuell erlebe ich es immer häufiger, dass Banken zu regelrechten Pfandleihhäusern mutieren und versuchen, das maximale Level an Sicherheiten zu fixieren. Die Gründe sind nachvollziehbar, aber das liegt natürlich nicht in unserem Interesse. Hier ist verhandeln mit Augenmaß erforderlich!

Kapitalgesellschaften retten den Unternehmer nicht bei Vorsatz oder kriminellen Handlungen, auch Forderungen seitens des Finanzamtes entkommt man kaum durch die Gründung einer Kapitalgesellschaft. Eine Kapitalgesellschaft sichert das Privatvermögen des Unternehmers nur, wenn innerhalb des normalen Geschäftsmodells im Tagesgeschäft Fehler gemacht werden und der Kunde uns nun dafür verantwortlich machen möchte. In diesem Fall haftet der Unternehmer für seine Fehler begrenzt mit dem Betriebsvermögen. Das Privatvermögen des Unternehmers bleibt vom Zugriff des Kunden geschützt.

04: Ansehen der Rechtsform.

In bestimmten Branchen sind bestimmte Rechtsformen üblich. Sie sind ein Zeichen von Prosperität, Größe und Vertrauen. So wäre es zum Beispiel fragwürdig und hätte eine unseriöse Wirkung, wenn ein Juwelier in Form einer GmbH firmieren würde. Der skeptische Kunde könnte ins Grübeln geraten und sich die Frage stellen: Wovor will sich der Juwelier wohl schützen? Beabsichtigt er etwa, Gold mit Plastikversatz zu verkaufen? Wobei – am Rande bemerkt - eine GmbH nicht wirklich der richtige Schutz für Betrug mit Vorsatz ist. In bestimmten Branchen sind GmbH-Gründungen üblichen, um den Eindruck von Größe zu vermitteln. Eine Ein-Mann-GmbH-Visitenkarte wirkt besser als die eines Einzelunternehmers. In jedem Fall solltest Du Dich informieren, welche Rechtsform in Deiner Branche üblich ist und herausfinden, warum das so ist, damit Du Dich beim Start Deines Unternehmens in guter Gesellschaft befindest und den gewünschten Kundeneindruck hinterlässt.

05: Steuerliche Aspekte.

Personen und Kapitalgesellschaften weisen unterschiedliche steuerliche Vor- und Nachteile auf, die in konkreten Einzelfällen unterschiedlich wirksam werden. Die geschickte Kombination von Rechtsformen ist in Deutschland das größte Steuervermeidungsmodell. Einzelunternehmer und Personengesellschaften unterliegen in der Regel der progressiven Besteuerung, die bis zu 45 % ausmachen kann. Kapitalgesellschaften hingegen unterliegen mit Körperschaftssteuer, Gewerbesteuer und Solidaritätsbeitrag einem proportionalen Steuertarif und dieser liegt je nach Gemeinde mit dem aktuell noch gültigen Solidaritätsbeitrag bei rund 25 % bis 30 %. Oft ist eine geschickte Kombination aus beiden Steuerwelten der richtige Ansatz, um in Deutschland unternehmerisch tätig werden zu können. Weitere Informationen zum Thema Steuern findest Du im Kapitel „Der Tod und die Steuer".

Der Vorteil einer Einzelfirma ist zum Beispiel, dass die Verluste aus selbständiger Tätigkeit mit den Gewinnen aus anderen Einkunftsarten saldiert werden können. Das heißt, wenn Du zum Beispiel eine Gründung light, also eine Gründung betreibst, während Du noch Dein Angestelltenverhältnis weiter fortsetzt, dann kannst du steuerlich die Anlaufverluste Deiner selbständigen Tätigkeit mit den Erträgen aus Deiner unselbständigen Tätigkeit saldieren und bekommst so am Ende eine Steuergutschrift vom Finanzamt. An dieser Stelle möchte ich Dir aber anraten vorsichtig zu sein, wenn Deine selbständige Tätigkeit mehrere Jahre keine Gewinne erzeugen sollte. Dann ist es leider übliche Praxis der Finanzämter, Dir zu unterstellen, dass Deine Selbständigkeit keine Gewinnerzielungsabsicht verfolgt, also Liebhaberei ist, und dass damit sogar rückwirkend die Möglichkeit der steuerlichen Absetzbarkeit von Anlaufverlusten entfällt. Um steuerlich optimal aufgestellt zu sein würde ich Dir empfehlen, einfach nach Fertigstellung Deines Businessplans Deinen Steuerberater zu konsultieren und mit ihm die richtige strategische Rechtsformwahl auf Basis Deines Businessplans festzulegen.

06: Rechtsformbedingter Verwaltungsaufwand / Kosten.

Jede Rechtsform bedingt einen unterschiedlichen Aufwand hinsichtlich der Rechnungslegung und der Formvorschriften. Während der freiberufliche Einzelunternehmer anfänglich lediglich eine Einnahmen-/Überschussrechnung erstellen muss, ist der GmbH-Geschäftsführer verpflichtet zur doppelten Buchführung, zur Erstellung eines Jahresabschlusses, er muss seine Abschlussdaten jährlich im elektronischen Bundesanzeiger veröffentlichen und braucht definitiv für seinen Abschluss die Hilfe eines Steuerberaters. Steuerberater und Buchhalter verstehe ich selbst als reine Nebenkosten der Steuer, also des Finanzamtes, denn ohne die hohen Steuer- und Abgabenlasten in Deutschland und die verbundene komplexe Bürokratie würde diese Kostenposition bei mir definitiv entfallen.

Die zentrale Frage, die sich im Zusammenhang mit dem Verwaltungsaufwand und den daraus entstehenden Kosten jeder Unternehmer stellen muss, ist: Steht der rechtsformbedingte Verwaltungsaufwand in einem gesunden Verhältnis zum geplanten Geschäftsumfang? Rein steuerlich betrachtet ist bis zu einem Jahresüberschuss von 40.000 € ein Einzelunternehmen für den Gründer absolut ausreichend. Oft ist es auch sinnvoll, eine sogenannte Rechtsformstrategie zu wählen. Zum Beispiel, indem der Gründer sich heute für ein Einzelunternehmen entscheidet und wenn bestimmte Umsatz- und Gewinngrößen überschritten werden, gründet er eine Kapitalgesellschaft. Gerade in der Start-Up-Phase kann ein umfangreicher Formalismus (z.B. bei einer GmbH) von der eigentlichen unternehmerischen Kernaufgabe ablenken und auch für Liquidität und wirtschaftlichen Erfolg unnötige Belastungen mit sich bringen. Einzelunternehmen, wie auch die Gesellschaft bürgerlichen Rechts, haben nur geringe formale Anforderungen bzgl. Gründung und laufendem Geschäftsbetrieb. Die Faustformel lautet: Lieber mit einer möglichst einfachen Rechtsform starten und erst bei konkretem Bedarf zu einer anspruchsvolleren Rechtsform wechseln.

07: Haftung.

Gerade bei Einzelunternehmen haftet der Inhaber eines Unternehmens mit seinem gesamten Vermögen vollumfänglich für Haftungsfälle aus seinem Geschäftsbetrieb. Entsprechend wichtig ist es durch Versicherungen, juristisch geprüfte Verträge, Allgemeine Geschäftsbedingungen und durch stabile unternehmerische Prozesse (siehe Kapitel „Das Denken in schlanken Prozessen") das unternehmerische Risiko für den Inhaber so klein wie möglich zu halten. Sonst besteht die Gefahr, dass Du das, was Du mit Deinen Händen aufgebaut hast, mit dem Hintern wieder einreißt. Entsprechend solltest Du bei risikobehafteten Geschäftsmodellen vorsichtig sein und eher zu der Gründung einer Kapitalgesellschaft, also zum Beispiel einer GmbH oder UG, tendieren.

Zur Verdeutlichung ein kleiner Praxisfall: Du gründest ein Softwarehaus und programmierst für Deine Kunden Onlineshops. Stell Dir vor, dass Dein Kunde, aufgrund eines Programmierfehlers einer Deiner Mitarbeiter, zwei Wochen keinen Verkauf über seinen Shop tätigen kann. Die Frage ist nun: Wen wird Dein Kunde für seinen Ertragsausfall wohl in die Verantwortung nehmen?

Auch die Gesellschaft des Bürgerlichen Rechts bürgt Spezialrisiken. Hier haften alle Gesellschafter unbeschränkt mit ihrem Gesamtvermögen. Das heißt konkret: Dein Arbeitskollege macht einen groben Fehler aus dem Folgekosten für den Kunden entstehen. Der Geschädigte zieht Dich mit Deinem Gesamtvermögen zur Mitverantwortung. Bei der Gründung einer AG, GmbH und UG beschränkt sich die normale Haftung auf das Betriebsvermögen. Ausgenommen sind hier kriminelle Handlungen oder auch Vorsatz. Die Haftung mit unserem Privatvermögen wollen wir in der Regel vermeiden. Entsprechend ist die genaue Risikobetrachtung des Geschäftsmodells enorm wichtig für die Auswahl der richtigen Rechtsform.

Wenn Du Dir Gedanken zu diesen sieben Auswahlkriterien machst und diese auf Dein Geschäftsmodell überträgst, dann mach Dir am besten Notizen zu jedem einzelnen Punkt. Besprich die Ergebnisse mit Deinem Steuerberater oder Wirtschaftsberater und Du wirst bei der Auswahl der richtigen Rechtsform wenig Schwierigkeiten haben.

Merke: Die Entscheidung für eine Rechtsform ist weit mehr als eine reine Formsache. Sie hat organisatorische, wirtschaftliche, steuerliche und rechtliche Folgen. Auch kann es eine gute Strategie sein, die Rechtsform im Zuge der unternehmerischen Entwicklung immer wieder an die veränderten Anforderungen des Geschäftsmodells anzupassen.

4.27 Das Produkt und der Nutzen Deiner Idee

Sobald Du Deine Gründungsidee, bevorzugt im Trend, entwickelt hast, solltest Du Deine Produktdefinition erstellen. Eine Produktdefinition dient Dir als Türöffner und sorgt dafür, dass Du nicht wild und unstrukturiert mit Deiner Angebotsvorstellung beginnst. Mit einer Produktdefinition bist Du top vorbereitet und kannst Deinen Kunden und Geschäftspartnern durch das richtige Wording schnell begeistern. Klarheit und Ordnung in Deinen Worten schaffen beim Zuhörer Vertrauen in Deine Fähigkeiten und Dein Produkt. Du solltest dabei auch darauf achten, dass Du nicht als Gemischtwarenladen auftrittst, sondern dass Dein Gesicht möglichst nur für ein Produkt oder eine Dienstleistung steht. Fokussierung bringt Dir dabei den Expertenstatus ein. Defokussierung erzeugt beim Zuhörer die Idee, dass man Alles ein bisschen, aber Nichts wirklich gut kann. Eine Produktdefinition stellt eine kurze und präzise Beschreibung Deines Vorhabens dar. Sie sollte nicht mehr als 25 Worte umfassen und in maximal 20 Sekunden Klarheit bringen und vor allem Alltagssprache verwenden, damit sie von jedem leicht verstanden und behalten werden kann. Sie beschreibt das angestrebte Ergebnis der beruflichen Tätigkeit und nicht nur die Dienstleistung oder das Produkt. Sie sollte möglichst einen emotionalen Charakter haben und der Abgrenzung des eigenen Angebotsumfanges dienen. Die Emotionalität sorgt dabei für den notwendigen Gedächtnisklebstoff. Sie stellt somit zugleich eine verbale Verpackung des Produktes dar. Die Produktdefinition richtet sich ausschließlich auf den Kundennutzen und nicht auf die eigenen Geschäftsziele.[14] Im Marketing wird ein Produkt anhand der Bedürfnisse seiner Abnehmer und deren Nutzenerwartungen beurteilt. Dabei bringt ein Bedürfnis den Wunsch oder das Verlangen zum Ausdruck, bei einem tatsächlichen oder empfundenen Mangel Abhilfe zu verschaffen. Der Kundennutzen hingegen ist der von einem Abnehmer mit dessen Kaufentscheidung tatsächlich wahrgenommene Nutzen. Kundennutzen ist, wenn Deine Kunden zum Beispiel mit Hilfe Deines Produktes ein Problem lösen können, bei Nutzung oder Erwerb des Produktes Zufriedenheit oder Freude empfinden oder durch den Einsatz Deines Produktes Zeit, Geld oder Energie sparen können. Oft entscheiden sich Abnehmer aber auch aufgrund von Image oder Status für ein Produkt. Ausschlaggebend für eine Kaufentscheidung können eigene gute Erfahrungen sein oder das Vertrauen in den Hersteller. Der Kunde entscheidet sich unter Wettbewerbsbedingungen in der Regel für den Anbieter, der ihm den höchsten Nutzen bietet. Der Kundennutzen drückt sich in der Regel nicht direkt in technischen Beschreibungen oder Funktionalitäten aus. Diese sind in der Regel nur

---

[14] Beckmann, I. (2008) Wie erkunde ich den Markt für meine Geschäftsidee? Tipps und Tools, Forum Existenzgründung 19. Mai 2008, Gründerhaus Osnabrück. Osnabrücker Land, www.gruenderhaus-os.de, S.2.

Mittel zum Zweck, um einen bestimmten Kundennutzen zu erzeugen. So kauft zum Beispiel niemand eine Motorsäge mit hoher Leistung um des Produktes willen, sondern er verbindet damit einen Zweck und einen konkreten Nutzen. Der Abnehmer beabsichtigt vielleicht, damit Bäume zu fällen, um Brennholz zu erzeugen, um damit im Winter günstig heizen zu können. Deswegen lebt das Marketing vom Nutzenverkauf und nicht vom Verkauf von technischen Funktionalitäten. Hier bedarf es immer einer Übersetzung in die Dimension des Kundennutzens. Als Unternehmer solltest Du in jedem Fall darauf achten, dass Dein Angebot über ein Alleinstellungsmerkmal verfügt. Du solltest also eine Antwort auf die Frage haben: „Warum soll der Kunde bei mir und nicht bei der Konkurrenz bestellen?" Es geht immer um die Betonung des spezifischen Nutzens des Produktes für die angesprochene Zielgruppe, den Konkurrenzangebote entweder nicht aufweisen oder der von den Wettbewerbern bisher nicht reklamiert wurde.

Merke: Beschreib die Merkmale, die Dein Produkt einzigartig machen und kommuniziere diese an Deine Kunden. Hast Du kein Alleinstellungsmerkmal, musst Du Dich hart im Wettbewerb durchsetzen. Um Dich beim Kunden klar zu kommunizieren, entwickle für Dein Angebot eine Produktdefinition. Sie wird Dir helfen, Dich und Dein Produkt in jeder Situation souverän zu positionieren.

4.28 Wer braucht mein Produkt?

Produkte werden für Käufer konzipiert und auf deren Anforderungen und Bedürfnisse ausgerichtet. Ein Unternehmer kommt also nicht umhin diese Käufer zum Dreh- und Angelpunkt seiner Überlegungen zu machen. Als Käufer kommen in Betracht: Staaten, Unternehmer, Großhaushalte oder Privatpersonen. Dabei können Produkte Ideen, Organisationen, Orte, Personen, Dienstleistungen oder Gegenstände sein. Damit man die Gruppe der Käufer besser verstehen und ansprechen kann, fasst man sie zu Zielgruppen zusammen. Es sind Interessengruppen, die Gemeinsamkeiten bei ihren Kaufentscheidungen und bei ihren Bedürfnissen aufweisen. Je genauer wir unsere Zielkundengruppe verstehen und definieren können, umso effektiver kann unsere werbliche Ansprache sein. Wissen wir zum Beispiel nur von unseren Kunden, dass sie in Deutschland leben und Privatpersonen sind und wählen als Werbeinstrument den klassischen Brief aus, dann werden wir wahrscheinlich nach dem ersten Anschreiben von 82 Millionen Bürgern in Deutschland in Kombination mit den aktuellen Portokosten in finanzielle Schieflage geraten oder schon auf dem Weg dorthin finanziell ins Schwitzen kommen. Eine konkrete Zielgruppendefinition hilft uns, unsere Kunden fokussiert und passgenau ansprechen zu können. Damit sparen wir Geld und unsere Werbemaßnahmen sind effizienter. Denn nur wer seine Kunden kennt kann sie auch erfolgreich ansprechen. Werbung nach dem Gießkannenprinzip ist wenig erfolgsversprechend. Jeden Nicht-Kunden, den wir werblich ansprechen und der sich nicht für unser Produkt interessiert und entsprechend nicht dafür erwärmen lässt, ist eine Verschwendung an finanziellen Ressourcen, macht unsere Werbekampagne weniger erfolgreich und nervt in der Regel die fehlumworbene Kundenklientel. Im Idealfall, den es natürlich nicht gibt, den wir aber tunlichst anstreben sollten, bewerben wir zu 100 % passgenau nur die Kunden, die geradezu auf unser Produkt warten. Wenn Du die falsche Interessengruppe ansprichst, wird kaum jemand Dein Produkt kaufen und Du verlierst Geld. Die Aufgabenstellung beim Marketing ist es, die richtigen Kunden, mit den entsprechenden Bedürfnis nach unserem Produkt anzusprechen und das so smart wie möglich.

Um Deine persönliche Zielgruppendefinition zu erstellen, solltest Du im ersten Schritt analysieren, an wie vielen Kundenfronten Du kämpfst. Dabei unterscheiden wir zwischen One-Sided- und Multi-Sided-Geschäftsmodellen entsprechend der Anzahl unserer Zielgruppen. Eröffnest Du zum Beispiel ein kleines Lieferrestaurant für exotisches Essen, dann ist Dein Geschäftsmodell auf Privatkunden fokussiert und damit One-Sided (eine Seite). Denn Du hast nur eine Zielgruppe: den Privatkunden. Betreibst Du alternativ eine Internetplattform bei der Du Handwerkerdienstleistungen an Privatpersonen vermittelst, dann hast Du auf einmal mindestens zwei Zielgruppen. Auf der einen Seite Privatpersonen, die Handwerkerdienstleistungen einkaufen wollen und auf der anderen Seite die Handwerksbetriebe als Geschäftskunden, die Du begeistern musst, ihr Angebot zuverlässig auf Deiner Plattform anzubieten. Außerdem musst Du ein ausgeglichenes Maß an Angebot- und Nachfragevolumen erzeugen und diese beiden unterschiedlichen Zielgruppen mit unterschiedlichen Interessenslagen in Einklang bringen. Multi-Sided- (mehrere Seiten) oder in unserem Beispiel Two-Sided- (zwei Seiten) Geschäftsmodelle sind entsprechend schwieriger aufzubauen als One-Sided-Geschäftsmodelle.

Hast Du nun analysiert auf wie vielen Fronten Du im Einsatz bist, dann gilt es festzustellen, ob Deine Kunden Unternehmer (Business-to-Business oder kurz B2B), Privatpersonen (Business-to-Consumer kurz B2C) oder der Staat (Busines-to-Government kurz B2G) sind. Privatpersonen stellen per se eine äußerst heterogene Zielgruppe dar. Bei Staaten und Unternehmen ist die Zielgruppendefintion meistens einfacher. Ist das Produkt einmal sauber definiert, kannst Du im Prinzip eine Excelliste erstellen und alle potentiellen Kunden in einer Liste erfassen. Daten über Unternehmen und Staaten und wie man zu ihnen Kontakt aufnimmt, sind meist offen im Internet verfügbar. Zur Kundensegmentierung benutze ich bevorzugt ein Sortierraster, das ich Dir auf der Internetseite: www.FeuerDeinenBoss.de zur Verfügung stelle. Gerade für Gründer lohnt es sich, die eigenen Zielgruppen eher enger zu fassen, um erstens das eigene Marketingbudget nicht zu überfordern und zweitens auch die Passigkeit der Zielgruppe gut testen zu können.

Da unterschiedliche Kundentypen unterschiedliche Bedürfnisse und Motive haben, kann man werbetechnisch diese Unterschiedlichkeit auch personalisieren. Die Bezeichnung für einen personalisierte Kundentypen ist Avatar. Ein Kunden-Avatar stellt einen Stellvertreter für eine bestimmte Zielgruppe dar und vereinfacht in der Regel das Erstellen von Angeboten, da uns der Avatar das Gefühl vermittelt mit einem echten Menschen zu kommunizieren und nicht mit einer anonymen Zielgruppe. Das heißt, wir erstellen imaginäre Repräsentanten für unsere Zielgruppe, die wir dann werblich unterschiedlich ansprechen, um unsere Werbebotschaft fokussierter und ansprechender, aber auch mit Variationen zu gestalten. Ein Kunden-Avatar für das Produkt „Bartöl" könnte dann zum Beispiel wie folgt aussehen:

Abb. 04: Kunden-Avatar „Hipster".

Name / Merkmal	Ausprägung
Name des Kunden-Avatar	Hipster[15]
Altersgruppe	25 bis 55 Jahre
Primäre Erkennungsmerkmale	Bartträger, tätowiert, sehr gepflegt
Geschlecht	Männlich
Beziehungsstatus	Single
Frisur	Side- oder Undercut
Politische Einstellung	Unpolitisch oder Progressiv
Kleidungsstil	Modebewusst; oft hochwertige Kopfhörer, Smartphones und Tablets
Kaufgewohnheiten	Kauft Markenartikel
Persönlichkeitsmerkmale	Individualismus
Fortbewegungsmittel	Naked Bikes, Shopper, Fixies oder Muscle Cars

Im Rahmen Deiner Zielgruppenanalyse solltest Du so viele Merkmale wie möglich von Deiner Käuferschicht identifizieren, um Deine Werbebotschaft so passgenau wie möglich zu konfektionieren. Es erhöht die Effizienz Deiner Werbung enorm. Auch für Privatpersonen findest Du auf meiner Seite www.FeuerDeinenBoss.de ein Sortierraster, um die Merkmale Deiner Zielgruppe smarter aufschlüsseln zu können.

---

[15] Dieser Avatar stellt nur eine imaginäre Werbefigur dar.

Nimm Dir für Deine Zielgruppendefinition ausreichend Zeit. Wenn Du Deine Zielgruppe genau definiert hast überlege Dir, wo (Orte, Medien, etc.) Du Deiner Zielgruppe am besten begegnen kannst. Es ist die Grundlage für Deine zukünftigen Werbekampagnen. Im Folgenden noch ein paar Beispiele, wo Du den Kunden-Avatar „Hipster" ansprechen kannst.

Abb. 05: Wo kann ich meinen Kunden-Avatar ansprechen?

Ein Hipster ...
verkehrt in den derzeitigen In-Restaurants und Clubs,
besucht einen Barbier und Männerpflegeeinrichtungen,
liest bestimmte Fachzeitschriften,
nimmt exklusive Freizeitangebote war,
kauft von bestimmten Herstellern und in bestimmten Läden,
ist bei bestimmten Events anzutreffen.

Hier gilt es jetzt nur noch Dein Produkt, den Kunden-Avatar und das Mittel der werblichen Ansprache intelligent zusammenzubringen und Dein Verkauf funktioniert.

Merke: Lerne Deine Zielgruppe verstehen! Interessiere Dich für Deine Kunden und ihre Bedürfnisse und versuch die Welt mit den Augen Deiner Kunden zu sehen. Der Kunden-Avatar sollte der Mittelpunkt deiner Marketingbemühungen darstellen.

4.29 Kunden fragen: Sicher sein, bevor wir starten

Bevor wir größere Summen investieren oder sogar unseren Job kündigen, sollten wir sicher sein, dass unser Geschäftsmodell auch wirklich von unseren Kunden angenommen wird. Jungunternehmer sollten ihr Unternehmen nicht in Vollzeit starten, ohne wirklich zu wissen, ob der Markt die angebotenen Produkte oder Dienstleistungen überhaupt annimmt. Ein guter Ansatz sich zu verirren ist der Glaube, dass man den Kunden und dessen Bedürfnisse gut kennen würde, ohne den Kunden jemals selbst befragt zu haben. Denn Glauben ist nicht Wissen und ohne Kundenfeedback mutiert der Geschäftserfolg zum Glücksspiel.

Eine der wesentlichen unternehmerischen Erfolgsstrategien ist der Dreiklang: keine Überraschungen, keine Überraschungen und keine Überraschungen. Das heißt, wir stellen das Denken vor das Handeln und versuchen die Handlungsalternative auszuwählen, die den größten Erfolg verspricht, um damit das Risiko negativ überrascht zu werden zu reduzieren. In unserem Fall versuchen wir durch Markterkundungen unser unternehmerisches Risiko zu reduzieren. Selbstverständlich kann man nicht alle Risiken zu 100 % ausschließen. Dennoch sollte man zumindest bei allen schwerwiegenden Entscheidungen im Leben versuchen, sich bestmöglich zu informieren, um das Risiko gerade dieser Entscheidungen zu reduzieren. Hier sollte man nichts dem Zufall überlassen. Denn wer ständig zockt und sich in permanenter Unwissenheit bewegt wird nicht nur positiven Umständen begegnen.

Marketing steht für die konsequente Ausrichtung des unternehmerischen Handelns und Denkens am Markt. Der Kunde und seine Bedürfnisse werden ins Zentrum der Betrachtung gestellt. Daraus ergibt sich die Fragestellung für uns als Unternehmer: Wird unser Produkt von unserer Zielkundschaft gebraucht?

Um diese Frage zu beantworten und den Bedarf der Käuferschicht zu erkennen, bedient sich der geschickte Unternehmer dem Instrument der Markterkundung. Potentielle Kunden werden befragt, was sie denn benötigen und wie ihre Bedürfnisse aussehen. Antworten auf diese Fragen geben uns die genaue Vorgabe für die Auslegung unserer Produkte und Dienstleistungen. Ohne den Kunden zu fragen, wird der Erfolg jeder Produktveränderung oder Neueinführung zum Würfelspiel.

Bei der Markterkundung geht es um eine gelegentliche und unsystematische Erhebung von Informationen. Sie ist eine effektive Methode, um zu überprüfen, ob das Vorhaben auch wirklich beim Kunden ankommt. Man nutzt die Markterkundung, um Klarheit und Sicherheit für die nächsten Schritte zu erreichen, für die Bedarfsklärung, Preisfindung, bei der Standortwahl, bei der Überprüfung der eigenen Zielgruppe oder wenn wir unser Produkt verbessern wollen. In der Praxis wird der Kunde zu selten interviewt, obwohl die Beschäftigung mit den eigenen Kunden nur selten eine Zeitverschwendung darstellt. Viele Unternehmer scheuen sich, ihre Kunden direkt anzusprechen, da sie eine negative Reaktion der Befragten auf eine

Frage voraussetzen. Das ist nach meinen Erkenntnissen bei weitem nicht so. Menschen erzählen gerne Ihre Bedürfnisse, was sie stört und welche Verbesserungen für sie wünschenswert wären. Warum sollte uns also ein Kunde negativ begegnen, wenn wir versuchen, ihm ein besseres Produkt oder eine bessere Dienstleistung anzubieten? Entsprechend keine Angst und ran an den Kunden! Natürlich kann es passieren, dass wir den einen oder anderen potentiellen Kunden gerade in einer ungünstigen Situation erwischen. Hier entschuldigen wir uns für die Störung und weiter geht es.

Für die Ansprüche einer Unternehmensgründung braucht die Marktforschung nicht unbedingt wissenschaftlichen Kriterien zu genügen. Erkenntnisse, die durch Näherungswerte gekennzeichnet sind, reichen in der Regel aus. Bei der Umsetzung der direkten Kundenbefragung empfehle ich, mindestens 100 Kunden zu befragen. Überleg Dir im Vorfeld der Befragung, was Du genau von Deinen Kunden wissen willst. Setz Dir für die Befragung ein festes Zeitfenster von zum Beispiel vier Wochen. Werte die Befragung sorgfältig aus und zieh für Dich ein Resümee. Überlege, welche Erkenntnisse und Handlungen sich nun für Dich und Deine Unternehmung ergeben. Einen Musterfragebogen mit einer kleinen Anleitung findest Du auf der Seite www.FeuerDeinenBoss.de. Am Ende jeder Befragung solltest Du Dich bedanken und den Kunden fragen, ob Du ihm weitere Informationen zu Deinem Unternehmensstart schicken darfst. Erfahrungen zeigen, dass die Kunden nun durch das angenehme Gespräch mit Dir und durch die Beschäftigung mit der Sache offen und auch interessiert sind. So hast Du oft zusätzlich zu einem Kundenfeedback einen neuen Kontaktweg zu einem neuen, potentiellen Kunden gewonnen.

Merke: Wer seine Kunden befragt kommt schneller und sicherer zum Ziel. Nutze die Methode der Markterkundung und schütze Dich und Dein Unternehmen vor negativen Überraschungen.

4.30 Warum andere Unternehmer scheitern, Du aber nicht

Bevor man ein Business startet macht es durchaus Sinn, sich mit den Hauptgründen zu beschäftigen, warum Unternehmer scheitern. Es sensibilisiert uns vor möglichen Risiken und hilft uns, ähnliche Fehltritte zu vermeiden. Es gibt wenig Literatur über die Ursachen des Scheiterns und oft wirkt es so, als hätte der Erfolg viele Väter, aber der Misserfolg ist ein Waisenkind. Wenn Du tiefer in das Studium der Fehltritte einsteigen willst, dann empfehle ich Dir den Besuch von „Fuck-Up-Nights". Hier „feiern" ehemalige Unternehmer ihre Fehler und erzählen ungeschönt ihre Geschichten des Scheiterns mit dem Zweck, dass wir aus ihnen lernen können, um es besser zu machen und ihre Fehler nicht zu wiederholen. Dieses offene Scheitern ist wichtig für die Gründerszene. Die Gescheiterten sind unsere Pioniere, die sich an neuen Wegen und Ideen probiert haben, es aber aus verschiedenen Gründen nicht geschafft haben, ihr Geschäftsmodell zu etablieren. Sie zeigen uns auf, was nicht geht und leisten damit einen wertvollen Beitrag. Denn sie haben für uns Wege ausprobiert, die wir nun nicht mehr gehen müssen. Scheitern und Fehler machen gehören zum Unternehmertum wie die Luft zum Atmen. Aus Versuch und Irrtum lernen wir als Unternehmer und finden unseren Weg und unsere Marktnische. Dass ein Businessplan in jedem Detail so funktioniert wie er ursprünglich mal geplant war, ist eher ein Ammenmärchen. Normalerweise entwickelt der Unternehmer sein Unternehmen tuend und vortastend. Jeder Schritt wird erprobt und wenn er funktioniert wird der nächste Schritt gesetzt. So bauen sich Unternehmen auf. Der Gründer erarbeitet sich kostbares Erfahrungswissen, das es so nur in der Praxis gibt und oft mit Theorie nur wenig zu tun hat. Nicht jede Gründung funktioniert. Entsprechend sollte jeder Gründer einen Plan B haben, der ihm hilft, seine Unternehmung mit möglichst wenig Blessuren zu beenden. Hier gibt es gute Methoden, die in diesem Buch beschrieben werden, wie man eine harte Landung abdämpfen kann. Wenden wir uns den fünf typischen Gründen des Scheiterns zu, denen ich in meiner langjährigen Berufserfahrung begegnet bin und wie man sie vermeiden kann.

01: Eines der größten Risiken für Dich als Gründer ist es, bereits **mit Geldmangel zu starten**. Jedes Gründungskonzept beinhaltet den Einsatz von finanziellen Ressourcen. Diese setzen sich in der Regel zusammen aus dem Anlaufverlust, der Finanzierung von Zahlungszielen der Kunden,[16] der Deckung Deiner Lebenshaltungskosten, den Auftragsfinanzierungen und der Finanzierung der Bereitschaftskosten

---

[16] Finanzierung des Kundenzahlungsziels: Von der Rechnungsstellung bis zur Bezahlung vergehen oft 30 Tage. Diese Frist von der Leistungserbringung oder Lieferung an den Kunden bis zur Kundenzahlung muss finanziell überbrückt und damit finanziert werden.

des Unternehmens. Jeder Gründer sollte vor der Gründung seiner Unternehmung eine Wirtschaftlichkeitsberechnung für die ersten drei bis fünf Jahre vornehmen und den genauen Kapitalbedarf ermitteln. Es ist keine gute Idee, einfach anzufangen, ohne den eigenen Kapitalbedarf zu kennen. Nach dem Vorsichtsprinzip solltest Du Deinen Kapitalbedarf eher pessimistisch und mit Puffer einplanen. Passt die eigene Kapitalausstattung am Anfang noch nicht, so sollte man noch etwas sparen, bevor es losgehen kann. Ungeduld ist hier nicht angebracht.

02: Fehlende technische und ökonomische Machbarkeit sind zwei Gründe, die vielen gut klingenden Geschäftsmodellen zum Verhängnis wurden. Oft haben Gründer tolle Ideen, die sich wunderbar anhören und grandiose ethische Werte transportieren. Das Problem ist nur, dass sie sich einfach nicht rechnen. Eines dieser Geschäftsmodelle ist zum Beispiel das Reparieren von alten Computern. Eine grundsätzlich ressourcenschonende und damit gute Idee. Das Problem ist nur, dass der Arbeitseinsatz eines Computerexperten zzgl. der Ersatzteile und Logistik teurer sind, als einfach einen neuen PC zu kaufen. Das gleiche Problem haben wir in Deutschland mit Wind- und Sonnenenergie. Diese Energiekonzepte sind so teuer, dass sie ohne staatliche Subventionen einfach nicht zur Nutzung gebracht werden können. Mit dem Ergebnis, dass wir nun durch die staatlichen Subventionen mit die höchsten Energiekosten der Welt haben. Und das ist leider mit vielen Geschäftsmodellen so. Sie klingen sinnvoll und genial, aber leider sind sie ökonomisch und technisch oft einfach nicht umsetzbar. Entsprechend wichtig ist, dass man jede Idee, bevor man sie versucht zu realisieren auf ihre praktische und ökonomische Umsetzbarkeit hin testet. Oft reichen ein Prototyp, Testreihen und eine Wirtschaftlichkeitsrechnung, um hier klar zu sehen, ob das Geschäftsmodell eine Zukunft hat.

03: Hausgemachter Auftragsrückgang ist ein oft anzutreffendes Problem. Gerade in der Start-Up-Phase solltest Du Deine gesamte Energie auf die Kundengewinnung und die Abarbeitung von Aufträgen in hoher Qualität fokussieren. Viel zu oft konzentriert sich der Gründer auf Dinge, die eigentlich keine wirkliche Relevanz haben. Wie die Auswahl von Büroaccessoires, Bürobegrünung und irgendwelcher Softwaresysteme, die man vielleicht mal für einen Auftrag braucht, ohne dass man diesen Auftrag bereits erhalten hat. Viel zu oft beschäftigt man sich in Teams und Firmen mit sich selbst und inneren Konflikten. Dabei wird - oft mit existenziellen Folgen - der Kunde, die Marktentwicklung und das Kundenwohl vernachlässigt. Denn statt sich wie ein Kunden-König zu fühlen, hat der Kunde dann oft das Gefühl, er wäre unerwünscht und würde stören. Sehr gut merkt man das bei zahlreichen Personalkonzepten in Restaurants oder im Einzelhandel in den deutschen Innenstädten. Da wird man oft gar nicht gesehen und Freude / Spaß am Einkaufen wird einem schon gar nicht vermittelt. Entsprechend bevorzuge ich beim Einkauf den Onlinehandel. Warum sollte ich auch teure Parkscheine in Innenstädten bezahlen oder überfüllte öffentliche Verkehrsmittel nutzen und dabei noch viel Zeit verlieren? Das Sitzen in einem verstopften U-Bahnabteil ist weder gesund noch spaßig. Oft wird man dort mit allen möglichen Gerüchen und Belästigungen konfrontiert. Lieber bestelle ich gemütlich aus meinem Bürostuhl und erhalte dort in der Regel die viel größere Auswahl zum günstigeren Preis. Erlebniseinkauf in Deutschland ist oft eher negativ geprägt als dass man Spaß hat. Hier hat es der Einzelhandel komplett verschlafen, sich weiterzuentwickeln und neue Mehrwerte zu erzeugen. Ein gutes Beispiel dafür, wie eine Branche verpasst hat, sich neu zu erfinden. Die Konsequenzen werden nicht lange auf sich warten lassen.

04: Fehlende finanzielle Bildung. Das Hauptziel der finanziellen Bildung beinhaltet die Vermeidung von Insolvenz und der eigenen Verarmung durch das Treffen von kompetenten finanziellen Entscheidungen. Dazu gehören das grundlegende Durchschauen von irreführender Werbung, intransparenten Finanzprodukten und Dienstleistungen, ein Grundverständnis für Mieten, Leasen und Finanzieren. Das umsichtige Führen von Konten. Der Umgang mit Banken und Versicherungen, finanziellen Forderungen und Verpflichtungen. Das Bewerten von Verträgen und die „Kunst" des grundsoliden Wirtschaftens. Es geht um das Bewältigen von finanziellen Problemen, einem grundlegenden wirtschaftlichen Rechtsverständnis und um steuerliches Basiswissen für Unternehmer. Leider werden diese Fähigkeiten an Schulen nicht gelehrt vor allem auch wegen der fehlenden unternehmerischen Kompetenz der Lehrkräfte. Es geht um das Fehlen der Kenntnisse hinsichtlich des smarten Wirtschaftens und Vorsorgens, das vielen Gründern, aber auch der breiten Masse von privaten Konsumenten zum Verhängnis wird. Wenn Du privat Konsumentenkredite nutzt, Dein Auto von der Bank finanziert ist, Du Dein Konto ständig überziehst, Du Dich noch nie richtig mit Deiner Altersvorsorge auseinandergesetzt hast, dann weißt Du, Du hast vom smarten Wirtschaften keinen blassen Schimmer. Es wird Zeit, damit zu beginnen. Auf der Seite www.FeuerDeinenBoss. de findest Du hierzu weiteres wertvolles Wissen.

05: Fehlende Gründungsausbildung. Die fehlende unternehmerische Start-Up-Ausbildung ist eine der größten Schwächen des Wirtschaftsstandortes Deutschland und bedeutet, dass Gründer in Deutschland ungenügend für Ihren Start in die Selbstständigkeit vorqualifiziert werden. Das birgt Risiken. Eine mangelnde Basisqualifikation sorgt für einen fehlenden Gesamtüberblick. Oft werden die grundlegenden, betriebswirtschaftlichen Prozesse und Funktionen nicht richtig verstanden mit zum Teil verheerenden Folgen für den Gründer. Speziell seit Start des Bologna Prozesses[17] und einer noch stärkeren Akzentuierung auf die Beschäftigungsfähigkeit in deutschen Hochschulen wurde der Unternehmer als Freigeist und selbständiger Denker weiter aus der Bildungslandschaft zurückgedrängt. Die Gründungsausbildung an deutschen Hochschulen bekommt regelmäßig schlechte Noten.[18]

Bestätigt durch meine eigenen Erfahrungen und geleitet durch das Ziel, die Situation für Gründer in Deutschland zu verbessern, hat sich der Autor durch seinen persönlichen Einsatz als Dozent für Entrepreneurship,[19] der Gründung der Start-Up Beratungs Firma „four-quarters EXIST GmbH"[20] und durch das Schreiben dieses Buches entschlossen, die Situation proaktiv zu verbessern.

Merke: Es ist hilfreich, sich mit den Gründen für das Scheitern von Gründungen zu beschäftigen. Hier kann man viel von den Fehlern anderer lernen und versuchen, diese zu vermeiden. Eine lustige, aber trotzdem informative Art und Weise sich mit Fehlern zu beschäftigen sind die sogenannten „Fuck-Up-Nights". Empfehlungen zu „Fuck-Up-Night-Events" findest Du unter www.FeuerDeinenBoss.de.

---

[17] Bologna Prozess = Europaweite Vereinheitlichung der Studiengänge. Der Begriff geht zurück auf die 1999 im italienischen Bologna unterzeichneten politisch-programmistische Erklärung von 29 europäischen Bildungsminister zurück.

[18] Sternberg. R, et al. (2020), Global Entrepreneurship Monitor - Unternehmensgründungen im weltweiten Vergleich, Länderbericht Deutschland 2019/2020, RKW Kompetezzentrum, S. 53.

[19] Entrepreneurship = In Deutschland die Lehre vom Gründungswesen.

[20] www.gründungsberater.com

4.31 Erst die Botschaft, dann die Kampagne

Die Aufgabe des Marketings ist es, die Botschaft für den Kunden so zu produzieren, dass er kauft. Die Nachricht soll in das Bewusstsein des Kunden mit Hilfe verschiedener Marketinginstrumente gelangen. Das Unternehmen soll am Markt positioniert werden. Der Grund, warum Du gerade als Gründer Werbung machst, ist, weil Dich zu Beginn einfach keiner kennt. Deine Aufgabe ist es, das zu verändern. Denn ohne Kunden kannst Du keine Geschäfte machen. Du fängst bei Null an. Der Kunde weiß nicht, wer Du bist, kennt Deine Firma nicht, kennt Dein Produkt nicht, hat bisher keine Erfahrungen mit Dir gesammelt und weiß auch nicht, welchen Ruf Du und Deine Firma genießen. Bevor Du aber mit aktiven Marketingkampagnen startest, solltest Du unbedingt ein sogenanntes Botschaftenboard entwickeln. Das Board hat den Zweck, Dich auf Deine Kunden, ihre Bedürfnisse und den Mehrwert den Du anbietest zu fokussieren und eine klare und deutliche Botschaft zu formulieren, die wirkt. Damit sicherst Du ab, dass Deine Marketingkampagnen widerspruchsfrei sind, in die gleiche Richtung abzielen und damit wirken. Dein Botschaftenboard beschäftigt sich mit der zentralen Frage: Was ist die Nachricht, die Du an Deine Zielgruppe senden willst? Um hier für Dich Klarheit zu schaffen, beantworte unbedingt die folgenden Fragen:

Abb. 06: Das strategische Botschaftenboard.

Werbeziel	**Was möchtest Du mit Deiner Werbebotschaft erreichen?**
Strategie	**Wie möchtest Du Dein Werbeziel erreichen?**
Branche	**Welche Branche / Marktbereich möchtest Du besetzen?**
Vision[21]	**Was ist Deine angestrebte Marktvision?**
Mission[22]	**Welche Mission verfolgst Du mit Deiner Firma?**

[21] Vision = Ist der Wesenskern eines Unternehmens. Richtet sich primär an den Mitarbeiter. Warum tut der Unternehmer das Ganze? Ideologie.

[22] Mission = Beschreibt den wesentlichen Auftrag/ Zweck des Unternehmens. Richtet sich primär an den Kunden.

Bedürfnisse	Welche Kundenbedürfnisse willst Du ansprechen?
Nutzen	Welchen Nutzen willst Du bei Deinen Kunden stiften?
Alleinstellungsmerkmal	Warum soll der Kunde bei Dir und nicht beim Mitbewerb bestellen?
Kernbotschaft	Mit welcher Kernbotschaft möchtest Du beim Kunden präsent sein?

Eine weitere Vorlage dazu findest Du auf der Internetseite: www.FeuerDeinenBoss. de. Deine Aufgabe ist es, Dich mit einer klaren Botschaft im Kopf des Kunden fest- zusetzen. Dabei ist der strategische Ansatz, Dir genau zu überlegen, welche Bot- schaft Du an Deine Kunden senden willst. Im zweiten Schritt überlegst Du Dir, wo Du Deine Kunden erreichst (Ort, Medien) und was Deine Kunden dann genau tun sollen. Es ist wichtig, dass hinter jeder Marketingbemühung eine klare Ausrichtung steht. Dabei ist das Denken im großen Bild wichtig. Alle ausgewählten Marketing- maßnahmen sollten dann diese Strategie unterstützen und die gleiche Botschaft senden.

Merke: Nur wer die eigene Botschaft kennt, kann diese auch professio- nell senden. Ein geniales Hilfsmittel, eine Botschaft zu erfassen, ist das Botschaftenboard. Es ist ein strategischer Ansatz, der Dir definitiv einen Wettbewerbsvorteil am Markt einbringt.

4.32 Auswahl der richtigen Marketinginstrumente

Gerade für Dich als Gründer ist es entscheidend, eine einfache, aber funktionierende Marketingstrategie zu erstellen. Dabei ist es wichtig, sich in den Kopf des Kunden zu versetzen.

Deine Produktdefinition, Deine Zielgruppendefinition und Deine Werbebotschaft hast Du bereits festgelegt. Jetzt geht es darum, sich mit den Kunden durch den Einsatz der richtigen Marketinginstrumente zu verbinden. Im ersten Schritt überlegst Du Dir, wo Du Deine Kunden findest (Aktivitäten, Ort, Online ...) und mit welchem Mix an Hilfsmitteln Du sie erreichen möchtest. Bei den Hilfsmitteln unterscheidet man am Einfachsten zwischen Inbound und Outbound Marketinginstrumenten. Das Inbound Marketing ist dabei eher die passive Art der Kundengewinnung. Du positionierst Dich so, dass Du gut gefunden werden kannst und gewinnst darüber die Aufmerksamkeit Deiner Kunden. Beim Outbound Marketing kaufst beziehungsweise suchst Du aktiv die direkte Aufmerksamkeit Deiner Kunden. Im Folgenden findest Du eine kleine Aufstellung der verschiedenen Marketinginstrumente:

Abb. 07: Marketinginstrumente.

Inbound Instrumente	Outbound Instrumente
Internetauftritt, Landingpages	Bezahlte Internetanzeigen
Suchmaschinenoptimierung	Direct Mailing
Blogs	Seminare
eBooks	Events
eNewsletter	Verkaufsfunnels
Podcasts	Kunden-Relationship-Bots
Videos	Online-Seminare
Influencer Marketing	

Social Media Auftritte (Facebook, Twitter, Instagram...)	
Business Network Sides (XING, LinkedIn...)	

Am besten erstellt Du Dir Deinen eigenen Marketingfahrplan, der den Einsatz eines Mixes aus den verschiedenen Marketinginstrumenten über einen Zeitraum von 12 Monaten beinhaltet. Dabei kannst Du jeden Monat Deine eigenen Aktivitäten und die Nutzung von externer Unterstützung einplanen. Wichtig dabei ist, dass Du die eingefahrene Ausbeute, die Du mit Deinem Mix erzielt hast, mit Deinen Sollwerten abgleichst und korrigierend einwirkst. So verbessert sich Dein Marketingplan fortlaufend und Du kannst sehr kurzfristig reagieren, wenn Deine Instrumente nicht wie gewünscht funktionieren. Das spart Dir Geld und erhöht die Effektivität Deiner Maßnahmen. Ich habe ganz bewusst die klassischen Werbeinstrumente wie Radio-, Fernsehen-, Magazin- und Zeitungswerbung nicht tabellarisch mit aufgeführt. Denn Du kannst Dich durch Eigenleistungen kaum selbst einbringen, um damit die Werbekosten zu reduzieren und oft sind diese Instrumente teuer und wenig ergiebig. Das heißt das Verhältnis zwischen Marketinginvestition und Kundenausbeute ist oft ungünstig.

Es geht darum, einen Mix zu finden bei dem Du Deine Zielgruppe möglichst gut erreichen kannst und der konvertiert, also den Kunden zum Kauf überzeugt. Leider gibt es nicht das eine Marketingkonzept, das für alle Gründer gleichermaßen gut funktioniert, sondern Du musst durch Versuch und Irrtum den Mix herausfinden, der für Dich am besten passt. Entsprechend handelt es sich bei einem Marketingfahrplan um eine grob gesteckte Ausrichtung, die basierend auf den praktischen Erfahrungen bei der Umsetzung ständig weiter optimiert werden sollte. Das Ziel ist es, einen funktionierenden Verkaufsprozess zu entwickeln. Es ist empfehlenswert, mit kleineren Budgets die Wirksamkeit der verschiedenen Instrumente für das eigene Produkt auszuprobieren und sich so seinen individuellen Weg auszutesten.

Im letzten Jahrzehnt haben die traditionellen Medien einen unglaublichen Glaubwürdigkeitsverlust erfahren. Die höchste Glaubwürdigkeit erzeugen heutzutage die kommunizierten Erfahrungen und Bewertungen von Gleichgesinnten, also Mitgliedern der gleichen Zielgruppe, für ein Produkt oder eine Firma. Das heißt, wir glauben am meisten die Erfahrungen, die unsere „Freunde und Bekannte" mit einem Produkt oder einer Firma gemacht haben. Alle anderen Quellen werden zunehmend skeptisch betrachtet. Der Vorteil an der „neuen Netzwerkökonomie" ist, dass Du als Neuunternehmer Deine Kunden gut und günstig erreichen kannst und das unabhängig vom eigenen Wohnort.

Merke: Marketing ist wie eine Rucksackreise, bei der Du nur das gewünschte Ziel und Deinen Startpunkt kennst. Den günstigsten Weg zum Ziel musst Du Dir durch Versuch und Irrtum selbst erarbeiten.

4.33   In 60 Sekunden begeistern

Eine der wichtigsten Erfolgskomponenten als Unternehmer ist es, andere Menschen von sich oder einem Produkt zu begeistern. Ein chinesisches Sprichwort sagt: „Wenn Du nicht lächeln kannst, kannst Du keinen Laden eröffnen." Erkenntnisse aus der Gehirnforschung besagen, dass wir innerhalb von 30 bis 60 Sekunden eine Vorentscheidung treffen, ob wir uns für oder gegen etwas entscheiden. Wenn wir es also nicht schaffen, den Kunden innerhalb dieses Zeitfensters von uns, unserer Firma oder unserem Angebot zu überzeugen, dann nutzen die zwei Stunden hinterher auch nicht mehr viel. Wollen wir also effektiv überzeugen, dann sollten sich unsere Bemühungen auf dieses Zeitfenster konzentrieren. Im Englischen hat sich daraus die Methode des Elevator Pitches entwickelt. Der Elevator Pitch stellt dabei eine kleine, vorbereitete Minipräsentation vor dem Kunden mit einer Vortragslänge von maximal 60 Sekunden dar. Es geht also um eine klare Darstellung in wenigen Sätzen. Dabei bedienen wir uns der AIDA (Attention-Interest-Desire-Action) Methode. Gemäß dieser Methode versuchen wir Aufmerksamkeit (Attention) zu erzeugen und den „Kunden" soweit zu begeistern, dass er Interesse (Interest) an unserem Angebot gewinnt. Es soll der Wunsch (Desire) beim Kunden entstehen, das Angebot haben zu wollen, was dann zu einer Kaufhandlung (Call to Action) führt. Das erreichen wir in der Regel nicht, indem wir unseren Gesprächspartner mit unserer Lebensgeschichte langweilen. Es geht darum, die wesentlichen Vorteile des eigenen Produktes emotional und individualisiert auf den Punkt zu bringen. Die Emotionen sind dabei der Gedächtnisklebstoff. Die Individualisierung sorgt für eine Unterscheidung unseres Angebotes vom Wettbewerb. Was zählt, ist eine klare und einfache Darstellung des Produktes und des Kundennutzens in wenigen Sätzen. Unser Pitch sollte ein Türöffner sein. Er soll neugierig machen und uns die Chance eröffnen, mehr Gesprächszeit beim Kunden zu erhalten. Umso länger sich der Kunde mit unserem Produkt beschäftigt, umso wahrscheinlicher wird der Kauf. Der Hauptgründe, warum wir oft nicht überzeugen, ist die fehlende Vorbereitung unserer Ansprache. Unsere Argumentation hat dann oft keinen roten Faden, wir labern herum, werden unspannend und verlieren die Aufmerksamkeit unseres Gegenübers. Durch einen gut vorbereiteten Pitch können wir flexibel und bei jeder Gelegenheit, von uns oder unserem Angebot überzeugen. Meine Erfahrung ist, dass die Wenigsten gut vorbereitet sind und so viele gute Gelegenheiten ungenutzt vorbeiziehen. Das sollte uns nicht passieren!

Dein Elevator Pitch sollte Folgendes beinhalten:

• Ein Statement, um Aufmerksamkeit zu gewinnen.
• Eine Aussage zu den Vorteilen Deines Ansatzes.
• Eine Aussage, welche Kundenbedürfnisse Du ansprichst.
• Eine Aussage, wie Du die Kundenbedürfnisse bedienst.
• Eine Aussage, wie Du Dich gegenüber dem Wettbewerb abhebst.
• Die abschließende Aufforderung zum Kauf.

Merke: Formuliere Deine Botschaft an die Kunden. Lerne zu pitchen und den Kunden von Dir und Deinem Angebot zu überzeugen. Bereite Dich vor und Du wirst nie mehr eine Chance zu überzeugen verpassen.

4.34 „Der Tod und die Steuer"

Meine Überschrift ist ein Zitat von Brad Pitt aus dem Film „Rendezvous mit Joe Black" bei dem er den Tod in menschlicher Gestalt spielt. Den Tod muss ich hier wohl nicht vorstellen, aber seinen Adjutanten. Steuern sind eine Geldleistung an den Staat ohne den Anspruch auf eine Gegenleistung. Wir erhoffen uns für unsere Abgabe als Gegenleistung ein Staatswesen zu erschaffen, indem es sich gut und gerne leben lässt. Wir verstehen den Staat als eine Art Dienstleister der nach Qualität, Transparenz, Fairness und Produktivität seines Schaffens bewertet wird. Je nach Staatssystem und Steuerquote werden Steuern als fair oder unfair empfunden. Definiert wird das Ganze durch Leistung und Abgabenhöhe wie in einem klassischen Dienstleistungsvertrag. Dass Deutschland ein Spitzensteuerland ist, ist definitiv kein Geheimnis. Wobei Spitze hier leider nichts mit der staatlichen Leistungsqualität zu tun hat, sondern mit der effektiven Abgabenhöhe. Diese ist enorm und beeinflusst definitiv die Lust an der Leistungserbringung in Deutschland. Für viele Unternehmer sind Steuern und die Steuernebenkosten, wie Steuerberater, interne Steueradministration, Belegsammlungen, Softwareanforderungen, Beweis- und Belegsicherungen, Stundenerfassungssysteme für Mitarbeiter, Prüfungs- und Rechtfertigungskosten und sonstige Komplexitätskosten aufgrund steuerlicher Vorschriften einer der größten Kostenposten in ihrer Kostenrechnung. Zudem fühlt es sich gar nicht gut an, jeden unternehmerischen Schritt beleghaft dokumentieren zu müssen. Interessant wird es bei der Suche nach einem steuerlich günstigen Standort. Schnell landet man bei Begriffen wie Steuerparadiese und Steueroasen, aber irgendwie findet man keine wirklichen Gegenteile in der Literatur, wie Steuerhöllen und Steuerwüsten. Die EU führt zum Beispiel eine schwarze Liste, auf der Länder mit besonders niedrigen Steuersätzen angeprangert werden. Ein sehr seltsames Phänomen! Länder, die es scheinbar schaffen, mit wenig Mitteln ein Staatswesen aufzustellen und ihren Bürgern weniger Geld abzunehmen, werden diskriminiert als „schwarz" und Länder mit hohen Steuersätzen sind dann wohl im Umkehrschluss „weiß". Dabei sind hohe Steuersätze definitiv nicht gut. Sie sind Raub am schaffenden Bürger und ein Zeichen eines ineffizienten Staatssystems. Sie sorgen dafür, dass Menschen mehr arbeiten müssen, um von dem Erwirtschafteten leben zu können. Es belastet die Umwelt, denn es müssen mehr Güter verkauft werden, um die hohen Steuerlasten zu finanzieren. Zu hohe Steuern und Abgaben sind das Gegenteil von ressourcenschonendem Umweltschutz. Es ist Ausbeutung, wenn man Natur, Mensch oder Tier mehr abverlangt als wirklich notwendig ist. Im Prinzip müsste sich der einfach denkende Unternehmer die Steueroasen/schwarze Liste der EU als Blaupause für die Suche nach einem steuerlich interessanten Wohnsitz nehmen. Auch hier macht es Sinn, ganz nach Unternehmerart, einen Steuerfirmensitz mit einem effektiven Staatssystem zu suchen. Denn Steuern sind Kosten, und ein guter Unternehmer arbeitet kosteneffizient.

Als Angestellter, der jeden Monat sein Nettogehalt bezieht, bekommt man von der Komplexität des deutschen Steuersystems eher wenig mit. Der Angestellte merkt nur, dass es einen gewaltigen Unterschied zwischen dem verdienten Bruttolohn und dem Nettolohn gibt und dass der Staat den Steuer- und Abgabenanteil gleich vom Lohn einbehält. Bei Unternehmern und Selbständigen ist das anders gelagert. Sie bekommen die Bruttoumsätze, also die Summe der geschriebenen Rechnungen auf ihr Firmenkonto ausbezahlt. Davon bezahlen sie ihre betrieblichen Rechnungen. Das Delta aus den erbrachten Leistungen und den dazugehörigen Aufwendungen ergibt den Monats- bzw. dann den Jahresgewinn oder -verlust. Erst mit der Erstellung unserer Jahresrechnung erfahren wir unseren genauen Gewinn vor Steuern und dieser ist die Grundlage für die Berechnung der Steuerpflicht. Das heißt, anders als beim Arbeitnehmer bekommen wir als Unternehmer zuerst unseren vorläufigen Monatsgewinn auf unser Konto ausgezahlt und am Jahresende erhält der Staat seinen Anteil, wobei die steuerlichen Vorauszahlungen hier ausgeklammert sind. Ein wichtiger Unterschied, speziell zu einigen anderen Ländern, ist, dass Steuerhinterziehung kein Kavaliersdelikt in Deutschland ist, sondern ein Straftatbestand, der in besonders schweren Fällen mit bis zu zehn Jahren Gefängnis geahndet wird. Dagegen gibt es andere Länder, da kann man sich einfach von seiner Steuerschuld freikaufen oder Steuerhinterziehung wird lediglich auf dem Niveau einer leichten Ordnungswidrigkeit angesiedelt, so ähnlich wie falsch parken. Beim Thema Steuerhinterziehung sind wir in Deutschland gründlich und hart. Grundsätzlich ist das kein Problem, wenn Menschen, die mit Vorsatz Steuer hinterziehen, dafür bestraft werden. Nur das deutsche Steuersystem ist so enorm komplex, dass es gar nicht so einfach ist, alles richtig zu machen. Du stehst als Unternehmer in Deutschland quasi immer mit einem Bein im Strafprozess und bist permanent unter dem Generalverdacht der Steuerhinterziehung oder Geldwäsche. Die Beweislast liegt immer bei Dir. Das Seltsame an diesem System ist, dass Du, wenn Du als Unternehmer Fragen zum System hast, nur in den seltensten Fällen Auskunft vom Finanzamt zum System erhältst. In der Regel musst Du als Unternehmer sogar für verbindliche Aussagen bezahlen. Bei Einzelfragen verweist das Finanzamt immer gerne auf den Steuerberater, der in Deutschland eigentlich kein Berater ist, sondern eher einen Steuer-Compliance-Manager darstellt. Das heißt der Steuerberater erzählt Dir, wie die vorgefallenen Sachverhalte akzeptabel zu deklarieren sind. Er berät Dich aber nicht, wie Du Deine Einnahmen- und Ausgabeflüsse steueroptimal konzipieren kannst. Ich erzähle das hier so drastisch, da das deutsche Finanzamt in der Regel hart, schnell und intelligent ist. Entsprechend gehört es zum Survivalpack eines Unternehmers, mindestens einen Grundlagenkurs zum deutschen Steuerrecht zu besuchen und Respekt vor dem langen Arm des Finanzamtes zu haben. Denn das System funktioniert. Ansonsten ist der deutsche Unternehmer komplett der Qualifikation und der Obhut des Steuerberaters ausgeliefert. Es läuft dann in der Folge so: Du hast eine Frage und keine Ahnung, da Du ja nicht Steuerrecht studiert hast. Du rufst beim Finanzamt an, um Antwort auf eine Frage zu erhalten. Du bekommst keine Auskunft. Das Finanzamt empfiehlt Dich an einen Steuerberater weiter, den Du teuer bezahlen musst und der Dir einen Vertrag vorlegt, dass er nur für die fachgerechte Verbuchung der vorgelegten Belege haftet. Denn auch er hat Angst, denn er weiß, wie einfach es ist, Fehler zu machen. Am Ende haftest Du dann für ein System, das Du nicht verstehst und in dem Dir der Erzeuger des Systems keine Auskunft über sein eigenes System gibt. Das System empfiehlt Dich an eine Person weiter. Diese Person (Steuerberater) schickt Dir teure Rechnungen für eine Leistung, die Du ohne das Finanzamt niemals in Anspruch nehmen würdest. Baut der Steuerberater scheiße oder ist einfach nur müßig, dann haftest Du erstmal für alles dem Finanzamt gegenüber. Das System ist generell brutal gefährlich und noch riskobehafteter für Unternehmer ohne steuerliche Kompetenz. Deshalb passt auch der Titel dieses Kapitels wunderbar. Das deutsche Steuerrecht ist undurchschaubar, verwirrend, widersprüchlich und wird insbesondere vom sogenannten kleinen Mann als ungerecht, geradezu als Raubrittertum empfunden. Kein Wunder, denn bis zur Mitte eines jeden Jahres arbeitet der durchschnittliche deutsche Arbeitnehmer allein für den Fiskus. Darüber hinaus bekommst Du als Unternehmer kein schriftliches jährliches Update über Neuerungen vom Finanzamt mit klaren Handlungsanweisungen. Du stehst komplett im Dunkeln und musst Dir alles mühsam zusammensuchen oder dafür bezahlen. Verstößt Du unwissend gegen eines dieser diversen Updates, haftest Du persönlich. Denn Unwissenheit schützt vor Strafe nicht. Anders ausgedrückt: Dieses System ist gar nicht unternehmerfreundlich! Ohne eine Basisqualifikation in Rechnungswesen hast Du keine Chance, das System zu verstehen und bist leichtes Opfer des Finanzamtes. Das Führen eines Unternehmens in Deutschland ist enorm von den Regeln des Finanzamtes geprägt.

Merke: Ohne eine solides Basisverständnis in Rechnungswesen solltest Du keine Firma gründen. Es ist keine gute Idee, sich allein auf seinen Steuerberater zu verlassen. Denn nicht er, sondern Du haftest am Ende für alle Fahrlässigkeiten. Es ist überlebensnotwendig für jeden Unternehmer in Deutschland, sich hier zu qualifizieren, sonst bist Du dem Finanzamt und seinem Compliance-Manager schutzlos ausgeliefert. Auf der Seite www.FeuerDeinenBoss.de findest Du wertvolle Hinweise zur steuerlichen Weiterqualifikation.

4.35 Warum Du ohne Ziele nicht voran kommst

Viele Menschen behaupten, dass das Setzen von Zielen die Kreativität tötet und unflexibel macht. Dieser Meinung bin ich nicht. Ohne Ziele sind wir Orientierungslos und können uns im Alltag nicht entscheiden, welche Handlungen uns dienlich sind und welche eben nicht. Wir wissen ohne Ziele nicht, auf was wir unser Tun ausrichten sollen und was für unsere berufliche Entwicklung wichtig ist. Erst durch ihre Zieldienlichkeit können Tätigkeiten als wichtig und unwichtig eingestuft werden. Berufliche Dinge, die nicht mittelbar oder unmittelbar unserem gesetzten Ziel dienen, sind für uns beruflich unwichtig und brauchen entsprechend auch nicht gleich erledigt werden. Darüber hinaus beinhaltet das Setzen von Zielen nicht, dass wir auch gleich den Weg mitliefern. Dieser darf kreativ und flexibel gestaltet werden. Entsprechend tötet das Setzen von Zielen nicht die Kreativität. Es gibt ihr nur eine Richtung und macht sie damit für uns zu einer Verbündeten beim Auffinden des besten Weges für unser berufliches Weiterkommen. Umso motivierender sich das Ziel für uns darstellt, umso leichter werden wir den Weg dorthin finden. Denn Motivation bedeutet, dass wir für unsere Ziele brennen, und die Arbeit als erfüllend und berauschend empfinden. Wir haben Spaß bei der Arbeit. Das Setzen von Zielen schafft Klarheit hinsichtlich unseres beruflichen Willens und es hilft uns, Zeit zu sparen, denn wir verschwenden keine Zeit mehr mit unwichtigen Dingen, die uns vorher in unserem Leben blockiert oder einfach nur aufgehalten haben. Der ganze Tag ist gefüllt mit vielschichtigen Aufgabenstellungen und nur wenn Du die wichtigen von den unwichtigen Tätigkeiten trennen kannst, wirst Du Deine beruflichen Ziele erreichen. Beim Setzen von Zielen favorisiere ich die SMART-Methode. Sie hilft Dir, Fehler im Zusammenhang mit der Fixierung von Zielen zu vermeiden und stellt folgende Anforderung an Dein Ziel:

Abb. 08: SMART-Methode.

Spezifisch	Dein Ziel muss eindeutig definiert sein. Der Endzustand muss klar und präzise formuliert werden.
Messbar	Dein Ziel muss auch für fachunkundige Dritte nachvollziehbar sein, das heißt es müssen messbare Ergebnisse festgelegt werden.
Anspruchsvoll	Dein Ziel muss eine Herausforderung für Dich darstellen. Es muss Dich motivieren an der Sache dran zu bleiben.
Realistisch	Dein Ziel muss erreichbar sein. Wenn Du Dein Ziel setzt musst Du auch innerlich daran glauben, es schaffen zu können.
Terminiert	Dein Ziel hat einen festgesetzten Endtermin; bei Milestones Zwischentermine bestimmen.

Mach das Setzen von Zielen zu Deiner Gewohnheit, damit Du auch auf Tagesbasis weißt, wohin Du gehen musst. Wenn Du Deine Jahresziele nicht auf Tagesbasis herunterbrechen kannst und Du nicht ganz genau weißt was Du zu tun hast, dann solltest Du Deine Ziele nachjustieren.

Eine gute Methode, seinen Zielen Vortrieb zu geben, ist auch die Imagination, also die Macht Deines Vorstellungsvermögens. Denn nur das, was Du Dir auch vorstellen kannst, kannst Du auch erreichen. Wenn Du zum Beispiel einen akademischen Abschluss im Fokus hast, dann solltest Du Dir mit geschlossenen Augen ein klares Bild davon machen können, wie Du mit Stolz geschwollener Brust die Hochschule verlässt, wie Deine Eltern Dir stolz auf die Schultern klopfen, wie Du von Deinen Freunden bewundert wirst und wie es sich für Dich in diesem glorreichen Moment anfühlt. Umso klarer das Bild ist, umso wahrscheinlicher ist auch der Abschluss. Beim Setzen von Zielen können wir nur selten verlieren. Es bedeutet Weiterentwicklung. Und da gilt die Regel, mal gewinnen wir und mal lernen wir.

Merke: Das Setzen von Zielen erhöht Deine persönliche Produktivität. Es gibt Deinem Leben Struktur und Ordnung. Es erhöht Deinen Antrieb zur Zielerreichung und stärkt die Fähigkeit zum Management der eigenen Person und Deiner täglichen Handlungen.

4.36   Umsatz heilt die meisten Probleme

Egal welche Probleme sich anbahnen, mehr Umsatz ist in der Regel die Lösungsformel für die Heilung vieler Problemstellungen. Entsprechend solltest Du beim Start Deiner Unternehmung so schnell wie möglich das operative Geschäft zum Laufen bringen und Dich auf Deine Kunden und auf die Umsatzgenerierung fokussieren. Alles andere solltest Du hintenanstellen. Das frühzeitige Erreichen der Gewinnschwelle und ein positiver Cashflow[23] minimieren die Anlaufverluste. Umsatz heilt die meisten Probleme! Egal ob Du einen schlechten Monat hattest, das Finanzamt eine Vorauszahlung von Dir fordert, Du einen Betriebsunfall hattest oder Dir andere negative Überraschungen begegnen. Verkauf heilt die meisten Deiner Probleme. Setz den Fokus Deiner Unternehmung auf den Verkaufsprozess. Versteh, wie Du Deine Kunden erreichst und beginne als erstes mit dem Verkauf. Richtig hart gesottene Verkäufer gehen sogar noch einen Schritt weiter. Sie arbeiten mit dem folgenden Prinzip: Verkaufe das Produkt, bevor es fertig ist und teste den Markt. So kannst Du bei segelnder Fahrt Dein Segelschiff an die Bedürfnisse der Kunden anpassen und riskierst nicht, Deine Zeit mit einem Produkt zu vertun, das niemand braucht. Gerade die Kundengewinnung sollte immer Teil Deiner Kernkompetenz sein. Derjenige, der die Kunden gewinnt, beherrscht den Umsatzprozess und dominiert das Unternehmen. Stell Dich so eigenständig und breit wie möglich auf, um nicht in Abhängigkeiten zu stolpern.

Ein weiteres Risiko im Vertrieb ist es, Opfer eines erfolgreichen Monats zu werden. Ein Beispiel: Nennen wir den Unternehmer Mike. In den ersten Monaten nach der Unternehmensgründung lief Mikes Geschäft normal an. Aber im November 2019 hat Mike einen lukrativen Auftrag gewinnen können und erzielte einen für ihn fantastischen Umsatz. Nach all dieser Aufregung macht Mike nun erst mal mit seiner Freundin ein Wellnesswochenende und gönnt sich etwas. Ein neues Wohnmobil steht schon lange auf seiner Wunschliste. Nun schlägt Mike zu, vergleicht die Angebote am Markt und bestellt sich seinen Wohnmobiltraum. Da Mike aber nun ständig mit seinem Wohnmobil ausfährt, hat er nicht mehr soviel Zeit für sein Geschäft. Außerdem hat der Vertriebserfolg ihm das Gefühl gegeben, alles würde nun super laufen. Jetzt folgt auf diesen Erfolgsmonat der Rückgang der Geschäftsumsätze und Mike muss wieder erneut durch viel Einsatz versuchen, den nächsten Erfolg zu generieren. Auch belasten ihn die Finanzierungsraten seines Wohnmobils zusätzlich. Im Ergebnis hat sich Mikes Situation, trotz des erfolgreichen Monats, verschlechtert.

---

[23] Positiver Cashflow = Einzahlungen übersteigen die Auszahlungen innerhalb eines bestimmten Zeitraums.

Die Lehre daraus ist einfach: Werde nicht Opfer des erfolgreichen Monats, sondern nutze das Momentum. Ein Momentum beschreibt einen einmaligen Impuls, der die Chance in sich trägt, etwas langfristig für Dich zu verbessern, so wie eine große Welle. Erfolgreiche Unternehmer verstehen, diese Welle bis zum Ende zu surfen und die Energie für weitere gute Geschäfte zu nutzen, um dann von einer Welle auf die nächste zu springen. Sie springen nicht nach drei Meter Surfen wieder ab und schauen sich begeistert den Verlauf der Welle an. Nutz das Momentum, um die nächste Geschäftsebene zu erreichen. Sobald Dein Umsatzprozess anläuft, sollte Dein oberstes Ziel Kontinuität sein. Mach nicht den Fehler, Dich auf einzelnen Erfolgen auszuruhen oder sofort Deinen privaten Konsum anzuheben oder Deine betrieblichen Fixkosten zu steigern. Denn eine Schwalbe macht noch keinen Sommer. Konzentrier Dich auf das Momentum und nutz die Anlaufenergie, um Deinen Vertriebszug am Laufen zu halten. Umso länger und kontinuierlicher dieser läuft, umso stabiler wird Deine Unternehmensentwicklung sein.

Ein weiter wichtiger Erfolgsbaustein ist es, eine Marke (englisch Brand) aufzubauen. Brand kann man vereinfacht beschreiben mit dem, was Menschen über Dich und Dein Unternehmen sagen, wenn Du den Raum verlassen hast. Es ist Deine Reputation. Ein wichtiger Baustein für nachhaltige Umsätze ist es, an seiner Brand zu arbeiten und zu überlegen, welche Botschaft man an bestehende und zukünftige Kunden senden will und wie Deine Kunden Dich wahrnehmen sollen. Vergiss nie, den Kontakt zu Deinen Kunden zu suchen und Dir Feedback zu holen. Ein gutes Unternehmen sollte 100 % auf den Kunden und seine Bedürfnisse ausgerichtet sein. Ein sehr gutes Unternehmen versucht bei den Kunden WOW-Effekte zu erzeugen.

Merke: Das einzige was besser ist als Umsatz ist noch mehr Umsatz! Finde zuerst Deine Kunde, dann kannst Du Dich mit der Farbe Deines Bürostuhls beschäftigen.

4.37 Hedge Your Business Attitude

Eines der wesentlichen Instrumente eines langfristig erfolgreichen Unternehmers ist die Absicherung des eigenen Tuns! Oder einfacher ausgedrückt: Pass auf, dass Du nicht das, was Du mit den Händen aufbaust mit dem Hintern wieder einreißt.

Ich zeige Dir im Folgenden, wie ich meine Flanken fortlaufend absichere und wie ich mir nicht selbst permanent im Weg stehe. Eine der wichtigsten Schutzstrategien eines erfolgreichen Unternehmers ist die schriftliche Dokumentation von Abreden mit Geschäftspartnern, Mitarbeitern, Kunden und Auftraggebern. Das klingt zu simpel für Dich? Ist es aber gar nicht!

Was bedeutet das für Deinen Alltag konkret? Wenn Du eine Vereinbarung triffst und Du kannst dessen Inhalt im Nachgang nicht durch eine dokumentierte - und am besten durch Unterschrift abgesicherte – Kommunikation belegen, dann schaffst Du den Nährboden für Missverständnisse, Streit und entsprechende Folgekosten Deiner Nachlässigkeit.

Ein einfaches Beispiel: Du erteilst einer Person einen Auftrag mit fünf Punkten zur Erledigung für einen definierten Festpreis. Die Person kann sich nach vier Wochen nicht mehr erinnern, dass Punkt fünf Deiner Liste ebenfalls unter diese mündliche Vereinbarung fiel. Du bist Dir aber sicher, dass Du ihr definitiv alle Punkte genannt hast. Jetzt beginnen die Probleme und der einzige Schuldige bist Du. Denn Du hast die einfachste Grundregel vergessen: Dokumentiere Deine Kommunikationsergebnisse! Schließe keine mündlichen Verträge ab!

Ein einfacher Zettel hätte dieses Problem vermieden. Denn eigentlich weißt Du, dass Menschen einfach ein schlechtes Gedächtnis haben oder manchmal schlicht nicht wirklich zuhören. Du hast Dich angreifbar gemacht und Probleme geschaffen, weil Du Dich nicht „verbindlich" ausgedrückt hast. Du hast damit Deinem Gesprächspartner Interpretationsspielraum gelassen, Dich falsch zu verstehen und vor Dir enttäuscht zu sein.

Dein Geschäftspartner kann nun, weil nicht dokumentiert, einfach das Gegenteil von dem verstanden haben, was ihr besprochen habt. Er kann sich nicht mehr genau an die Inhalte erinnern oder er hat die Kommunikation und das Ergebnis der gemeinsamen Absprache einfach anders wahrgenommen als Du. Du hast jetzt keinen Vermerk über Eure Gesprächsinhalte mit einer kleinen Unterschrift, die das Leben so simpel machen würde. Du hast nur geplaudert und gedacht, Deine Botschaft sei klar angekommen. Pustekuchen!

Dokumentierte Kommunikation wird gewaltig unterschätzt und das eigene Erinnerungsvermögen überschätzt, speziell wenn das Gesagte einige Zeit in der Vergangenheit liegt. Oft können wir uns nicht mal mehr daran erinnern, was wir vor zehn Tagen gegessen oder getan haben und da sollen wir uns daran erinnern was wir vor zwei Jahren gesagt haben? Eher nicht, oder?!

Im Prinzip bist Du, wenn Du in einer Absprache nicht verlieren willst, immer in der Beweispflicht. Kannst Du diesen Beweis nicht liefern, hast Du quasi schon zum Zeitpunkt der Absprache verloren. Dann beginnen die kraftraubenden und völlig überflüssigen Diskussionen. Im ungünstigsten Fall werden diese vor Gericht mit ungewissem Ausgang ausgetragen. Ein guter Unternehmer ist sich dieser Beweispflicht immer bewusst. Er verhält sich so, als wüsste er heute schon, dass er morgen vor Gericht steht. Er sammelt permanent stichhaltige Beweise, um sein eigenes Leben zu retten und das der anderen einfacher zu machen.

Sobald Du das Beweissammeln als Automatismus und ständigen Wegbegleiter in Deinem beruflichen Leben verinnerlicht hast, wirst Du nur noch selten einen Streit verlieren, bei dem es um besprochene Inhalte geht. Wie auch? Du hast alles schriftlich festgehalten. Beide Seiten haben eine Erinnerungshilfe über die Absprachen und die Situation ist klar. Neben dem Dokumentieren von Abreden solltest Du aber auch lernen, Dich klar auszudrücken und nicht schwammig zu formulieren. Drück Dich klar aus und dokumentiere und Du wirst in Zukunft kaum noch Stress haben. Dieser Mechanismus schützt Dich und beinhaltet gewaltiges Zeiteinsparungs- und Effizienzpotential. Du musst es nur heben!

Ausnahme sind potentielle Betrüger! Aber auch die werden wenig Spaß mit Dir haben, denn Du hast alle Beweise dabei: Was ihr vereinbart habt, was Du bezahlt hast und was Du dafür bekommen solltest. Auch bei Rechtsstreitigkeiten hat nun Dein Anwalt einen leichteren Job. Denn wenn alles klar ist, muss er diese klaren Dinge einfach nur noch einfordern.

Sei niemals zu faul zum Dokumentieren! Du leihst zum Beispiel Deinem Kumpel Geld, dann mach einen Darlehensvertrag. Der Arbeitgeber verspricht Dir eine Lohnerhöhung, dann fixiere diese Zusage kurz schriftlich. Du kaufst ein Auto? Dann definiere, was Du da kaufst und in welchem Zustand. Je weniger Aspekte Du vergisst, je kleiner ist der Raum für Missverständnisse. Das Gleiche gilt für den Umgang mit dem Finanzamt. Hier bist Du immer in der Beweispflicht. Keine Buchung ohne Beleg und keine Absprache ohne Vertrag. Alles, was Du ohne Vertrag erledigst, ohne Papier und schriftliche Fixierung, kann Dich einholen, wenn Du Beweise liefern musst. Das Telefon und direkte Gespräche dienen nur zur Abstimmung von Inhalten (Verhandlung), die im Nachgang immer schriftlich fixiert werden sollten. Auch Fotos dienen der Dokumentation. Besonders, wenn sie unterschrieben sind.

Hast Du Deine geschäftlichen Vorgänge sauber und sicher dokumentiert, dann ist Dein Rücken frei. Auch wird es sich die andere Partei zweimal überlegen, weitere Forderungen gegen Dich geltend zu machen. Denn Du hast alles schriftlich dokumentiert.

„Hedge"[24] Deine Verhandlungsergebnisse im privaten sowie im beruflichen Leben, und Du hast mit anderen Menschen weniger Probleme!

Merke: Dokumentiere immer Deine Verhandlungsergebnisse!

---

[24] englisch für absichern.

4.38   No Risks, No Innovation

Wir leben in einem Land, das kein Risiko mag. Mit Risiko kann man eine Situation bezeichnen, die die Möglichkeit in sich trägt, ein Ereignis mit nachteiligen Konsequenzen zu erzeugen. Und weil wir keine Situationen mögen, die eventuell Nachteile für uns bewirken, tun wir einfach nichts, dessen Ausgang wir nicht mit einer sehr hohen Wahrscheinlichkeit als positiv voraussagen können.

Das Problematische an dieser Vorgehensweise ist, dass wir nur wenig wirklich Neues ausprobieren und uns somit nur sehr langsam weiterentwickeln. Denn neue Dinge auszuprobieren bedeutet, dass diese Dinge eben auch dumm laufen können. Aber sie können auch extrem gut laufen oder uns neue Einsichten vermitteln, die zu den absolut besten Dingen führen können, die diese Welt zu bieten hat. Das erleben aber nur Menschen, die Risiko auch wertschätzen können und es als etwas Positives begreifen. Denn wie die Überschrift schon verlauten lässt: Ohne das Eingehen von Risiken gibt es nur selten Supererfolge. Risiko und Rendite sind sozusagen siamesische Zwillinge.

Entsprechend ist das Leben vieler risikoaverser deutscher Bürger an Langeweile kaum zu übertreffen. Sie leben ihre täglichen Routinen bis zum Tod. Denn spannend und amüsant sind primär die Dinge, die wir nicht vorhersagen können. Die „sicherste" Form das Leben zu gestalten ist, absolut nie etwas Neues auszuprobieren. Nur essen, was man kennt. Nur Orte besuchen, die man schon besucht hat. Nur mit Menschen reden, die bereits bekannt sind. Nur bekannte Pfade gehen oder Pfade, die man uns vortrampelt. Wer nur das tut, was er schon immer getan hat, wird ein risikofreies, aber langweiliges Leben führen. Wenn Du zufrieden bist und Du dieses Leben magst, dann kannst Du dieses Buch getrost verschenken. Unternehmertum hat nur wenig mit diesem Ansatz zu tun! Dieses Buch ist für die Hungrigen geschrieben. Für Menschen, die Lust am ganzen Leben haben. Wenn Du also das „Normale" als etwas bedrohlich Langweiliges empfindest, dann bist Du auf meiner Insel zu Hause. Das Eingehen von Risiken ist das Beste, was es gibt! Risiko bedeutet nicht, dass wir jeden Tag unser Leben aufs Spiel setzen und damit leichtfertig zocken und nachts in den brasilianischen Favelas mit Bargeld gestopft und Rolex spazieren gehen. Nein! Es bedeutet, neugierig auf das Leben zu sein. Es bedeutet, den Willen zu haben, den eigenen Horizont zu erweitern und die bestmögliche Version des eigenen Lebens zu leben. Du willst Schokokuchen genauso wie gegrillten Maden probieren, um herauszufinden was Dein persönliches Himmelreich ist. Denn das findest Du nur, wenn Du neue Wege gehst. Das Himmelreich ist in der Regel keine vorgefertigte Jobbeschreibung, sondern es ist das Ergebnis einer Suche, die auf Ausprobieren beruht. Du darfst die ganze Karte auf der Suche nach Deiner Lieblingsspeise hoch und runter futtern. Es geht um die Themen Mut und Freude, denn das eine gibt es nur sehr selten ohne das andere.

Viele Menschen sind unzufrieden und definieren sich über einen riesen Sack voll Gejammer. Sie gehen aus Angst keine neuen Wege, obwohl jeder Mensch die Wahl hat, sein Leben jeden Tag komplett zu verändern. Sie tun nichts, weil sie nur das Negative sehen. In der Regel passieren aber 98 % von den negativen Dingen, die man sich ausmalt, nie. Oder wie oft hast Du beim Baden schon den weißen Hai getroffen?

Wir haben einen eingebauten prähistorischen Schutzmechanismus. Dieser Überlebenstrieb schlägt permanent Alarm. Diese Alarmanlage ist so sensibel eingestellt, dass sie absolut überall eine Todesgefahr sieht. Das System hat nämlich noch gar nicht mitbekommen, dass der Säbelzahntiger schon lange ausgestorben ist. Dieses System sorgt dafür, dass wir immer das Schlimmste befürchten. Wir denken, dass uns die aktuelle Corona Epidemie sofort killen wird, obwohl wir mit einer Wahrscheinlichkeit von 98 % überleben werden. Wie sehen nur den Tod und nicht die Chancen, und das macht uns zu einem panischen Bündel Elend. Wir leben weit unter unseren Möglichkeiten. Gerade Unternehmer haben die Möglichkeit durch Versuch und Irrtum ihre Perspektive zu expandieren und entsprechend ein interessantes Leben zu führen. Denn die Erfahrungen, die Du als Unternehmer machst, werden sich auf alle Deine Lebensbereiche positiv übertragen. Du wirst mutiger, experimentierfreudiger und Du wirst lernen, Risiken besser einzuschätzen und Rückschläge zu nutzen, um über Dich hinaus zu wachsen. Risikofreudigere Menschen werden entsprechend häufiger zu Unternehmensgründern als Menschen mit geringerer oder durchschnittlicher Risikobereitschaft.

Merke: Hab keine Angst vor neuen Dingen. Alle Säbelzahntiger sind ausgestorben. Hätten wir Menschen keine Ängste, wären wir Götter.

4.39 Sinn und Unsinn von Businessplänen

Meine persönliche Erfahrung ist, dass 99 % der Businesspläne nicht erfüllt werden. Entsprechend sollte man sich gleich von Anfang an entspannen und sich selbst nicht unnötig unter zu hohen Druck setzen. Planung ist der Startpunkt eines jeden Managementprozesses. Hier entstehen die Ideen, die ich erreichen will und wie diese Vorgaben umgesetzt werden sollen. Das Erstellen eines Businessplans hat ein wenig das „Geschmäckle" von Planwirtschaft mit dem Risiko, die Planerfüllung über jede Art von Markt- und Entwicklungsdynamiken zu stellen. Wenn Du Dein Tun komplett einem Plan unterwirfst, verlierst Du Deine Flexibilität und gehst das Risiko ein, Chancen und Risiken am Markt nicht rechtzeitig zu erkennen. Das Anfertigen von Businessplänen mit detaillierten Analysen, Prognosen und Handlungsangaben beinhaltet immer das Risiko, dass wir uns zu sehr auf unseren Plan fixieren und dabei unsere eigene Sensorik bezüglich Marktveränderungen verlieren. Businesspläne erstellen wir für verschiedene Anlässe und aufgrund der Annahme, dass uns diese helfen, die Zukunft so genau wie möglich vorherzusagen. Je unsicherer die Zukunft ist, desto mehr, so die Annahme, können wir uns durch eine detaillierte Planung Wettbewerbsvorteile verschaffen und unseren Erfolg als Unternehmer sicherstellen. Das Problem beim Planen ist nur, dass wir in einem dynamischen Umfeld leben, und der beste Plan immer wieder durch zufällige Ereignisse auf die Probe gestellt wird. Entsprechend empfehle ich Dir für Deine Gründung einen flexibleren Ansatz: Du erstellst eine Wirtschaftlichkeitsrechnung für drei Jahre auf Monatsbasis, einen detaillierten Marketingfahrplan für 12 Monate und eine Meilensteinplanung, die Du aus Deinen Unternehmenszielen ableitest. So testest Du auf der einen Seite die Wirtschaftlichkeit Deiner Unternehmung, sorgst durch die Meilensteinplanung für die richtige Ausrichtung und konservierst die notwendige Flexibilität, Deine Umsetzungsbemühungen und Meilensteine immer wieder anzupassen. Akzente setzt Du dabei bei der Optimierung des kalkulatorischen Unternehmerlohns und beim Einsatz von Instrumenten der kapitalschonenden Unternehmensentwicklung, auf die ich an anderer Stelle noch detailliert eingehe. Diese Vorgehensweise hilft Dir, durch ein hohes Maß an Unabhängigkeit und eine Reduzierung Deines Kapitalbedarfs Deine Widerstandsfähigkeit zu optimieren. Den Geschäftsplan befreist Du von jeglicher ausschmückenden Prosa. Statt mit ausfernden Texten arbeitest Du bevorzugt mit Stichwortsätzen. Das Ganze fasse ich unter der Überschrift „konzeptionelle Businessplanung" zusammen. Dadurch verkürzt Du den Akt der Businessplanerstellung enorm und fokussierst Dich auf das Wesentliche, ohne aber Deine Flexibilität zu verlieren. Sobald ein externer Kapitalgeber dazu kommt, wie zum Beispiel eine Bank, brauchst Du Deinen konzeptionellen Businessplan nur noch auszudetaillieren und zu verlängern und kannst flexibel auf die verschiedenen Anforderungen reagieren, ohne Dich von Anfang zu sehr im Detail zu verlieren. Bei jeder Planung gehe ich selbst von dem Standpunkt aus, dass ich die Zukunft zwar nicht vorhersagen kann, aber ich kann sie zu meinen Gunsten beeinflussen. Die Planung startet mit Überlegungen zu meiner eigenen Identität, meinen Fertigkeiten, meinen bestehenden finanziellen Ressourcen sowie meinem Netzwerk. Ich überlege mir, wie ich diese bestmöglich einsetzen kann, um Geschäftschancen erfolgreich umzusetzen. Vor der Entwicklung von Businessplänen solltest Du die entsprechenden Fähigkeiten und Kompetenzen schaffen, die notwendig sind, um Deine Geschäftsidee zu realisieren. Wenn diese geschaffen sind, starte mit dem eigentlichen Planungsprozess. Überleg Dir im Vorfeld die Höhe der finanziellen Ressourcen, die Du bereit bist, für Dein Projekt einzusetzen und welchen „Verlust" Du gerade noch akzeptieren kannst. Hierbei gehst Du von Deiner derzeitigen finanziellen Lage, Deiner allgemeinen Lebenssituation sowie Deiner individuellen Risikobereitschaft bezüglich der Aufnahme von Fremdmitteln aus. Versuch vor dem Unternehmensstart Bündnisse mit Partnern zu schließen, die sich an der Schaffung des „Neuen" beteiligen wollen. Diese Partner suchst Du nach ihren Fertigkeiten und vor allem nach ihrem Engagement aus, sich für die Unternehmung einzusetzen. Bei der Umsetzung der Meilensteine versuche Geschäftschancen, die Dir auf Deinem Weg begegnen, aufzugreifen und zu testen und Dein Geschäftsmodell fortlaufend zu verbessern. Versuch Dir dabei immer die Zukunft Deines Geschäftsmodells, also Dein Ziel, vorzustellen und leite von dieser Vorstellung Deine weiteren Handlungen ab. So kannst Du Marktveränderungen gewinnbringend für Dich nutzbar machen.

Merke: Konzentriere Dich auf das Wesentliche und verfange Dich nicht in Details. Ein Businessplan soll im ersten Schritt Dir nutzen und erst im zweiten Schritt möglichen Kapitalgebern ein Bild von Deiner Unternehmung verschaffen. Nutze bei der Planung Instrumente der Unabhängigkeit und der kapitalschonenden Unternehmensentwicklung. Es erhöht Deine Widerstandsfähigkeit und damit Deine Erfolgschancen.

4.40 Businessplanerstellung - Easy Baby

Das A und O bei der Erstellung eines Businessplans ist es, das System hinter dem Plan zu verstehen. Hast Du einmal das System verstanden ist, die Planerstellung eher einfach und ähnelt der Abarbeitung einer Einkaufsliste. Zum Thema Erstellung von Businessplänen gibt es viele gute Bücher, entsprechend möchte ich nicht wiederholt auf die Details bei der Erstellung eingehen, sondern auf das große Bild dahinter. Es wird Dir einen enormen Mehrwert liefern. Die aus meiner Sicht wichtigsten qualitativen Themen wurden bereits in den vorliegenden Kapiteln behandelt und sollten für Dich kein Neuland mehr sein. Der übliche Businessplan umfasst folgende Elemente.

Abb. 09: Die 10 Elemente des Businessplans.

Elemente	Kurzbeschreibung
Executive Summary	• Komprimiertes Statement über das Geschäftsmodell • Adressaten haben wenig Zeit; muss Interesse wecken
Fakten zum Gründer / Organisation	• Lebenslauf des Gründers • Kaufmännische und fachliche Eignung des Gründers • Organisatorische Unternehmenskonzept-Darstellung
Fakten zum Produkt	• Darstellung der Idee und des Kundennutzens • Überlegenheit des Produktes gegenüber der Konkurrenz • Stand der Entwicklung
Schutz von Ideen	• Vertraulichkeitsvereinbarung • Gewerbliche Schutzrechte
Zeit- und Ablaufplanung	• Zielsetzungen und Meilensteine
Markt- und Wettbewerb	• Branchenbezogene Entwicklungstrends • Marktgröße und Wachstum • Positionierung gegenüber der Konkurrenz • Wettbewerb und Konkurrenz
Marketing und Vertrieb	• Marketingfahrplan
Rechtsform, Standort und Personalplanung	• Strategische Rechtsformwahl • Standortwahl • Personalauswahl

Wirtschaftlichkeits-rechnung	• Kalkulatorischer Unternehmerlohn • Investitions- und Abschreibungsplanung • Gewinn und Verlustrechnung • Umsatzplanung • Liquiditätsplanung und Kapitalbedarf • Finanzierungsplanung (Eigenmittel / Fremdmittel) • Rentabilitätsübersicht
Risikomanagement	• Gefahren im Geschäftsmodell • Lösungsstrategien

Die Planerstellung unterteilt sich in einen Prosateil (Qualitativer Teil) und einen Zahlenteil (Quantitativer Teil). Der Zahlenteil umfasst die Wirtschaftlichkeitsrechnung, auf die ich im Folgenden als System eingehen will, da diese in der Praxis den meisten Gründern die größten Probleme bereitet. Das beste Tool, um ein Verständnis für die Anfertigung eines Businessplans zu gewinnen, ist ein existenzsicherndes Break-Even-Point[25] Diagramm, das ich Dir in der nächsten Abbildung darstelle. Grundsätzlich erfolgt die Erstellung eines quantitativen Businessplans in zehn Schritten, die Du in der gleichen Reihenfolge abarbeiten solltest.

---

[25] Break-Even-Point (B-E-P) = Gewinnschwelle. Ist der Punkt an dem die Erlöse = Kosten sind und Dein Geschäftsmodell von der Verlustzone in die Gewinnzone wechselt.

Abb. 10: 10 Schritte zur Erstellung einen quantitativen Businessplans.

Schritt	Erläuterung	Kapitel
1	Ermittlung des kalkulatorischen Unternehmerlohns (Lebenshaltungskosten).	4.41
2	Ermittlung der betrieblichen Fixkosten.	4.40
3	Ermittlung des Umsatzes (Umsatzplanung / Mengen-Preis-Gerüst).	4.40
4	Ermittlung der betrieblichen variablen Kosten.	4.40
5	Ermittlung des Anlaufverlustes.	4.40
6	Ermittlung des durchschnittlichen offenen Rechnungs-/ Forderungsbestandes.	4.42
7	Ermittlung des Investitionsbedarfs vor Gründung (Bereitschaftsinvestition).	4.42
8	Erstellung einer Liquiditätsplanung.	4.42
9	Ermittlung des Kapitalbedarfs.	4.43
10	Finanzierung des Kapitalbedarfs.	4.43

Die folgende Abbildung veranschaulicht die Basiskonzeption eines Businessplans und zeigt Dir auf, wie Du die ersten vier Schritte Deines Businessplans geschickt aufbauen kannst. Alles beginnt mit Schritt eins (1), der Analyse Deiner Lebenshaltungskosten bzw. der Berechnung des kalkulatorischen Unternehmerlohns. Im anschließenden Kapitel „Der kalkulatorische Unternehmerlohn" findest Du ein entsprechendes Berechnungsschema. Nimm Dir ausreichend Zeit für dieses Kapitel, denn ein Gründer, der die Deckung seiner Lebenshaltungskosten nicht sicherstellt, wird schnell das Handtuch werfen. Miete und Essen wollen bezahlt werden.

Abb. 11: Existenzsichernder Break-Even-Point.

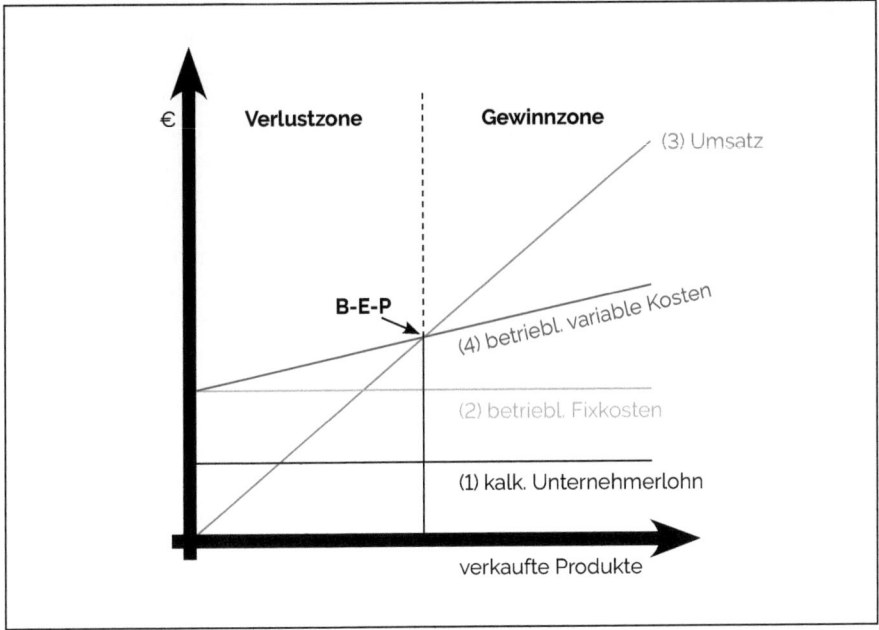

Der kalkulatorische Unternehmerlohn (1) sowie die betrieblichen Fixkosten (2) sind die zwei großen Fixkostenblöcke in Deiner Kostenplanung. Die betrieblichen Fixkosten (2) sind die Bereitschaftskosten Deiner Unternehmung. Sie fallen „unabhängig" von Deiner Produktions- und Vertriebsleistung an. Das können zum Beispiel die Leasingraten Deines Firmenwagens, die Mietkosten für Dein Büro, der Telefon- und Internetanschluss sein. Es sind die Kosten, die fix und betrieblich anfallen und zwar unabhängig von Deinen Ertragsströmen. Entsprechend sind diese Kosten mit großer Vorsicht zu behandeln, denn bei Krankheit oder Umsatzeinbrüchen stellen diese Kosten neben den Lebenshaltungskosten das größte Problem dar. Sie müssen immer gedeckt werden, und zwar unabhängig von Deiner Umsatzleistung. Willst Du flexibel bleiben, sollten diese Kosten so niedrig und flexibel wie möglich gehalten werden, damit Du im Notfall mit Deinen finanziellen Reserven möglichst lange bestehen kannst. Nach den Fixkosten planen wir den Umsatz (3). Gäbe es in Businessplänen nur Kosten zu planen, wäre das Unternehmerleben einfacher, denn Kosten sind eine gut vorhersagbare Größe. Die Planung der zukünftigen Umsätze hingegen ist gerade am Anfang ein gefühlter Blick in die Glaskugel. Woher soll man wissen, welchen Umsatz man in den nächsten drei Jahren zu erwarten hat? Hier geht es um das Treffen von Annahmen und dem Versuch, die Realität so echt wie möglich abzubilden. „Leichter" haben es Unternehmer, die bereits nebenberuflich begonnen haben, ihr Unternehmen aufzubauen und über Erfahrungswerte verfügen. Es ist auch etwas einfacher, wenn man sein Angestelltenverhältnis aufgibt, weil der ehemalige Chef oder ein ehemaliger Kunde schon mit einem attraktiven Auftragspaket wartet. „Einfacher" ist auch die Eröffnung einer Franchisefiliale. Was in einer Stadt A mit 100.000 Einwohnern gut klappt, das klappt in der Regel auch in einer ähnlich gelagerten Stadt B gut. Hier kann man im Prinzip den Jahresabschluss der letzten drei Jahre aus der Stadt A Filiale als Blaupause für den neuen Businessplan für die Stadt B Filiale verwenden. Schwierig sind Umsatzprognosen für neue und unerprobte Geschäftsmodelle. Hier sollte man in jedem Fall versuchen, den Markt und seine Kunden durch Markterkundungen (siehe Kapitel „Kunden fragen: Sicher sein, bevor wir starten) zur Sicherstellung einer bestmöglichen Prognosequalität kennenzulernen. Umsatz ist definiert als Menge mal Preis. Das heißt, wir überlegen uns im ersten Schritt wie viele Produkte pro Monat verkauft werden und multiplizieren dieses Mengengerüst mit dem festgesetzten Verkaufspreis. Das ziehen wir dann konsequent für drei Jahre im Rahmen unseres Businessplanes als Umsatzplanung durch. Im Kapitel Pricing findest Du die wesentlichen Elemente für die Preisbestimmung Deiner Produkte. Als nächste Komponente planen wir die betrieblichen variablen Kosten (4). Variable Kosten entstehen in Abhängigkeit zur monatlichen Ausbringungsmenge. Variable Kosten sind zum Beispiel die Roh-, Hilfs- und Betriebsmittel, die für die Herstellung eines Produkts oder Dienstleistung gebraucht werden.

Betreibt man beispielsweise eine kleine Pizzeria, so dient das Gehalt des Pizzabäckers zur Deckung seiner Lebenshaltungskosten (1). Die Kosten für die Ladenmiete, den Strom für den Pizzaofen, das feste Personal, die Telefonleitung, das Internet stellen die fixen betrieblichen Kosten (2) dar. Die Anzahl der verkauften Pizzen pro Monat ist der Monatsumsatz (3) und das Feuerholz, die Pizzakartons, das Mehl, die Tomaten und der Käse sind die variablen Kosten des Pizzabäckers (4). Deine Aufgabe ist es nun, im Rahmen Deines Businessplanes alle Deine Kosten und Umsatzerwartungen in die vier Kategorien zu unterteilen und daraus Deine eigene Erfolgsplanung zu stricken.

Der Anlaufverlust (5) eines Unternehmens definiert sich als die Kosten, die bis zum Break-Even-Point (B-E-P) oder auch der Gewinnschwelle entstehen und nicht durch Deinen Umsatz gedeckt werden. Der B-E-P ist also der Scheidepunkt, ab dem Deine Umsatzleistung Deinen gesamten Kostenblock decken kann. Diesen Anlaufverlust müssen wir in der Praxis durch Kredit oder Eigenmittel finanzieren. Entsprechend sollte er so weit wie möglich minimiert werden. Ich stelle Dir zum Buch auf der Seite www.FeuerDeinenBoss.de eine entsprechende Businessplanvorlage zur Verfügung, in der Du einfach und praktisch dieser Formel folgen und Deine entsprechenden Planzahlen eintragen kannst.

Die Ermittlung der Positionen 6, 7 und 8 findest Du im Kapitel „Liquiditätsplanung und Rechnungsstellung". Die Schritte 9 und 10 werden Dir im Kapitel „Wieviel Geld braucht mein Start-up?" im Detail erläutert.

Im nächsten Schritt erkläre ich Dir aber erstmal den Aufbau des kalkulatorischen Unternehmerlohns im Detail.

Merke: Versteh erst das Basisschema eines Businessplans bevor Du loslegst. Auf der Seite: www.FeuerDeinenBoss.de findest Du entsprechende Hilfestellungen.

4.41 Der kalkulatorische Unternehmerlohn

Eines der Dinge, die gerade jungen Unternehmern am meisten Sorge bereitet, ist die Deckung der privaten Lebenshaltungskosten, im Folgenden auch als kalkulatorischer Unternehmerlohn betitelt. Ich weiß aus eigener Erfahrung, wie wenig Freude es bereitet, auf Kosten der eigenen Ersparnisse zu leben oder sogar mittels eines Kredites die Kosten der privaten Lebensführung zu decken, bis das eigene Unternehmen die Gewinnzone erreicht hat. Diese Kosten nennt man auch Anlaufverluste. Gründer brauchen im Durchschnitt zwischen 12 und 24 Monaten, um die Gewinnzone zu erreichen. Die Zeitspanne ist abhängig vom jeweiligen Geschäftsmodell, vom Kapitalbedarf, vom Unternehmer selbst und dessen Geschwindigkeit, den Umsatzprozess zu aktivieren. Ich selbst habe meine Doktorarbeit über Instrumente der kapitalschonenden Unternehmensführung geschrieben. Ich habe mich also der Frage gestellt, wie kann man als Unternehmer den Kapitalbedarf minimieren und so schnell wie möglich die Gewinnzone erreichen, denn das spart Kapital und steigert die Überlebensfähigkeit. Viele der gewonnenen Methoden und Prinzipien meiner Arbeit sind in die Erstellung dieses Buches eingeflossen mit dem Ziel, dass sie Dir helfen Dein Unternehmen erfolgreicher zu machen, so wie sie vielen Gründern der four-quarters Firmengruppe und auch mir geholfen haben. Ein einfacher, aber sehr guter Ansatz, dem viel zu wenig Beachtung geschenkt wird, ist die Überprüfung der privaten Kosten der Lebensführung. Ähnlich wie beim Heißluftballon gilt hier die Regel, umso mehr (finanziellen) Ballast Du abwirfst, umso schneller steigst Du (aus der Verlustzone). Denn Du brauchst viel weniger Gewinn, um Deine monatlichen Kosten zu decken. Minimalisten sind hier ganz weit vorne mit dabei (Du findest eine Vorlage zum kalkulatorischen Unternehmerlohn und zu den Phantomkosten unter www.FeuerDeinenBoss.de). Besonders hohe Fixkosten, die sich nicht kurzfristig abbauen lassen, stellen eine finanzielle Gefahr für Dein Erspartes dar. Wichtig bei der Erstellung des kalkulatorischen Unternehmerlohns ist es, dass Du alle Deine Ausgaben auf den Prüfstand stellst und nach Möglichkeiten der Kostenreduzierung suchst. Du solltest Dir vor Deiner Gründung unbedingt folgende Fragen stellen und meine Empfehlungen berücksichtigen:

Fragen:
- Bist Du sicher, dass Deine aktuelle Wohnungsgröße die Richtige ist? Kommst Du nicht auch mit einer kleineren und günstigeren Wohnung zurecht oder kannst Du wenig genutzte Flächen in Deiner Wohnung untervermieten (Stichwort: AirBnB)?
- Welche Versicherungen brauchst Du wirklich, und kannst Du durch Versicherungsoptimierung Kosten einsparen?
- Geht es nicht vielleicht auch ohne Auto und Motorrad oder mit einem kleineren Modell?

- Was fällt Dir noch ein, um Deine monatlichen Fixkosten zu reduzieren (Vereins-mitgliedschaften, Zeitungs- oder Zeitschriften Abos, ...)? Geh Deine Kontoauszüge der letzten 3 Monate durch und prüfe, welche Möglichkeiten du hier findest, Deine Ausgaben zu reduzieren.

Empfehlungen:
- Altersvorsorge: Ich selbst habe zu Beginn meiner Selbständigkeit die Altersvor-sorge zurückgestellt, um den Heißluftballon so weit wie möglich zu entlasten. Es macht wenig Sinn in der Verlustzone weitere Kosten durch Altersvorsorge-investitionen zu erzeugen.
- Konsumentenkredite: Ein Unternehmen zu starten stellt eine besondere Heraus-forderung dar. Solltest Du in der Vergangenheit Dein Leben auf Pump finanziert haben, empfehle ich Dir, erst Deine Altlasten abzubauen bevor Du Dein Unter-nehmen startest. Es hilft Dir, schneller die Gewinnzone zu erreichen, da Dein Ausgabenniveau durch den Abbau Deiner Kreditverpflichtungen sinkt. Darüber hinaus sind Kreditgeber nur begrenzt verständnisvoll, wenn Du Deine Kredite in der Anfangsphase eventuell nicht bedienen kannst. Das kann Dir eine schlechte Bonität bei der Schufa einbringen mit den bekannten Negativfolgen. Fazit: Erst Konsumschulden tilgen, dann starten.
- Bist Du in der Gewinnzone angekommen, kannst Du Dein Konsumniveau wieder ausbauen. Aber: Finanzielle Freiheit und das Aufbauen eines finanziellen Sicher-heitspolsters sind emotional befreiender als ein hoher Luxuslifestyle mit vielen Konsumgütern. Denn alles was Du besitzt, besitzt auch Dich!
- Damit Du Deine tatsächlichen monatlichen Kosten nicht unterschätzt, empfehle ich Dir eine Phantomkostenkalkulation. Phantomkosten entstehen immer dann, wenn Du Dich für ein Konsumgut durch Kauf entscheidest auf das Du in Zukunft nicht mehr verzichten willst. Es sind die Kosten der ablaufenden Nutzungsdauer des Produkts oder Services, auch als Abschreibung für Abnutzung bekannt. Dazu ein Beispiel: Du hast bisher mit der Hand Dein Geschirr gewaschen und willst das jetzt ändern. Du investierst in einen Geschirrspüler (Kosten: 1.000 €). Wir gehen davon aus, dass du in Zukunft nicht mehr bereit bist, auf dieses Gerät zu verzichten. Wenn wir annehmen, dass der Geschirrspüler nach zehn Jahren ersetzt werden muss, so kostet er Dich 100 € pro Jahr (Rechnung: 1.000 € Anschaffungspreis / 10 Jahre = 100 € / Jahr). Reparatur und Wartung mal außen vorgelassen. Diese Ausgabe müsste also in zehn Jahren erneut getätigt werden, um nicht wieder mit der Hand spülen zu müssen. Damit wir dann aber unser Konto nicht mit dieser „Überraschung" strapazieren, eröffnen wir ein Konto für Ersatzbeschaffung und le-gen für den Geschirrspüler jeder Jahr 100 € zurück. Dieses Verfahren wiederholen wir mit allen unseren Konsumgütern, auf die wir nicht wieder verzichten wollen und ermitteln so die monatlichen Phantomkosten. Vom Luxussofa bis zum Fahrrad

gehört alles auf die Ersatzbeschaffungsliste. Der Vorteil bei einem Phantomkostenrücklagenkonto ist, dass Dich in Zukunft weniger finanzielle Überraschungen treffen können, denn es ist alles bereits berücksichtigt. Überraschungen werden entstehen, wenn das Sofa länger oder kürzer hält. Dann solltest Du für die Zukunft die Lebensdauer entsprechend anpassen. Leider leben wir heute in einer Welt von minderwertiger Qualität, so dass man davon ausgehen kann, dass die Lebensdauern tendenziell abnehmen werden. Hier erinnere ich mich immer wieder gerne an den Spruch meiner Tante: Billig gekauft, ist doppelt gekauft.

• Vergiss in Deiner persönlichen Ausgabenliste keine Kosten! Bist Du Raucher, hast Du Haustiere oder ein Netflix-Abo? Dann solltest Du diese Kosten mit aufnehmen.

Im Folgenden findest Du eine beispielhafte Aufstellung für die Ermittlung des kalkulatorischen Unternehmerlohns.

Abb. 12: Kalkulatorischer Unternehmerlohn.

Position	Kosten pro Monat	Kosten pro Jahr
Lebensbedarf (Essen, Kleidung, usw.)	550 €	6.600 €
Mietkosten (inklusive Mietnebenkosten)	680 €	8.160 €
Freizeit, Unterhaltung, Urlaub usw.	250 €	3.000 €
Krankenversicherung	450 €	5.400 €
Haftpflichtversicherung	5 €	60 €
Berufsunfähigkeitsversicherung	60 €	720 €
Altersvorsorge	500 €	6.000 €
Private KFZ-Kosten	100 €	1.200 €
Ersatzbeschaffungen (Phantomkosten)	165 €	1.985 €
Feste Zahlungsverpflichtungen (z.B. Unterhalt)	0 €	0 €
Zinsen und Tilgungen für private Darlehen	0 €	0 €
Kommunikationskosten	55 €	660 €
Abo, Haustiere, Zigaretten	15 €	180 €
Sonstige Kosten	50 €	600 €
Kalkulatorischer Unternehmerlohn	**2.880 €**	**34.565 €**

Ich kann Dir nur empfehlen, diesem Beispiel zu folgen und für Dich eine ähnliche Aufstellung zu machen. Kontrolle über die eigenen Kosten zu besitzen ist wichtig, denn nur was wir messen, können wir auch wirklich verbessern. Darüber hinaus ist es fast immer effektiver Kosten einzusparen, als den Gewinn zu erhöhen. Denn der Gewinn muss erst noch erarbeitet und versteuert werden, die Einsparung an Kosten wirken sich hingegen 1:1 positiv für Dich aus. Überlege Dir also weise, was Du wirklich brauchst, denn es vereinfacht Dein Leben enorm. Alles was Du nicht besitzt muss nicht gepflegt, nicht gelagert und nicht bedacht werden. In der folgenden Tabelle findest Du exemplarisch eine Phantom- bzw. Ersatzbeschaffungskalkulation, die Du für Deine Konsumgüter einsetzen solltest. Je nach Detaillierungsgrad kannst Du dabei mit Konsumartikeln ab einer Höhe von 400 € anfangen.

Abb. 13: Phantomkosten.

Position	Preis	Dauer	Kosten pro Monat	Kosten pro Jahr
E-Geräte Küche	2.000 €	8	250 €	20,83 €
TV	800 €	10	80 €	6,67 €
Staubsauger	400 €	8	50 €	4,17 €
Rasierer	400 €	5	80 €	6,67 €
Laptop	900 €	3	300 €	25,00 €
Auto	4.000 €	5	800 €	66,67 €
Fahrrad	1.000 €	10	100 €	8,33 €
Musikanlage	2.000 €	10	200 €	16,67 €
Waschmaschine	1.100 €	8	125 €	10,42 €
Ersatzbeschaffungen	**11.600 €**		**1.985 €**	**165,42 €**

Die Berechnung des kalkulatorischen Unternehmerlohns hilft Dir, Überblick über Deine Kosten der privaten Lebensführung zu gewinnen und zeigt Dir auf, welchen finanziellen Bedarf Du an Deine Unternehmung stellst. Denn Dein Lohn muss jeden Monat durch Deine unternehmerische Tätigkeit gedeckt werden und fließt mit in Deinen konzeptionellen Businessplan ein. Gerade in der Anlaufphase ist die Reduktion von Kosten ein wesentliches Erfolgselement. Erst mit der Kostenoptimierung zu beginnen, wenn das finanzielle Startpolster aufgebraucht ist, macht wenig

Sinn. Jeden Euro, den Du monatlich weniger brauchst, hilft Dir, mit Deinem Ersparten länger auszukommen und schafft somit zusätzliche Sicherheit und Spielraum. Die Deckung der laufenden Lebenshaltungskosten kann auch beim Start noch durch einen Nebenjob erledigt werden. Das kostet zwar auf der einen Seite Zeit, die zum Aufbau des Unternehmens fehlt, bringt aber auf der anderen Seite Sicherheit, dass die private Miete mit Gewissheit bedient werden kann. Aber auch hier gilt, umso höher Deine Lebenshaltungskosten sind, umso mehr Stunden musst Du in Deinem Nebenjob arbeiten und umso weniger Zeit hast Du, Dein Unternehmen aufzubauen.

Merke: Die Lebenshaltungskosten sollten vor dem Start ins Unternehmerleben optimiert werden. Umso höher Deine monatlichen Belastungen sind, umso mehr musst Du verdienen, um in die Gewinnzone zu gelangen. Ich empfehle Dir, zu Beginn mit möglichst leichtem Gepäck zu reisen. Wenn Dein Unternehmen läuft, kannst Du Deinen Lebensstandard anpassen.

4.42 Liquiditätsplanung und Rechnungsstellung

Dieses Kapitel beschäftigt sich mit den weiteren Schritten sechs bis acht des Zahlenwerkes des Businessplans und baut auf den Kapiteln 4.40 und 4.41 auf.

Abb. 14: Schritte 6-8 des Quantitativen Businessplans.

Schritt	Erläuterung	Kapitel
6	Ermittlung des durchschnittlichen offenen Rechnungs-/Forderungsbestandes.	4.42
7	Ermittlung des Investitionsbedarfs vor Gründung (Bereitschaftsinvestition).	4.42
8	Erstellung einer Liquiditätsplanung.	4.42

Schritt sechs beschäftigt sich mit der Frage der Finanzierung der Kundenzahlungsziele[26] beziehungsweise vorgelagert der Ermittlung der Höhe des durchschnittlichen Rechnungs-/Forderungsbestandes.

Es gibt Geschäftsmodelle bei denen es üblich ist, die Ware direkt gegen Geld zu tauschen. Es gibt quasi ein Kundenzahlungsziel von Null, wie zum Beispiel beim Bäcker. Hier bekommst Du Deine Brötchen nach Zahlung ausgehändigt. Der Bäcker braucht also seinen Kunden nicht wegen unbezahlter Rechnungen nachlaufen. Er benötigt kein Inkasso- und kein Debitorenmanagement. Anders ist das Ganze zum Beispiel bei Dolmetschern in Deutschland. Diese erbringen erst ihre Leistung und stellen dann Ihre Kundenrechnung. Das durchschnittliche Zahlungsziel liegt in Deutschland über alle Gewerke bei rund 32 Tagen.[27] Das heißt von der Rechnungsstellung bis zum Geldeingang auf das Konto des Rechnungsstellers vergehen 32 Tage. Entsprechend müssen Dolmetscher einen guten Monatsumsatz vorfinanzieren bis sie ihr Geld von ihren Kunden erhalten. Wenn Handwerksbetriebe beispielsweise Insolvenz gehen, ist oft der Zahlungsausfall der Kunden ein wesentlicher Grund für diese Situation. Entsprechend sollte jeder Unternehmer eine smarte Lösung entwickeln, wie er möglichst immer nach Lieferung oder Leistungserbringung sein Geld als Gegenleistung erhält. Ich betrachte das Nichtzahlen einer Rechnung nicht als Kavaliersdelikt. Es ist reiner Diebstahl und

---

[26] Kundenzahlungsziel = Zeit von der Rechnungsstellung bis zur Kundenzahlung.

[27] Creditreform (2020). 04. Februar 2019 Wirtschaftsforschung Creditreform Zahlungsindikator Deutschland, Winter 2018/2019, www.creditreform.de. Zugriff: 12.05.2020.

entsprechend taff sollte man auch damit umgehen und entsprechend wichtig ist es, sich vor dieser Form des Diebstahls zu schützen. Oft hat man sogar das Gefühl, dass es regelrechte Geschäftskonzepte gibt, die sich auf diese Art des Diebstahls spezialisiert haben. Die häufigste Lüge im Kaufmannswesen ist: Das Geld ist raus! An dieser Stelle also meine Empfehlung: Überlege Dir ein System, wie Du nach/vor Deiner Lieferung oder Leistungserbringung zuverlässig Dein Geld bekommst. Ich selbst erbringe „niemals" eine Dienstleistung ohne Vorkasse. Ich habe einfach keinen Bock darauf, meinem Geld nachzujagen. Ich bevorzuge es, auf solche Kunden zu verzichten. Das erspart mir enorm viel Zeit, Geld, schlechte Stimmung und erhöht meine Effizienz. Auf der anderen Seite unternehme ich „alles", dass meine Kunden wissen, dass jede Anzahlung bei mir genauso sicher ist wie auf einer Bank in Singapur. Nicht erbrachte Leistungen werden zurückerstattet. Nur wer vorlebt, kann auch einfordern. Entsprechend zahle ich alle meine eigenen Rechnungen sofort. Das hat viele Vorteile wie ich Dir im Folgenden erläutere.

- Wenn Du jede Rechnung sofort, nach tadelloser Lieferung und Leistung, bezahlst, weißt Du: Dein Kontostand gehört zu 100 % Dir und kann auf entsprechende Unterkonten für die Themen Finanzamt, Leben und Investitionen verteilt werden. Du muss nicht ständig Überlegungen anstellen, welcher Teil des Geldes frei und welcher schon verplant ist.
- Dadurch, dass meine Kunden und ich sofort bezahlen muss ich keine Listen mit offenen Rechnungen führen. Das erspart enorm viel Zeit und Geld. Kein Nachtelefonieren, keine Mahnungen und Zahlungserinnerungen, keine Rechtsprozesse, keine blöden und völlig überflüssigen Ausredengespräche.
- Das Lagern von Geld kostet aktuell Geld. Es gibt keine Zinserträge, nur Gebühren und Beiträge für Kontoführung und Bewegungen. Geld auf dem Bankkonto gleicht einem Kredit, den Du der Bank gibst, ohne von der Bank Sicherheiten zu erhalten. Dein Geld ist dem Risiko einer Bankeninsolvenz und anderen Begehrlichkeiten ausgesetzt. Zahlst Du jede Rechnung sofort, reduzierst Du Deinen durchschnittlichen Kontenstand und damit Dein Geldlagerrisiko. Um die Zahlung Deiner Rechnungen kommst Du als ehrbarer Kaufmann sowieso nicht herum, warum also nicht gleich bezahlen.
- Deine Lieferanten schätzen und bevorzugen Schnellzahler. Sie arbeiten gerne mit schnell zahlenden Kunden zusammen. Denn Sie wissen: „Ich werde bezahlt." Auch ich selbst bevorzuge Schnellzahler in meinen geschäftlichen Erwägungen.
- Es ist positiver für jede Geschäftsbeziehung, wenn man sich auf die wesentlichen Dinge der Auftragsabwicklung fokussieren kann. In der Regel belasten dauernde Außenstände Geschäftsbeziehungen nachhaltig.

• Seelenfrieden. Geldeintreiber zu spielen macht unglücklich. Es ist ätzend und erniedrigend mit Anwälten und Maßnahmen drohen zu müssen, um eine offene Rechnung bezahlt zu bekommen. Das ist etwas, was man definitiv im Leben nicht braucht.

Meiner Erfahrung nach wissen 80 % der Gründer nicht, wie man in Deutschland abgabenordnungskonform eine Rechnung stellt. Eine entsprechende Anleitung findest Du als Download auf der Seite: www.FeuerDeinenBoss.de. Nutze diese Hinweise. Du kannst Dir damit viel Ärger mit dem Finanzamt ersparen und verschaffst Dir bei Deinen Kunden einen professionellen Eindruck.

Schritt sieben des Zahlenteils beinhaltet die Ermittlung des Investitionsbedarfs. Hier geht es um die Erstellung einer Investitionsbedarfsliste für die Gründung, Das heißt um die Klärung der Frage: Was brauchst Du alles um Deinen Geschäftsbetrieb starten und führen zu können (Bereitschaftskosten)? Hier solltest Du eine Investitionsliste für Dich erstellen. Diese könnte zum Beispiel wie folgt aussehen:

Abb. 15: Ermittlung des Investitionsbedarfs vor Gründung (Pizzabäcker).

Lfd. Nr.	Bezeichnung	Nettopreis	MwSt.	Bruttopreis
1	Erstausstattung Warenlager	3.000 €	570 €	3.570 €
2	Kassensystem	2.500 €	475 €	2.975 €
3	Pizzaofen	6.000 €	1.140 €	7.140 €
4	Theke	8.000 €	1.520 €	9.520 €
5	...	...	...	...
6	...	...	...	...
	Summe:	40.000 €	7.600 €	47.600 €

Ein Muster dazu habe ich Dir auf der Seite www.FeuerDeinenBoss.de eingestellt. Wie die Anlaufverluste und der durchschnittliche Forderungsbestand sind die Investitionen als Teil des Kapitalbedarfs mitzufinanzieren.

Schritt 8 beinhaltet die Erstellung einer Liquiditätsplanung. Eine Liquiditätsplanung ist gerade für Gründer und in Situationen knapper finanzieller Ressourcen und auch Unsicherheiten ein Pflichtprogramm. Es stellt alle erwarteten Einzahlungen und Auszahlungen innerhalb eines festgelegten Zeitraums gegenüber. Ziel ist es, schon im Vorfeld Liquiditätsrisiken zu erkennen und durch geeignete Gegenmaßnahmen mögliche Engpässe zu vermeiden. Ein Liquiditätsplan stellt eine rollierende Planung dar, die ständig aktualisiert und angepasst werden sollte. Es werden Plan- und Ist-Zahlen zur Sicherung der Zahlungsfähigkeit (Solvenz) Deines Unternehmens abgeglichen. Insolvenz ist im Gegensatz die Zahlungsunfähigkeit und beschreibt den Tatbestand, dass Rechnungen nicht mehr im Rahmen ihres normalen Zahlungsziels beglichen werden können. Eine entsprechende Vorlage für einen Liquiditätsplan findest Du auf der Seite www.FeuerDeinenBoss.de. Mittels meiner Vorlage wirst Du erkennen: Das Erstellen einer Liquiditätsplanung ist kein Hexenwerk!

Merke: Überlege Dir ein System, in dem der „Kunde" Dich nicht um Deine Zahlungen prellen kann. Rechnungen nicht zu bezahlen ist Diebstahl! Lerne Rechnungen richtig zu stellen und Ärger mit dem Finanzamt zu vermeiden. Der Wert einer smarten Liquiditätsplanung ist nicht zu unterschätzen. Sie wird Dir helfen, Deine Finanzen zu kontrollieren.

4.43   Wie viel Geld braucht mein Start-Up?

Üblicherweise hast Du als Gründer eine Idee, aber Du verfügst nicht über ausreichend finanzielle Mittel, diese Idee auch umzusetzen. Beschreibt das Deine Situation, dann bist Du beim Thema Fremdfinanzierung angekommen. Bevor Du Dich mit dem Thema Kapitalbeschaffung beschäftigst, solltest Du wissen, wie viel Kapital Du für Deine Unternehmung benötigst. Dabei hat das Geld für Dein Unternehmen die gleiche Bedeutung wie Blut für unseren Körper.

Es geht darum, eine Formel zu finden, wie Du Dein Unternehmen mit ausreichend finanziellen Mitteln ausstattest, damit Dir ein erfolgreicher Start gelingt. Jede Unternehmung startet am Anfang mit einer externen finanziellen Infusion und kann erst dann wieder vom Tropf genommen werden, wenn sie eigenständig überleben kann. Bei der Berechnung des Kapitalbedarfs ist es Deine Aufgabe, die Infusionsdosis möglichst exakt zu bestimmen. Das Problem bei der Fremdfinanzierung ist, dass Du in der Regel nur einmal die Möglichkeit hast als Gründer eine Finanzierung zu erhalten und das ist vor der Gründung. Innerhalb der ersten drei bis fünf Jahre (Gründungsphase) finanzieren externe Kapitalgeber, so meine Erfahrung, nicht gerne nach. Erst wenn Dein Unternehmen die Gründungsphase abgeschlossen hat und positives Zahlenmaterial vorweisen kann, bist Du wieder interessant für externe Kapitalgeber. Unternehmer, die also nach einem Jahr schon wieder bei Ihrem Geldgeber vorsprechen um nachzufinanzieren, sind nicht sonderlich beliebt, denn es signalisiert, dass Du Dein Geschäftsmodell nicht im Griff hast. Außerdem lassen viele staatliche Finanzierungsprogramme keine flexible Nachfinanzierung zu. Das heißt für Dich: Deine Kalkulation muss passen! Du solltest Dir für alle Eventualitäten einen Sicherheitspuffer einplanen beziehungsweise das Konzept lieber etwas überfinanzieren, um für mögliche regnerische Tage vorbereitet zu sein. Im Idealfall bist Du mit Geld überversorgt, zahlst ein bisschen höhere Zinsen und bist dadurch finanziell gut abgesichert. Die Überkapitalisierung kannst Du dann für eine schnellere Rückzahlung des Kredites verwenden oder als weiteren Sicherheitspuffer einfach auf Deinem Konto belassen. Komm bitte nicht auf die Idee, bei der Kreditaufnahme zu knausern oder überkorrekt zu sein. Zum Beispiel kalkulierst Du als Kapitalbedarf: 47.437 €, dann runde einfach auf 50.000 € oder auf 60.000 € auf. Wenn sich ein Geldgeber entschieden hat, Dich zu unterstützen, dann sollte das kein größeres Problem darstellen, solange Du ihm gut erläutern kannst, wofür Du dieses Geld benötigst. Meiner Erfahrung nach vergeben Kapitalgeber ungern Kredite unter 30.000 €. Hier steht der Bewertungsaufwand für den Kapitalgeber in einem unwirtschaftlichen Verhältnis zum Zinsertrag. Es ist gut, wenn Dein externer Kapitalgeber auch Freude an Deiner Unternehmung hat, denn sonst hält er sich mit der Kreditvergabe zurück. Für Kleinkredite empfehle ich Dir das Konzept der Mikrofinanzierung (weitere Informationen zu diesem Thema findest Du unter: www.mikrokredit-vergeben.de). Dein Kapitalbedarf setzt sich in der Regel aus fünf Positionen zusammen, die ich im Folgenden kurz erläutere:

Abb. 16: Die 5 Positionen des Kapitalbedarfs.

Position	Erläuterung
Investitionen (I)	Bevor Du Deinen Geschäftsbetrieb startest, benötigst Du in der Regel einige Anschaffungen. Die Summe dieser notwendigen Anschaffungen stellen die Investitionen dar, die Du als Unternehmer benötigst, um loslegen zu können. Eröffnest Du zum Beispiel einen Dönerladen, dann brauchst Du eine Inneneinrichtung, eine Küche, Ausstattung usw...
Kalkulatorischer Unternehmerlohn (KU)	Im Kapital „Der kalkulatorische Unternehmerlohn" hast Du bereits gelernt, den kalkulatorischen Unternehmer-lohn richtig zu berechnen. Er stellt Deine monatlichen Lebenshaltungskosten dar. In Deiner Kapitalbedarfs-formel ist dieser Bedarfslohn in den Anlaufverlusten inkludiert, denn er muss mitfinanziert werden, sonst hast Du nichts zum Essen und kannst Deine Miete nicht bezahlen.
Anlaufverluste (AV) (beinhaltet KU)	In der Regel ist es eher selten, dass Du von Tag eins Deiner Unternehmensgründung gleich in der Gewinn-zone startest. Üblich sind Zeiten zwischen einem und zwei Jahren bis Du die Gewinnzone erreichst (Break-Even-Point). Diese Anlaufphase erzeugt entsprechend einen unternehmerischen Verlust, der finanziert werden muss. Diese Anlaufverluste berechnen wir im Rahmen unseres Businessplans mittels der Gewinn- und Verlustrechnung.
Debitoren-finanzierung (DF)	Finanzierung des Kundenzahlungsziels. Zahlt Dein Kunde im Durchschnitt 30 Tage nach Rechnungsstel-lung solltest Du mindestens einen durchschnittlichen Monatsumsatz als Liquiditätspuffer vorhalten. Mach nicht den Fehler und gehe in Deiner Kalkulation davon aus, dass Deine Rechnungsstellung gleich Geldein-gang bedeutet. Natürlich gibt es solche Geschäftsmo-delle wie zum Beispiel den besagten Dönerladen.
Sicherheitspuffer (SP)	Da die Umsatzentwicklung nicht genau vorhergesagt werden kann und Dir als Unternehmer auch, obwohl Du gut geplant hast, unvorhergesehene Überraschungen begegnen, macht es Sinn, hier das Vorsichtsprinzip an-zusetzen und in Deiner Unternehmung einen finanziel-len Sicherheitspuffer einzuplanen. Je nach Sicherheits-bedürfnis kannst Du Deinen Puffer individuell ansetzen. Ich lege für mich selbst meistens 20 % an.

Aus diesen fünf Positionen ergibt sich folgende einfache Grundformel zur Berechnung Deines Kapitalbedarfs:

Kapitalbedarf = (I + AV + DF) * SP

Werden wir wieder praktisch! Nehmen wir an, Du startest wirklich einen Dönerladen und Du benötigst Anschaffungen für die Ausstattung, Warenlager, Mietkaution, usw. von 40.000 €. In Deiner Gewinn- und Verlustrechnung hast Du einen Anlaufverlust in Höhe von 20.000 € berechnet. Eine Debitorenfinanzierung ist nicht notwendig, da mit der Übergabe der Ware zeitgleich das Geld eingeht. Da Du Dir nicht sicher bist, ob Du es wirklich in 4 Monaten schaffst und ob nicht weitere kleinere Anschaffungen notwendig sind, planst Du Dir weitere 30 % als Sicherheitspuffer ein. Deine Kapitalbedarfsberechnung könnte dann wie folgt aussehen:

(40.000 € (I) + 20.000 € (AV)) * 1,3 (SP) = 60.000 € * 1,3 = 78.000 €

Wenn wir davon ausgehen, dass Du bereits 18.000 € Eigenkapital sparen konntest, dann ergibt sich eine Finanzierungslücke von 60.000 €, die Du über einen externen Kapitalgeber finanzieren müsstest.

Der beste Kapitalbedarf ist der, der gar nicht erst entsteht! Bevor Du also mit der Berechnung des Kapitalbedarfs startest solltest Du unbedingt alles Mögliche, Sinnvolle versuchen, Deinen Kapitalbedarf auf ein Minimum zu reduzieren. Gute Instrumente lernst Du dabei in Kapital „Der kalkulatorische Unternehmerlohn" bei der Berechnung des kalkulatorischen Unternehmerlohns kennen sowie im Kapitel „Kapitalschonende Unternehmensentwicklung" über die Instrumente der kapitalschonenden Unternehmensentwicklung. Studiere diese genau und überlege Dir, wie Du sie in Dein Unternehmenskonzept mit einbauen kannst. Sie bieten Dir die Möglichkeit Deinen Kapitalbedarf so klein wie möglich zu gestalten und von jeglichem Ballast zu befreien.

Merke: Der beste Kapitalbedarf ist der, der gar nicht erst entsteht! Berechne Deinen Kapitalbedarf sorgfältig, denn Du hast in der Regel nur einen Freischuss bezüglich Deiner Finanzierung und der ist vor der Gründung. Kein externer Kapitalgeber finanziert gerne in den ersten eins bis drei Jahren (Gründungsphase) nach, weil Du Dich verkalkuliert hast.

4.44   Wer gibt Dir Geld für Deine Gründung?

Die Gretchenfrage für dieses Kapitel lautet: Wer leiht Dir Geld für Dein Start-Up? Grundsätzlich gibt es diverse Formen der Finanzierung, die aber je nach Geschäftsmodell und Branche unterschiedlich nutzbar sind. Um Dir dazu einen kurzen Überblick zu verschaffen und Dir einen inspirierenden Anschub für Deine eigene Kreativität und Bandbreite zu geben, habe ich Dir die gängigsten Finanzierungsarten in der folgenden Tabelle aufgeführt:

Abb. 17: Finanzierungsformen.

Finanzierungsart	Erklärung
Eigenkapital	• Einbringung von eigenen Geldmitteln und / oder der Einbringung von Sachmitteln, die für die Gründung notwendig sind. • Eigenkapital bietet einen Puffer vor unerwarteten Entwicklungen, so dass Du kurzfristige Überraschungen absorbieren kannst.
Privatkredite (Family & Friends)	• Kredite von Familienangehörigen oder Freunden. • Vorteilhafteste Form, da die Konditionen meistens einen Family & Friends-Bonus beinhalten.
Bankkredit	• Bereitstellung von Geldmitteln gegen Zinszahlung und Tilgung. • Kreditraten stellen eine laufende Liquiditätsbelastung dar, die bei Umsatzrückgängen zu finanziellen Schwierigkeiten führen können. • Primäre Bewertungskriterien sind: Bonität, Sicherheiten, Businessplan, Kontenführungshistorie und Managementkompetenzen.
Kontokorrentkredit	• Kreditrahmen auf dem laufenden Konto des Kreditnehmers. • Im Sprachgebrauch ist der Kontokorrentkredit der Dispositionskredit des Unternehmers. • Teures, aber nicht zweckgebundenes Kreditmittel
Anzahlungs-finanzierung	• Anzahlung = Vorauszahlung des Auftraggebers an seinen Lieferanten. • Eines der größten Insolvenzrisiken stellt das Nichtzahlen oder das verspätete Zahlen von Rechnungen dar. • Der Gründer sollte versuchen, seinen Auftraggeber zu überzeugen, die Beauftragung mit einer Anzahlung zu beginnen oder Zahlungsintervalle eng zu halten, um die eigene Finanzmittelausstattung zu sichern.

Beteiligungs-finanzierung (Business Angel oder Venture Capital)	• VC-Finanzierer suchen innovative, schnell wachsende Firmen wegen ihres überdurchschnittlichen Bedarfs an Geldmitteln (VC = Venture Capital = Risiko Kapital). • Business Angels stellen oft das bessere Finanzierungsmodell für Gründer dar, besonders hinsichtlich ihres kleineren Finanzierungsvolumens und wegen des zusätzlichen Bedarfs an unterstützenden Beratungsdienstleistungen im Managementfeld.
Mikrokredit	• Bereitstellung von Geldmitteln gegen Zinszahlung und Tilgung. • Zinskonditionen werden vom Staat festgelegt. • Beantragung zum Beispiel unter: www.mikrokredit-vergeben.de. • Primäre Bewertungskriterien sind: Bonität und Bürgschaften.

Grundsätzlich sei gesagt, dass ich kein großer Fan von Finanzierungen ohne Eigenkapital bin, denn es erhöht das Gesamtrisiko der Unternehmung. Finanzieren mit Eigenkapitaleinsatz beinhaltet viele Vorteile! Es ist wesentlich schwieriger ohne Eigenkapital einen Finanzierungspartner zu überzeugen, da Du ohne Eigenkapitaleinsatz im Prinzip selbst wenig zu verlieren hast „außer" Deiner Bonität. Auch beinhaltet es zweitens ein Statement, dass Du es scheinbar nicht geschafft hast, bis heute Vermögen aufzubauen. Es gehört, so meine Meinung, zu einer guten Vorbereitung, mindestens 20 % bis 30 % des notwendigen Eigenkapitals selbst angespart zu haben. Umso größer Dein Eigenkapitaleinsatz ist, umso einfacher wird es für Dich sein, einen Finanzierungspartner zu finden.

Fremdkapitalgeber finanzieren bevorzugt Investitionsgüter, die verwertbar sind (zum Beispiel Produktionsmaschinen, Bürogebäude, ...). Kapitalgeber finanzieren ungern Betriebsmittel, also Dinge, die man nicht anfassen und entsprechend auch nicht verwerten kann. Wenn sich Dein Finanzierungsbedarf also nur aus Personalkosten, Büromiete, Programmierdienstleistungen, Marketingausgaben und weichen Faktoren zusammen setzt wird es erheblich schwerer, einen Finanzierungspartner zu finden, als wenn Du anfassbare und verwertbare Investitionsgüter finanzieren möchtest, weil diese für den Finanzierungspartner eine weitere Sicherheit darstellen. In der Praxis ist es üblich, dass Du mit Deinem Eigenkapital diese weichen Faktoren/ Betriebsmittel selbst finanzierst, da Du Dein Eigenkapital frei einsetzen kannst. Entsprechend stellt es in jedem Finanzierungskonzept den wertvollsten Faktor dar, denn es ist frei einsetzbar, also nicht zweckgebunden. Viele Finanzierungsprogramme erlauben einen gewissen Betriebsmittelanteil. 20 % bis 40 % Betriebsmittel vom Gesamtfinanzierungsbetrag sind oft gut mitfinanzierbar.

Ein großer Anteil der Gründerfinanzierung wird in Deutschland über sogenannte Förderprogramme finanziert. Diese geben oft spezielle Quoten zwischen Investitionsgütern und Betriebsmitteln vor. Wichtig an dieser Stelle ist hervorzuheben, dass gerade bei einer Finanzierung in Deutschland das Hausbankprinzip gilt. Das bedeutet für Dich, dass bei allen Förderprogrammen die Hausbank Dein Ansprechpartner ist und in der ersten Instanz über eine Kreditvergabe entscheidet und nicht die nachgelagerte Förderbank. Generell gibt es in Deutschland 80.000 Förderprogramme. Der Versuch, sich hier gut auszukennen, ist entsprechend selten zielführend. Gründer können auswählen zwischen Kapitalbereitstellungs- und bürgschaftsorientierten Förderungen (von der EU, Land, Bund, Region), Beratungsförderungen und speziellen themenbezogenen Förderprogrammen. Meiner Erfahrung nach macht es wenig Sinn zu versuchen, hier auf dem neuesten Stand zu bleiben. Hast Du eine Bank gefunden, dann reicht es meistens aus, einfach nach den Möglichkeiten einer Gründungsförderung zu fragen, denn jede Bank hat ihre bevorzugten Förderprogramme, die sie beherrscht. Auf der Seite www.FeuerDeinenBoss.de habe ich Dir eine Liste zusammengestellt, die Dich über die wesentlichen Programme, Finanzierungsmöglichkeiten und aktuellen Datenbanken gut informiert.

Merke: Um eine externe Finanzierung zu erhalten, solltest Du gut vorbereitet sein. Primäre Bewertungskriterien sind ein guter Businessplan, Eigenmittel/Sicherheiten, ein gutes finanzielles Zeugnis und entsprechende kaufmännische und branchenbezogene Kenntnisse. Bei einem Finanzierungsbedarf unter 25.000 € empfehle ich Dir die Finanzierung über einen Mikrokredit. Hier liegen die Anforderungen niedrig und die Auszahlung ist unbürokratisch und schnell.

4.45 Bonitätshacks & Relationship-Banking

„Gehe hundert Schritte in den Schuhen eines anderen, wenn Du ihn verstehen willst.", rät ein indianisches Sprichwort.

Also schlüpf in die Schuhe Deines Bankers. Jetzt bitte nicht an Lack- oder handgefertigte Lederschuhe denken. Es geht darum, die Perspektive zu wechseln. Ziel ist es zu verstehen, warum der eine von der Bank Geld bekommt und der andere eben nicht. Denn nur, wenn Du den Unterschied klar erkennst, bist Du in der Lage, Dich entsprechend vorzubereiten und Deinem Banker genau das zu geben, was er braucht, um Dich und Dein Unternehmen als kreditwürdig einzustufen. Es geht darum, sich in die Lage des Gesprächspartners zu versetzen, seine Denkweise zu verstehen und sich dann genau so zu verhalten, dass der Gesprächspartner Dich und Dein Unternehmen in die Schublade steckt, in die Du gesteckt werden willst.

Meine Erfahrungen sind hier recht eindeutig: Grundlegend ist eine Bank als privatwirtschaftliches Unternehmen daran interessiert, Geld zu verleihen. Dennoch macht Geldverleihen nur dann Sinn, wenn man sein Geld auch zurückbekommt. Das bedeutet: Geld verleihen heißt vertrauen.

Du musst Dir also die Frage stellen, wann Deine Bank Dich für vertrauenswürdig hält und wann nicht. Um Dir vertrauen zu können, braucht die Bank in jedem Fall eine Vertrauensgrundlage. Diese Vertrauensgrundlage bildet sich aus Deinem „finanziellen Zeugnis" und der Bewertung Deines Unternehmenskonzeptes.

Fakt ist, dass ich in einem Bankgespräch noch nie nach meinem Schulzeugnis gefragt worden bin. Ich hatte auch nicht den Eindruck, dass meinen Banker die Noten aus meiner Schulzeit oder der Hochschule besonders interessiert hätten. Aber was die Bank interessiert, ist mein „finanzielles Zeugnis", das bei jeder Kreditanfrage sorgfältig geprüft wird. Und mit einem schlechten „finanziellen Zeugnis" habe ich genauso wenig Chancen auf ein Gründerdarlehen, wie ein Sechserschüler auf seinen Traumjob. Das Problem ist nur, dass viele Menschen ihr „finanzielles Zeugnis" gar nicht kennen oder überhaupt wissen, dass es so etwas wie ein „finanzielles Zeugnis" gibt. Entsprechend werden auch keine Bemühungen unternommen, gute Noten zu erzielen, obwohl sich gute Noten besonders hier auszahlen würden. Es ist also wichtig, sich um ein gutes „finanzielles Zeugnis" zu bemühen, bevor man bei der Bank ein Gründerdarlehen anfragt. Ein gutes Zeugnis ist aber nicht nur für die Beantragung eines Gründerdarlehens nützlich, sondern kann auch Deinen Umgang und Deine Einstellung zum Thema Geld positiv beeinflussen. Das „finanzielle Zeugnis", das auch als persönliche Bonität bezeichnet werden kann, setzt sich aus verschiedenen Teilen zusammen, die im Folgenden kurz dargestellt werden:

- Schufascore: Die Schufa Holding AG (www.meineschufa.de) ist eine Art „Datensammler", dessen Zweck es ist, Informationen über Wirtschaftssubjekte zu sammeln, um diese zu verdichten und an ihre Eigentümer und/ oder an Dritte zu verkaufen. Mit einem Aktienanteil von über 80 Prozent könnte man wohl behaupten, dass die Schufa Eigentum von Banken und Sparkassen ist. Sie ist also primär ein Subdienstleister für Finanzinstitute und hat von diesen den Auftrag, die Kreditwürdigkeit von Wirtschaftssubjekten zu ermitteln.

Es werden also Daten über Dich gesammelt und zu einem Kreditscore verdichtet. Dieser Scorewert ist ein Zahlenwert zwischen 100 und 1 Prozent und wird zur Risikoklassifizierung genutzt. 100 Prozent ist dabei der beste Wert. In der Regel werden neben Deinen Kontaktdaten auch jede Form von Kredit- und Leasingverträgen, Kontoeröffnungen, Kreditkarten, Telekommunikationsverträgen, Kundenkontos im Bereich des Handels/Versandhandels, abweichendes Zahlungsverhalten, Abgabe von Eidesstattlichen Versicherungen, Haftbefehl zur Abgabe von Eidesstattlichen Versicherungen, Eröffnungen von privaten Insolvenzverfahren, Lohnpfändungen, Kreditkarten in Abwicklungen, Zwangsvollstreckungen und Kreditanfragen aufgezeichnet. Negative Schufaeinträge führen dabei meistens zur Kreditabsage. Ein negativer Eintrag könnte zum Beispiel eine nicht bezahlte Telekommunikationsrechnung sein. Bei der Feststellung auch nur eines negativen Schufamerkmals in seinem EDV-System hat der Banksachbearbeiter teilweise keine Möglichkeit mehr, die Kreditanfrage überhaupt einzustellen. Also endet das Kreditgespräch oft mit dem negativen Schufaeintrag.
Die Schlüsselfrage ist: Was kannst Du tun, um Dein finanzielles Zeugnis zu verbessern? Die wenigsten wissen, dass man ein Recht auf Selbstauskunft hat. Das heißt, einmal im Jahr kannst Du Dein Recht geltend machen und Dich informieren lassen, welche personenbezogenen Daten (beispielsweise von der Schufa) über Dich gespeichert wurden. Sollten dort falsche Daten über Dich gespeichert worden sein, kannst Du die Löschung dieser Daten beantragen und damit schon Negativmerkmale beseitigen. Wenn sich in Deiner Schufaauskunft Informationen darüber befinden, dass Du nicht mit Geld umgehen kannst und Dein Leben auf Pump aufgebaut hast, dann ist das ein guter Startpunkt, um Dein Leben zu verändern und damit Deinen Schufascore zu verbessern. Jede kleine Verbesserung kann im günstigsten Fall zu einem besseren Zinssatz führen. Konsumentenkredite solltest Du unbedingt vermeiden, da diese ganz klar zeigen, dass Du nicht in der Lage bist, mit Disziplin Deine Ziele zu verfolgen. Bestimmte Notfallsituationen sind natürlich davon ausgenommen. Aber im Grunde zeigt die Inanspruchnahme von Konsumentenkrediten auch in Notfallsituationen, dass Du vorher nicht entsprechend vorgesorgt hast, denn „Notfälle" gibt es im Leben immer wieder. Die zusätzlichen Zinszahlungen und

monatlichen Tilgungen reduzieren Deinen zukünftigen finanziellen Spielraum. Oft werden hier durch Restschuldversicherungen und ähnliche Kreditbegleiter, Effektivverzinsungen erreicht, die schnell dazu führen, dass Du am Ende 20 bis 30 Prozent mehr für Deinen Flachbildfernseher zahlen musst, als wenn Du einfach noch ein bisschen gewartet und gespart hättest. Damit wird das angebliche Schnäppchen oft zu einem schlechten Deal. Natürlich kann ich es gut nachvollziehen, dass man schnell Opfer des Marketings wird. Leider ist es mit vielen Dingen so: Die kurzfristige Verführung steht im direkten Konflikt mit der langfristigen Erfüllung. Meiner Meinung nach ist es wesentlich angenehmer, erst freiwillig zu sparen und dann zu konsumieren als erst zu konsumieren und dann „Zwangssparen" zu müssen. Ich denke, Du hast die Botschaft verstanden.

• Kontoführung: Neben der Einwilligung zur Schufaauskunft geben wir der Bank - wenn es nicht schon die Hausbank ist - unsere Zustimmung, dass bei unserer Hausbank eine Bankauskunft eingeholt werden darf. Diese Bankauskunft beinhaltet Informationen über unsere wirtschaftlichen Verhältnisse, unser Zahlungsverhalten und unser Geschäftsgebaren. Meiner persönlichen Erfahrung nach gibt es da bestimmte Verhaltensweisen, die Banken nicht besonders positiv beurteilen und die man vermeiden sollte. Drei dieser Übeltäter habe ich mal herausgegriffen:

01: U-Boot-Kontoführung:
Der erste Übeltäter erklärt sich am besten durch den Begriff des U-Boot-Kontoführers. Das sind Personen, die jeden Monat bei Geldeingang über die Nulllinie hinweg kurz in den Habenbereich des Girokontos auftauchen, um dann sofort wieder bis zum nächsten Monat in die Tiefen des Dispositionsrahmens abzutauchen. Dispositionskredite sind in der Regel die teuersten Kredite, die bei einer Bank oder Sparkasse erhältlich sind und führen bei entsprechend langen Tauchgängen schnell dazu, dass ein größerer Teil des Gehalts als Zinskosten vaporisiert. Wenn diese Tauchgänge zu lang werden und ein bestimmtes Zeitfenster überschreiten, kann es sogar passieren, dass Deine Bank nachfragt, ob Du mit deinem U-Boot auf Grund gelaufen bist. U-Boot-Kapitäne erhalten keine guten Noten. Besser bewertet werden in der Regel „Überflüge mit gelegentlichen Wasserlandungen". Hier meine Empfehlung: Finger weg von langen Tauchgängen. Kann ich mir das Tauchen nicht abgewöhnen, wäre sogar die Umstellung auf ein reines Guthabenkonto oder eine Reduzierung des Dispositionsrahmens empfehlenswert, damit mein U-Boot quasi gar nicht erst die Möglichkeit zum Abtauchen hat.

02: Überziehung des Überziehungsrahmens:

Die Überziehung des eingeräumten Dispositionsrahmens führt nicht nur zu höheren Dispositionszinsen, sondern wird in der Regel mit einem besonderen Tadel im Zeugnis belohnt, der besagt, dass der Kontoführer den eingeräumten Dispositionsrahmen regelmäßig überzieht. Klartext: Der Kontoführer kann nicht mit seinem Geld haushalten. Das sollte auf jeden Fall vermieden werden.

03: Rücklastschrift mangels Deckung:

Es bringt ebenfalls keine guten Noten, wenn Du Dritten erlaubst, per Lastschrift Beträge von Deinem Konto einzuziehen, ohne auf die Deckung zu achten. Dadurch kann es passieren, dass Beträge mangels Kontodeckung nicht eingezogen werden können. Das macht der Bank Extraarbeit und kostet Extragebühren. Das Problem besteht vielmehr darin, dass Du mit diesem Verhalten zeigst, dass Du keinen Überblick über Deine Finanzen hast. Und das gibt schlechte Noten. Mir gab man mal zur Auskunft - ich bin aber sicher, dass das jedes Finanzinstitut anders handhabt -, dass man ab drei Rücklastschriften pro Jahr keinen Kredit mehr von der Hausbank bekommt. Man sollte also darauf achten, dass man keine Rücklastschriften erzeugt, wenn man ein gutes Zeugnis haben will.

04: Selbstauskunft:

Bei jeder Darlehensbeantragung wird die Bank Dir eine Selbstauskunft vorlegen. Diese Selbstauskunft besteht aus verschiedenen Abschnitten. Der Abschnitt „Einkommen-/Ausgabesituation" stellt den privaten Einkommensströmen die privaten Ausgaben gegenüber. Wenn Du Interesse an einem guten Zeugnis hast, solltest Du darauf achten, dass Deine monatlichen Einnahmen höher sind als Deine monatlichen Ausgaben. Konsumentenkredite, Versicherungen, Autofinanzierungen, teure Mietwohnungen und Abonnements jeder Art sorgen ganz schnell dafür, dass das Einkommen aufgezehrt wird. Je größer die Einnahmenüberdeckung ist, desto besser ist Deine Zeugnisnote. Entsprechend wichtig ist es, dass Du Deine Einnahmen und Ausgaben regelmäßig gegenüberstellst und darauf achtest, dass Dein monatlicher Einnahmenüberhang positiv ist. Ein weiterer Teil der Selbstauskunft ist die Vermögensbilanz. Die Vermögensbilanz stellt eine Auflistung und Gegenüberstellung Deiner Vermögenspositionen und Verbindlichkeiten dar. Auch hier gilt die einfache Regel: Verbindlichkeiten sind eher als nachteilig und Vermögenspositionen als vorteilhaft anzusehen. Wobei Darlehen, deren Zweck der Aufbau von Vermögenspositionen ist, kein Zeichen dafür sind, dass Du über Deine Verhältnisse lebst. Ein bestehendes großes Vermögen ist keine Voraussetzung für eine Unternehmensfinanzierung. In Deutschland fordert die Bank erfahrungsgemäß eine Sicherheitenstellung bzw. einen Eigenkapitalanteil von 10 bis 30 Prozent vom Kapitalbedarf je nach Geschäftsmodell. Je besser Dein finanzielles Zeugnis ist, desto eher ist die Bank auch mal bereit, auf Eigenkapital zu verzichten. Auf der Internetseite www.FeuerDeinenBoss.de kannst Du Dir eine Muster-Excelvorlage zu den Themen Einnahmen und Ausgaben und Vermögensbilanz herunterladen. Ich empfehle Dir, Deine Vermögensbilanz im Vorfeld zu prüfen. Wenn Du Verbesserungspotential identifizierst, kannst Du entsprechend vorbeugen, um Dich bei der Bank in ein gutes Licht zu rücken. Auch hier gilt die Regel: Erfolg haben in der Regel die Menschen, die gut vorbereitet sind. Also prüfe Dein finanzielles Zeugnis und sorge für gute Noten. Damit wird Dein Besuch bei der Bank zum Erfolgserlebnis.

05: Güte des Gründerteams und des Businessplans:
Ein guter Businessplan und die Qualifikation des Gründerteams sind der Schlüssel zum Darlehensvertrag. Aus welchen Bestandteilen ein Businessplan besteht hast Du bereits in Kapitel Businessplanerstellung – Easy Baby gelernt. Wichtig für den externen Kapitalgeber sind dabei folgende Eigenschaften, die einen guten Businessplan ausmachen. Ein guter Businessplan ist:

• schlüssig und plausibel,
• klar und nachvollziehbar,
• gut verständlich,
• profitabel und weist damit eine ausreichende Ertragskraft aus, um das gewünschte Darlehen zurückführen zu können.

Die Anforderungen an den Gründer oder das Gründerteam beinhalten erfahrungsgemäß eine kaufmännische Qualifikation, gute Branchenerfahrungen und eine Ausbildung, die das Tätigkeitsspektrums des Geschäftmodells ausreichend abdeckt. Quereinsteiger ohne kaufmännische Ausbildung und Qualifikation sind eher weniger beliebt.

Wie jeder Schüler weiß, ist ein Zeugnis nur dann richtig gut, wenn es keine negativen Ausreißer gibt und der Notendurchschnitt stimmt. Grundlegend gilt: Je besser das Zeugnis, desto erfreulicher der Gang zur Bank. Das Schöne am finanziellen Zeugnis ist, dass sich jeder durch ein bisschen Disziplin ein 1-A-Zeugnis erarbeiten kann.
An dieser Stelle sei erwähnt, dass es für den Gründer in Deutschland sehr förderlich ist, sich frühzeitig mit dem Thema Relationship Banking auseinanderzusetzen. Das heißt es ist ratsam, sich nicht nur auf Onlinebanken zu spezialisieren, denn diese vergeben in der Regel keine Unternehmenskredite, sondern sich auch eine Filialbank auszusuchen, die die Vergabe von Gründerkrediten betreibt. Wenn Du bei Deiner Hausbank auf die oben beschriebenen Bonitätshacks[28] achtest bist Du ein immer

---

[28] Ein Hack bezeichnet einen technischen Kniff.

gern gesehener Kunde und die Wahrscheinlichkeit für eine positive Kreditentscheidung steigt damit, denn Du bist positiv bekannt und kein Unbekannter für die Bank.

Merke: Optimiere Dein Finanzielles Zeugnis bevor Du Dich mit externen Kapitalgebern triffst. Bereite Dich gut vor und überlasse nichts dem Zufall! Es lohnt sich! Auch ein guter Kontakt zu einer Filialbank, die Gründerkredite vergibt ist sehr positiv.

4.46 Kapitalschonende Unternehmensentwicklung

Das Ziel der Methoden und Instrumente der Kapitalschonenden Unternehmens-entwicklung (KSUE) ist es, den externen Finanzierungsbedarf speziell in der Früh-phase der Unternehmensentwicklung zu reduzieren. Dabei hat die KSUE nicht an erster Stelle monetären Charakter, sondern kombiniert Kreativität und Effektivität mit unternehmerischen Fähigkeiten. Praktisch soll versucht werden, betriebswirt-schaftliche Positionen kreativ und konsequent zu optimieren:

Abb. 18: KSUE Konzepte.

Position	Zielsetzung
Kalk. Unternehmerlohn	Konzept des „Vorübergehenden" Minimalismus,[29] um ein schnelles Erreichen der Gewinnschwelle zu sichern. Privaten Ballast abwerfen!
Umsatz (Menge * Preis)	Akzent bei allen unternehmerischen Tätigkeiten auf den Umsatz. Fokus auf den Kunden legen und nicht auf administrative Prozesse (siehe Kapitel „Das Denken in schlanken Prozessen").
Betriebl. Fixkosten	Betriebliche Fixkosten, auch Bereitschaftskosten, fallen unabhängig vom Umsatzprozess an (z.B. Büromiete, Personalkosten, Internetgebühren...). Fixkosten sollen auf ein Minimum reduziert werden, um ein schnelles Erreichen der Gewinnschwelle zu sichern.
Betriebl. variable Kosten	Variable Kosten, auch mengenabhängige Kosten, sind Kosten, die erst bei der Leistungserstellung anfallen. Ausgaben für variable Kosten sollen möglichst erst mit oder nach den Einnahmen aus den Umsatzprozess anfallen.
Investitionen	Jede Art von Liquiditätsabgängen durch Investitionen soll auf ein Minimum reduziert werden und wenn möglich durch variable Kosten ersetzt werden.

---

[29] Minimalismus = Minimalismus bedeutet sich auf das Wesentliche zu konzentrieren und ohne viel Ballast zu operieren. Es geht um die Minimierung der Ausgaben. Vereinfachung steht im Vordergrund.

Die Sicherung des eigenen Bargeldbestandes ist Dein Hauptziel und reduziert den externen Kapitalbedarf. Deine unternehmerischen Handlungen sollten das Ziel verfolgen, den Barmittelbestand zu maximieren auch wenn das bedeutet, dass die eine oder andere langfristige Kosteneinsparungsmöglichkeit damit nicht genutzt wird. Eines der favorisierten Gründungsmodelle in Deutschland ist die Gründung light unter Einsatz von sogenannter Sweet Equity. Das süße Eigenkapital stellt dabei die Eigenleistung, also den unentgeltlicher Arbeitseinsatz des Gründers bei dessen Gründung, dar. Neben seiner Arbeitsleistung baut er damit auch Kapital auf für notwendige Gründungsinvestitionen. Die Errichtung eines sogenannten No-Budget-Modells ist zum Beispiel typisch für freischaffende Webdesigner, Informationsbroker und kleinere Agenturgründungen. Sweet Equity ist ein Instrument der Selbstfinanzierung im Rahmen einer engen Gründungsfinanzierung. Die Gründung light oder auch Moonlighting beschreibt das Modell der Nebengründung. Am Tag geht man dem geregelten Job nach und nebenher baut man in Schritten seine neue Existenz auf. Beide Methoden sind gute Ansätze für den sehr vorsichtigen Unternehmer. Klassische Instrumente und Methoden der Kapitalschonenden Unternehmensentwicklung werden im Folgenden aufgeführt. Ziel ist es, Dir praktische Anwendungsempfehlungen auf der einen Seite, aber auch einen Anstoß für kreative Überlegungen zu geben:

Abb. 19: KSUE Instrumente.

KSUE	Zweck / Erklärung
Leasen statt kaufen	Leasen reduziert den sofortigen Kapitalabfluss im Vergleich zum Kauf und verteilt ihn über eine fix definierte Nutzungszeit.
Mieten statt kaufen (noch besser leihen)	Zeitweiliges Mieten reduziert den sofortigen Kapital-abfluss. Der Gegenstand wir nur dann gemietet, wenn er auch gebraucht wird. Das reduziert Deine Fixkosten und macht aus einer Investition einen variablen Kostenbestandteil.
Gebrauchte Ware vor neuer Ware	Reduktion der Anschaffungskosten.
Debitoren-management	Konzentriere Dich auf die schnell zahlenden Kunden.
Nutze Privatkredite	Private Gläubiger vor allem Family & Friends sind i.d.R. wesentlich umgänglicher und flexibler als professionelle Geldverleiher.
Homeoffice	Nutze Dein Homeoffice statt zu mieten.
Share-Kultur	Versuch alles zu teilen, was Du nicht Vollzeit nutzt. Zum Beispiel Büroräume, Autos, Sekretariat, Telefonanlage…, um anfallende Kosten auf mehrere Schultern zu verteilen.
Rechnungstellung	Beschleunige Deine Rechnungstellung.
Arbitragegeschäfte	Source Arbeiten aus, die andere günstiger oder besser machen als Du (zum Beispiel virtuelle Assistenz).
Arbeitspakete	Versuch einmal erstellte Arbeitspakete mehrmals zu verkaufen.
Zahlungs-geschwindigkeit	Biete Deinen Kunden einen Rabatt bei Vorkasse oder schneller Zahlung an.
Lieferanten	Verhandele hart aber fair mit Deinen Lieferanten. Versuch möglichst lange Zahlungsziele zu verhandeln. Lieferantenkredite sind die günstigsten Kredite.
Geschäfts-gemeinschaften	Teil Dir Mitarbeiter, Räumlichkeiten und vielleicht auch den Marktauftritt mit komplementären Geschäfts-partnern. Bilde Werbegemeinschaften.
Werbung	Die günstigste Werbeplattform ist das Internet. Nutze sie!

Bei den meisten Anschaffungen gilt die Regel: Das was Du besitzt, besitzt auch Dich. Jede Investition verursacht bis zu ihrer Ausmusterung Kosten. Sei entsprechend kostensensibel und versuch Dich auf ein Minimum zu beschränken. Ein Punkt, den ich gerne noch mal separat erwähnen möchte, ist das Nutzen von Arbitragegeschäften mittels der Flaggentheorie für den Geschäftsbereich. Die Flaggentheorie beschreibt die Optimierung aller unternehmerischen Aspekte durch Internationalisierung. Warum muss Dein Personal in Deutschland sitzen? Warum koordiniert Dein Marketing nicht ein Mitarbeiter in Indien? Warum werden Deine Anrufe und digitale Korrespondenz nicht durch einen Assistenten in Bulgarien erledigt und Dein Produkt in China hergestellt? Weltweite Diversifikation kann Dir Wettbewerbsvorteile gegenüber der Konkurrenz verschaffen. Des Weiteren macht der Besuch Deines Geschäftspartners in Bulgarien aus Deinem Urlaub eine Geschäftsreise. Es macht Spaß, mit fremden Kulturen zusammenzuarbeiten. Deutschland ist oft zu starr und unflexibel. Löse das Problem durch Internationalisierung und verschaffe Dir den entscheidenden Wettbewerbsvorteil.

Merke: Das beste Fremdkapital ist dasjenige, das man gar nicht erst braucht. Wage den Blick über den Tellerrand und versuch Dich international aufzustellen. Weltweit gibt es keinen Fachkräftemangel.

4.47 Standortwahl

Beim „Standort" handelt es sich um die örtliche Lage eines Betriebes. Die Standortwahl ist weit mehr als eine eindimensionale Entscheidung, sie beinhaltet viele verschiedene Faktoren. Diese solltest Du smart berücksichtigen, um einen Standort zu wählen, der Dich bei Deiner Zielerreichung ideal unterstützt. Auch sind nicht alle Betriebe bei der Wahl ihres Standortes frei. Zum Beispiel sind die Urproduktionsbetriebe (z. B. Kohlebergbau, Erdölförderung, Kieswerk) in der Wahl ihres Standortes an die Bodenvorkommen gebunden. Man spricht deshalb auch von natürlichen (naturgegebenen) oder gebundenen Standorten. Je verbreiteter die Vorkommen an bestimmten Bodenschätzen in einem Gebiet sind, desto freier wird auch bei diesen Betrieben die Standortwahl. Eine mehr oder weniger freie Standortwahl besitzen die Verarbeitungs-, Handels- und sonstigen Dienstleistungsbetriebe.[30] Die Standortwahl gehört zur sogenannten konstitutiven Entscheidung. Konstitutive Entscheidungen sind grundlegende und weitreichende Entscheidungen, die den langfristigen Rahmen für alle betrieblichen Folgeentscheidungen festlegen. Jede Standortwahl sollte also mit Bedacht getroffen werden. Gerade hinsichtlich des Kostenanfalls und der steuerlichen Erwägungen sollten Wohnsitz und betrieblicher Standort strategisch bewusst gewählt werden. Ziele einer Standortentscheidung für den Unternehmer können sein:

• Gründungsziel: Errichtung einer neuen Betriebsstätte.
• Wachstumsziel: Errichtung und Erweiterung von Standorten.
• Strukturveränderungsziele: Aufteilung, Verlagerung oder Vereinigung von Standorten.
• Schrumpfungsziel: Stilllegungen.

Bei der Standortwahl sind so viele Standortfaktoren wie möglich zu berücksichtigen. Es sind hierzu Vergleichsrechnungen erforderlich, die über den mutmaßlich günstigsten Standort Auskunft geben. Einmal gefällte Standortentscheidungen sind oft schwer rückgängig zu machen. Eine spätere Standortverlegung verursacht in der Regel hohe Kosten. Eine beispielhafte Auswahl von Standortfaktoren liefert folgende Aufstellung:

---

[30] DIHT (1995). Deutscher Industrie- und Handelstag, Tipps zur Unternehmensführung, Existenzgrün-dung, Merkblatt: Standort, Bonn.

Abb. 20: Beispielhafte Auswahl von Standortfaktoren.

Korruption und Lobbyismus	Höhe der Steuer- und Abgabenlast
Digitalisierungsgrad	Effizienz/Fairness des Rechtssystems
Energiekosten	Stabilität/IQ des Politischen Systems
Qualität der Infrastruktur	Bürokratie/Grad der unternehmerischen Freiheit (Unternehmerfreundlichkeit)
Laufende Standortkosten	Verfügbarkeit, Kosten und Qualifikation der Arbeitskräfte (Arbeitsmarktregulierungen)
Image des Standortes	Logistische Anbindungsqualität
Zugang zu Krediten	Kosten der Erreichbarkeit
Gesundheitsvorsorge	Kriminalität/soziale & kulturelle Spannungen
Größe des Absatzmarktes	Tarifäre/nichttarifäre Handelshemmnisse
Konkurrenzsituation	Kosten/Verfügbarkeit der Produktionsmittel
Lebensqualität	Bestehende Netzwerkqualität
Kosten des Wegzugs	Flexibilität bei der Standortstilllegung

Als Entscheidungshilfe für die Standortwahl kann man sich einer Standortbewertungstabelle bedienen. In der folgenden Abbildung erhältst Du ein Beispiel für eine derartige Standortvergleichsbetrachtung.

Abb. 21: Beispiel Entscheidungshilfe Standortwahl.

	Faktorbewertung	Standort: München		Standort: Berlin		Standort: Fürth		Standort #4	
		Bewertung	Gesamtgewichtung	Bewertung	Gesamtgewichtung	Bewertung	Gesamtgewichtung	Bewertung	Gesamtgewichtung
1. Allgemeine Standortfaktoren									
Infrastruktur	20	6	120	6	120	4	80		0
Wohn- und Freizeitwert	29	6	174	5	145	4	116		0
Summe A	49		294		265		196		0
2. Politische, rechtliche und soziale Rahmenbedingungen									
Rechtssicherheit	5	6	30	4	20	3	15		0
Wirtschafts- und Eigentumsverfassu	10	6	60	5	50	3	30		0
Bürokratie und Markteintrittsregeln	3	3	9	2	6	3	9		0
Korruption	1	1	1	3	3	5	5		0
Akzeptanz benötigter Technologien	1	6	6	6	6	6	6		0
Umweltauflagen	2	4	8	3	6	5	10		0
Steuerbelastung	10	1	10	1	10	1	10		0
Kredit- und Kapitalmarktzugang	5	5	25	6	30	5	25		0
Religion	0	3	0	2	0	3	0		0
Image und Tradition einer Region	17	6	102	5	85	3	51		0
Zur Verfügung stehende Fördermitte	5	6	30	6	30	4	20		0
Summe B	59		281		246		181		0
3. Spezielle Standortfaktoren									
Potentielle Abnehmer	10	5	50	6	60	4	40		0
Ballungsraum (Anwesenheit von Wettbewerbern und Unternehmen der eigenen Branche in einem bestimmten Gebiet)	9	2	18	3	27	6	54		0
Verkehrsanbindung	10	2	20	1	10	5	50		0
Angebot an Fachkräften	11	6	66	5	55	3	33		0
Wirtschaftsförderung (Bund, Länder oder Gemeinden)	12	5	60	4	48	3	36		0
Gewerbeflächenangebot	15	5	75	5	75	4	60		0
Summe C	67		289		275		273		0
4. Markterschließung									
Größe der Absatzmärkte & Transportkosten zwischen Alternativstandort und Absatzmarkt	10	3	30	5	50	4	40		0
Konkurrenzsituation im Absatzmarkt	15	2	30	2	30	4	60		0
Vermeidung von Währungsrisiken	0		0		0		0		0
Summe D	25		60		80		100		0
Gesamtsumme:	200	-	924	-	866	-	750	-	
Standortrang:	-	-	1.	-	2.	-	3.	-	

Die Punktbewertung kann man noch um eine Investitionsrechnung ergänzen, bei der aus den erwarteten Umsätzen und Kosten für jeden Standort die zu erwartenden Gewinne errechnet und mit den jeweiligen Investitionen verglichen werden. Um eine entsprechende Flexibilität und Unabhängigkeit zu erreichen, sollten als wesentliches Merkmal auch immer die Stilllegung und Wegzugskosten jeder Alternative betrachtet werden. Einen Umstand den ich selbst schon mal teuer bezahlen musste. Ich hatte mich selbst für ein falsches Firmenkonstrukt entschieden, dessen Auflösung mich viel Zeit und Geld gekostet hat.

Merke: Die Standortwahl ist weit mehr als eine emotionale Entscheidung. Sie hat weitreichende Folgen und sollte mittels einer systematischen Standortbewertung erfolgen. Vergiss nie, auf die Stilllegungs- und Wegzugskosten zu achten. Flexibilität und Unabhängigkeit sind wesentliche Faktoren freien Unternehmertums. Du findest ein Muster Excel Tool zur Unterstützung der Standortwahl auf der Seite www.FeuerDeinenBoss.de.

4.48 Schlechte Kunden und Chefs feuert man!

Willst Du Dir Dein berufliches Leben versauen, dann such Dir einen schlechten Chef und schlechte Kunden. Was ist ein schlechter Chef? Das ist einfach! Du bekommst keine Einarbeitung, keine Begleitung, keine Fortbildungen und keine Unterstützung. Du kannst nichts richtig machen. Misserfolge schiebt er Dir zu, Erfolge verbucht der Chef auf seinem Konto und weist sie seiner Führungsqualität zu. Wertschätzung Fehlanzeige! Bei uns in Franken gibt es einen Spruch: „Nicht geschimpft ist doppelt gelobt." Wer arbeitet schon gerne ohne Wertschätzung und bei absoluter Unsicherheit und ohne einen gewissen Grad an geistiger Führung? Nie zu wissen, ob man genügt oder ob man morgen gleich rausgeworfen wird, ist kein guter Zustand. Wenn die Arbeit dann auch noch geistlos ist, wird es unerträglich. Der Weg zur Arbeit wird zur Qual. Nur der Feierabend und das Wochenende lassen Raum für Freude. Arbeitsplätze wie Legebatterien: So lange man jeden Tag ein Ei legt ist alles gut. An den anderen Tagen erfährt man das Gegenteil. Es gibt auch Arbeitsplätze, da wirst Du als Mensch von keinem gesehen. Du sitzt in einer Ecke oder in einem Kellerabteil. Anstelle Deiner Person könnte man auch einen Stein auf den Stuhl legen. So ziehen die Jahre hin und Dein Leben lebt sich ab.

Was sind schlechte Kunden? Schlechte Kunden sind Menschen mit einer kurzen Zündschnur, nie zufrieden, immer launisch. Du weißt nie, ob Du Deine Arbeit gut gemacht hast. Leistest Du hohe Qualität und lieferst schneller als gewünscht, dann ist das der Normalzustand. Kein Feedback. Leistet Du zu spät oder es passieren Fehler, dann hast Du gleich eine Teambesprechung Marke „Tribunal" oder wirst am Telefon zerlegt. Der Kunde ist jeden Tag schlecht gelaunt. Er sucht permanent nach Gründen, um Dich als Blitzableiter zu missbrauchen. Jedes Telefonat beinhaltet Vorwürfe und Druck. Egal, ob der Kunden seine Daten richtig oder pünktlich schickt, Du bist immer der Trottel! Es gibt Kunden, da kann man nur verlieren. Zudem ist der Kunde für Deinen Arbeitgeber „wichtig" und Dein Arbeitgeber für Dich. Also machst Du jeden Tag gute Miene zum bösen Spiel. Bist Du in einer dieser Schraubzwingen gefangen, dann gibt es nur eine saubere Lösung.

Bei Problemen mit dem Chef wird Dir in vielen Büchern Mediation und Gespräche mit Vertrauenspersonen… empfohlen. Oft sind dann die Chefs in diesen Runden andere Menschen und zeigen ihre Schokoladenseite, denn eigentlich bist Du ja das Problem.

Das gleiche gilt für den Kunden. Wir als Angestellte können natürlich versuchen diesen Kunden an einen Kollegen abzugeben, aber dann hat dieser arme Kerl den Zonk. Das ist auch nicht netter! Auch hier gibt es viel Literatur zum Thema Problembewältigung und Troubleshooting. Aber meine Erfahrung ist: In mindestens 70 % der Fälle ist man einfach – SORRY – an einen „Arschlochkunden" geraten. Hier ist Flucht die beste Lösung. Bist Du selbständiger Unternehmer, dann empfehle ich

Dir folgende Vorgehensweise: Sprich das Problem einmal beim Kunden freundlich und vorsichtig an. Kommst Du nicht weiter, dann feuer den Kunden freundlich. Sag Deinem Kunden, dass Du seinen speziellen Anforderungen einfach nicht gewachsen bist und bitte ihn darum, sich einen alternativen Anbieter zu suchen, der kompetenter ist als Du. So verärgerst Du niemanden, denn Du machst Dich klein, obwohl Du gerade ganz groß bist. Manchmal bekommen dann die Kunden auch einen Schreck und verändern ihr Verhalten schlagartig. Denn Sie wissen: Du lässt Dir nicht mehr auf der Nase rumtanzen, und sie bekommen gerade die rote Karte gezeigt. Sie haben Deine Empfehlung verstanden. Dann hast Du gewonnen. Passt! Bist Du den Kunden los, dann feierst Du eine „Scheidungsparty". Am besten Du schickst den Kunden mit besten Empfehlungen zur direkten Konkurrenz. Deine Mitarbeiter werden Dich dafür feiern und motiviert sein, die Lücke durch neue und freundliche Kunden zu füllen. Dann hast Du auch gewonnen! Jedes Jahr sollte man sich fragen: was sind meine A, B und C Kunden. Mit wem arbeiten Deine Mitarbeiter, Kollegen und Du am Liebsten zusammen. Ein „schlechter" Kunde bindet mindestens das Potential von drei bis vier netten neuen Kunden. Das Leben ist einfach zu kurz, um sich mit „Arschlochkunden" abzugeben. Die meisten Unternehmer haben oft nicht den Mut dazu und versuchen jeden Kunden mit allen Mitteln zufriedenzustellen. Das ist nicht der Weg zur Glückseligkeit. Mein Weg ist ein anderer: Müll gehört in die Tonne! Es ist manchmal einfach besser, die Reißleine zu ziehen und neue Kunden zu suchen. Die ABC-Analyse dient also der Fokussierung auf die bestmöglichen Kunden für Dich und Dein Unternehmen.

Mit einem blöden Chef verhält es sich ähnlich. Ist der Chef offen, dann kannst Du vorsichtig nachfassen. Leider sind „Arschlöcher" in der Regel keine offenen Chefs. Hast Du als Chef einen Miesepeter, dann qualifizier Dich weiter, such Dir einen neuen Job und kündige! Hinterlasse keine verbrannte Erde und bedanke Dich bei Deinem Chef für die lehrreiche Zeit. Denn sie hat Dich motiviert, Dich weiterzuentwickeln. Du bist definitiv kein Punchingball für „Arschgeigen"! Fakt ist auch, dass man als Arbeitnehmer oder Lieferant nicht die Zeit hat, die Rolle des Psychotherapeuten einzunehmen und zu versuchen, sich am beratungsresistenten Kunden oder Chef abzuarbeiten. Entsprechend ist die Flucht nach vorn oft die effizienteste Strategie. Es sei denn, Du bist selbst der Penner, dann wäre es natürlich nicht schlecht, sich professionelle Hilfe zu suchen. Oft sind Dinge einfacher als man denkt und man sollte nicht versuchen, diese zu kompliziert zu machen oder sie ständig zu entschuldigen.

Merke: Ist der Chef ein „Arsch", dann leide nicht. Bau Dir neue Chancen auf. Ist der Kunde ein „Arsch", dann empfiehl ihn lächelnd an die Konkurrenz weiter. Man kann nicht jeden Menschen glücklich machen. Deine Mitarbeiter werden Dich für das Entsorgen von „Arschlochizität" aus den Geschäftsprozessen feiern. Sie werden erkennen, dass sie Dir wichtig sind. Denn wenn die Arbeit Spaß macht, der Chef respektiert wird und man die Kollegen und Kunden schätzt hat, man den höchsten Grad an Effizienz.

4.49 Lebensunternehmer werden!

Selbstverständlich hat jeder Mensch - nicht nur Selbständige oder Unternehmer - die Chance, sich zum Lebensunternehmer weiterzuentwickeln. Was ist ein Lebensunternehmer? Meine Definition von Lebensunternehmer ist einfach: Es sind Menschen, die ihr Leben selbstbestimmt und freiheitlich leben wollen und sich nicht unachtsam in Abhängigkeiten begeben, denn Abhängigkeiten bedeuten Risiken und bedrohen unsere Freiheit. Lebensunternehmer bevorzugen, die Selbstverantwortung für ihr eigenes Leben in den eigenen Händen zu halten und empfinden Bevormundung, ein Übermaß an Regeln und Kontrolle und Überwachung als Einengung ihrer selbst. Dabei liegt die Aufgabe eines Lebensunternehmers im Management der selbstbestimmten Lebensführung.

Unsere Arbeitswelt befindet sich in einem dynamischen Wandel und ist damit durch eine ständige Reduktion von Berechenbarkeit und damit Konstanz geprägt. Das macht uns Angst, da wir schlichtweg nicht darauf vorbereitet sind. Wir haben in unseren Schulen keine Strategien erlernt, damit umzugehen und haben unser Gehirn nicht darauf programmiert, sich unter ständigen Veränderungen wohlzufühlen. Das Bildungssystem in Deutschland bereitet uns für eine andere Art von Welt vor. Die Entwicklung von Individualität, freies Unternehmertum, der geschickte Umgang mit sich ständig verändernden Situationen und finanzielle Bildung stehen nicht auf dem üblichen Lehrplan.

Es ist stark anzunehmen, dass lange Arbeitsverhältnisse in Zukunft eher seltener werden und ein Relikt der Vergangenheit sind. Eine einmalige Ausbildung am Start unserer beruflichen Karriere wird nicht mehr ausreichen, um unser Einkommen für ein gesamtes Leben absichern zu können. Leistungswille, soziale Anpassungsfähigkeit, Flexibilität und Selbstoptimierung werden damit zu den kritischen Erfolgsfaktoren dieser neuen Welt. Der Klimawandel, Überbevölkerung, disruptiver, digitaler Fortschritt kürzere Produktlebenszyklen und damit auch kürzere Lebensdauern von Unternehmen, werden unser Leben massiv verändern. Die Welt um uns herum wird an Dynamik und Volatilität zulegen und jeder, der nicht anfängt auf dieser Frequenz mitzuschwingen. wird in Zukunft Probleme haben, sich und seine Familie nachhaltig zu versorgen. Diese Versorgung kann man auf verschiedenen Wegen erreichen. Den Weg, den ich hier aufzeige, ist der Weg der Selbstgestaltung des eigenen Berufslebens und die eigene Weiterentwicklung zum Lebensunternehmer. Wie das genau geht, habe ich Dir im Rahmen dieses Buches nähergebracht. Jetzt musst Du nur noch ins Tun kommen und anfangen, Dein Leben in die eigenen Hände zu nehmen. Ich wünsche Dir von Herzen viel Erfolg!

Merke: Die höchste Form der Sicherheit und Stabilität ist es, sich als Unternehmer ein eigenes stabiles und möglichst unabhängiges Ökosystem zu schaffen. Nimm Dein Leben in die eigenen Hände und werde Unternehmer. Kein Weg ist so lohnend, erkenntnisreich und so befreiend. Denn Unternehmer ticken anders und sehen die Welt mit einem ganz besonderen Mindset.

4.50   Absicherungs- und Vorsorgestrategien

Diese beiden Ausrichtungen sollten Dein ständiger Wegbegleiter sein! Einmal für Dich als Person und Familie und auf der anderen Seite für Deine Unternehmensgründung.

Unser Umfeld unterliegt ständigen Veränderung und unsere Unternehmens- und Lebensziele ändern sich ebenfalls im Zeitablauf. Das ist ein ganz normaler Prozess. Entsprechend sollte auch unser Sicherheitsschirm ständig auf seine Passgenauigkeit und Funktionsfähigkeit hin überprüft werden. Sichere Dich angemessen ab, wenn es um existenzielle Risiken geht, damit Du nicht Opfer von Pech oder von Anstrengungen Dritter wirst! Es geht allerdings nicht darum, jedes Mikrorisiko zu berücksichtigen und hohe Versicherungsprämien zu leisten, sondern es geht um die Abfederung von fundamentalen Risiken und ihren negativen Auswirkungen. Wir als Unternehmer haben den großen Vorteil, uns im Prinzip ohne einen detaillierten Systemzwang unsere Absicherungs- und Vorsorgekonzeption selbst designen zu können. Mal bauen wir uns eigene Schutzkonzepte und mal nutzen wir die Angebote, die uns die Absicherungs- und Vorsorgeindustrie anbietet. Dabei kann man eine Unterteilung vornehmen in Instrumente der privaten Absicherung und Vorsorge und in Instrumente der unternehmerischen Absicherung und Vorsorge.

In den folgenden zwei Abbildungen habe ich die aus meiner Sicht existenziellen Grundkonzepte aufgeführt, die ich auch selbst stets nutze. Alle anderen Risiken sehe ich selbst als weniger existenziell bedrohlich an. Natürlich kann hier jeder nach seiner persönlichen Risikoneigung und Bedürftigkeit seinen Schutzschirm aufspannen. Jedoch empfehle ich Dir, nicht komplett auf Versicherungsschutz zu verzichten, da es Risiken gibt, die wir nicht allein ohne eine externe Absicherung stemmen können.

Abb. 22: Persönliche Absicherung.

Haftpflichtversicherung (HPF)	• Abdeckung von Haftpflicht-Risiken (selbst verursachte Schäden am Eigentum anderer) aus den Situationen des täglichen Lebens. • Sehr gutes Preis-Leistungsverhältnis und entsprechend Pflicht für jeden Unternehmer.
Berufsunfähigkeitsversicherung (BU)	• Schutz gegen dauerhafte Erwerbsunfähigkeit. • Dient zum Schutz der Lebenssicherung. • Nicht günstig und wird abhängig von Alter, Gesundheitszustand und Absicherungshöhe kalkuliert. • Wichtig, da der Zustand „Erwerbsunfähig und kein Einkommen" existenziell bedrohlich ist.
Kranken- und Pflegeversicherung (KV und PFV)	• In Deutschland Pflichtversicherungen, also auch Pflicht für Dich als Unternehmer. • Ob Du Dich besser gesetzlich oder privat versicherst ist abhängig von Deiner persönlichen Situation. Eine ausführliche Abwägung aller Pro- und Kontraargumente findest Du auf www.FeuerDeinenBoss.de.
Rechtschutzversicherung (RS)	• Eine RS Versicherung ist kein Pflichtprogramm. • Ich würde sie Dir trotzdem aus drei Gründen ans Herz legen: 01: Zunahme von Internetgeschäften und damit einhergehend Internetbetrügereien. 02: Zunehmende kriminelle Energie in Deutschland, speziell im Straßenverkehr. 03: Bei Problemen mit der BU ist der Rechtsweg teuer.
Solides und zukunftsfähiges Fähigkeiten-Profil (Skills)	• Die ständige persönliche Weiterentwicklung ist die Berechtigung unseres beruflichen Seins und definiert Deinen „Stundensatz". • Überprüfe fortlaufend, ob Deine Qualifikationen noch aktuell und marktgerecht sind.
Positives finanzielles Zeugnis	• Eine gute Bonität und eine gute Beziehung zu Deinen Kapitalgebern ist ebenfalls eine gute Absicherungsstrategie. • Siehe Kapitel „Bonitätshacks & Relationship-Banking".
Finanzieller Puffer	• Als Privatperson solltest Du zwölf Mal Deine Lebenshaltungskosten in einer stabilen Währung/Gold für den schlimmsten Notfall auf der Seite und vor fremden Zugriffen geschützt halten. So hast Du im Ernstfall ein Jahr Luft für Deinen persönlichen Neustart. • Auf Deinem privaten Konto würde ich Dir drei Mal Deine Lebenshaltungskosten als finanziellen Puffer empfehlen.

Abb. 23: Unternehmerische Absicherung.

Rechtsformwahl	• Durch die Wahl der richtigen Rechtsform können wir uns zusätzlich absichern. • Siehe Kapitel „Strategische Rechtsformwahl".
Kostenstruktur	• Gerade die letzte Pandemie hat gezeigt, wie gefährlich starre (nicht schnell abbaubare) Kostenstrukturen sind. Umso flexibler wir aufgestellt sind, umso schneller können wir uns an sich verändernde Marktentwicklungen anpassen. Das schafft Systemsicherheit.
Betriebshaftpflicht-versicherung	• Sichert Schäden ab, die im Unternehmen durch die berufliche Tätigkeit von Dir, Deinen Mitarbeitern oder durch Deine Produkte verursacht werden. • Es geht um Schäden, die anderen Menschen (Personenschäden) oder deren Eigentum (Sachschäden) zugefügt wurden.
Vermögens-schadenshaftpflicht-versicherung	• Wer berufsbedingt entwickelt, prüft, berät, begutachtet, beurkundet, überwacht, vollstreckt oder verwaltet übernimmt Verantwortung und haftet entsprechend für Vermögensschäden, die durch seine „Tätigkeit/Unterlassen" entstehen. • Die Vermögensschadenhaftpflichtversicherung ist eine „Berufshaftpflichtversicherung" für alle Personen/Unternehmen, bei denen ein Berufsversehen echte Vermögensschäden, in der Regel nicht Personen- oder Sachschäden, zur Folge haben.
Schutz geistigen Eigentums	• Als geistiges Eigentum bezeichnet man ein ausschließliches Recht an einem immateriellen Gut, etwa einem Kunstwerk oder einer technischen Erfindung. • Das geistige Eigentum umfasst neben dem literarischen und dem künstlerischen Eigentum das Patent- und Markenrecht, sowie die verwandten Schutzrechte. • Genauso wichtig wie die Entwicklung von Neuem ist es, diese Innovationen vor ungewollter Verwendung Dritter zu schützen.
Finanzieller Puffer	• Als Unternehmer solltest Du Deine monatlichen Betriebskosten im Minimum mal drei und im besten Fall mal sechs auf einem separaten Liquiditätskonto parken, bevor Du überhaupt an Wachstum denkst. So sicherst Du den Bestand Deines Unternehmens auch in stürmischen Zeiten.

Positives Finanzielles Zeugnis	• Eine gute Bonität und eine gute Beziehung zu Deinen Kapitalgebern ist auch für das Unternehmen eine gute Absicherungsstrategie. • Siehe Kapitel „Bonitätshacks & Relationship Banking".
Aktuelle und ordentliche Buchhaltung	• Such Dir einen guten Buchhalter, dem Du vertraust. • Das Deutsche Steuerrecht ist extrem komplex und nicht sehr unternehmerfreundlich. Entsprechend ist es existenziell, hier gut aufgestellt zu sein. • Eine aktuelle und ordentliche Buchhaltung sichert Dein Überleben in der Bürokratiekomplexität des Deutschen Steuerrechts. Für jeden Kredit und für jede Förderung brauchst Du aktuelles Zahlenmaterial. Ein Profi ist hier immer aktuell aufgestellt. • Buchhaltung sollte immer Chefsache sein, denn Du haftest am Ende für nicht gezahlte Steuern und Abgaben persönlich. • Siehe Kapitel „Der Tod und die Steuer".
Guter Rechtsbeistand	• Umso vielseitiger Du unternehmerisch tätig bist, umso mehr Kollisionen wirst Du zwangsweise mit „kaufmännischen Ganoven" haben. Sei als Unternehmer immer vorsichtig und besonnen. Zudem unterliegst Du nicht dem Konsumentenschutz in Deutschland. • Entsprechend wichtig ist, dass man einen smarten Anwalt an seiner Seite hat, dem man vertraut. Hüte Dich vor Schlauschwätzern und fordere Resultate und wirkliche Hilfestellungen. Der Spruch „Auf hoher See und vor Gericht ist alles möglich", will ich von einem guten Anwalt nicht hören. Achte auch darauf, dass Dein Anwalt Rückschläge persönlich nimmt und alles tut, um Dich zu schützen. Das ist sein Job!

Natürlich kann man sich zu Tode versichern, aber das muss man ja nicht. Garantien und Versicherungen kosten immer Geld. Entsprechend sollten sie mit größtmöglicher Umsicht und Sorgfalt genutzt werden und sich primär auf solche Risiken beziehen, die wir selbst nicht mehr abdecken können. Es geht um die Absicherung extrem ungünstiger Konstellationen, die uns unser Leben extrem „versauen" können. In jedem Fall empfehle ich Dir, die oben genannten privaten und unternehmerischen Absicherungsstrategien ernsthaft zu bedenken. Denn sie haben ihre Berechtigung und haben sich nach meiner persönlichen Erfahrung als hilfreich erwiesen. Wenn Du mehr über den Umgang mit Geld lernen möchtest, empfehle ich Dir den Videokurs „Das 1*1 des Vermögensaufbaus". Du findest das Kursangebot ebenfalls auf der bucheigenen Internetseite.

Darüber hinaus spielen Vermögensaufbau und Altersvorsorge eine zentrale Rolle für unser unternehmerisches Tun. Neben der Erfüllung der eigenen Mission geht es darum, selbst ein erfülltes und gutes Leben führen zu können. Vermögensaufbau und Altersvorsorge sollen Dir ein Leben in Freiheit und Unabhängigkeit bis zum Lebensende garantieren. Vorsorge funktioniert im Prinzip wie eine 2-Personen-Wippe: Je mehr Gewicht Du heute auf die Vorsorge legst und entsprechend tätig wirst, je komfortabler wird Dein Lebensstandard in der Zukunft ausfallen. Wenn Du allerdings Dein gesamtes Gewicht auf die Zukunft legst und übertreibst, wird Dein Lebensstandard heute sehr minimalistisch sein. Es geht also nicht darum geizig zu sich selbst für ein besseres Morgen zu sein, sondern es geht darum, die persönliche Lebenswippe so einzustellen, dass Du heute und morgen nicht mit dem Hintern auf dem Boden sitzen musst. Ziel ist es, fortlaufend einen guten Lebensstandard leben zu können.

Abb. 24: Deine persönliche Vorsorgewippe.

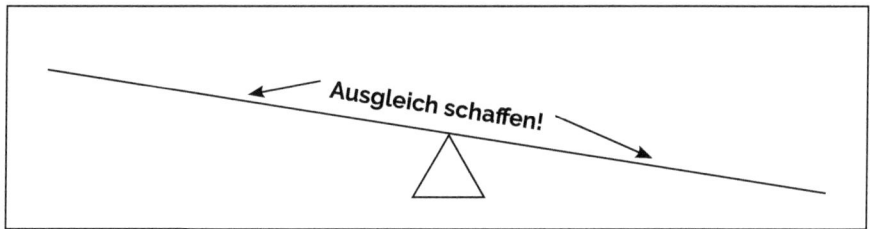

Wir als Unternehmer zahlen nur selten in die Systeme der gesetzlichen Altersvorsorge ein. Und auch wenn wir das tun, sollten wir uns auf keinen Fall auf den Staat verlassen. Wir sollten uns immer nur auf uns selbst verlassen. So kann uns auch bei einem Kollaps des Rentensystems nichts passieren und im Best Case werden wir dazu noch positiv überrascht. Die Erfolgsstrategien dieses Buches ziehen sich wie ein roter Faden durch alle Aspekte des menschlichen und unternehmerischen Daseins und sind unsere beschützenden Wegbegleiter bei allen unseren Entscheidungen, Handlungen und Strategien. Sobald das eigene Unternehmen auf soliden Füßen steht, wir uns unsere Freiheit und Unabhängigkeit zurück erkämpft haben und uns entschieden haben, Nachwuchs in diese Welt zu setzen, dann kann man sich dem Vorsorgethema „Estate Planning" widmen. Hierbei geht um das smarte Arrangieren unseres Nachlasses auf die zukünftigen Generationen. Weitere Informationen dazu findest Du auf der Seite www.FeuerDeinenBoss.de. Im nächsten Kapitel findest Du Informationen zur intelligenten Konzeptionierung Deines Vermögensaufbaus auf Unternehmerart.

Merke: Justiere Deine finanzielle Lebenswippe mit Verstand und Augenmaß und Dir wird das Geld nie ausgehen.

4.51 Wie wir als Unternehmer Vermögen aufbauen

Die Werbung der Spar- und Investmentindustrie suggeriert uns, dass es leicht sei, mit ihren „Convenience Produkten" ein sorgenfreies Vermögen aufzubauen. Dieser Meinung bin ich definitiv nicht! Ich würde sogar behaupten, dass es beinahe unmöglich ist, mit Convenience Produkten in Kombination mit einem Durchschnittsgehalt vor dem Rentenalter finanziell frei zu werden. Mir persönlich ist weder in der Beratung noch privat jemals ein Mensch begegnet, der mit Convenience Produkten wirklich vermögend geworden wäre. Im Prinzip ist das Ganze wie bei der eigenen Gesundheit. Wenn Du einen schlanken und gut funktionierenden Körper haben möchtest, dann ist eines klar: Du musst Dich gesund und gut ernähren. Ungesunde Nahrungsmittel sind Nahrungsmittel, die industriell verarbeitet oder hergestellt sind und sich in irgendwelchen Plastikverpackungen mit schöner Werbung befinden. Der Name für diese Produkte ist „Convenience Nahrungsmittel." Diese Nahrungsmittel nehmen dem Verbraucher oder Koch eine oder mehrere Vorbereitungsstufen ab und sind somit praktisch und oft zeitsparend. Convenience bedeutet dabei bequem. Daran ist grundlegend nichts auszusetzen. Das Ganze beinhaltet nur ein Problem oder auch einen Zielkonflikt: Das normale Profitstreben von Unternehmen und das natürliche Ziel, Gewinne zu optimieren. Das führt dazu, dass die Industrie versucht, mit minimalem Materialeinsatz Nahrungsmittel zu produzieren, und wir nehmen diese günstigen Produkte gerne an, da sie lecker schmecken und bequem zu essen sind. Oft sind sie sogar günstiger als naturbelassene Nahrungsmittel. Entsprechend hat die Nahrungsmittelindustrie die Herausforderung angenommen, günstige Nahrungsmittelerzeugnisse herzustellen, die jedem schmecken, möglichst lange haltbar sind und die im Rahmen eines effizienten Fertigungsprozesses bei möglichst günstigem Wareneinsatz produziert und mit Gewinn angeboten werden können. Und so bekommen wir im Ergebnis Nahrungsmittelkonzepte, die verzuckert mit billigen Zusätzen versehen und optisch gut aufbereitet sind, bei denen nicht unsere Gesundheit im Vordergrund steht, sondern Kundenpreis und Unternehmensprofit. Hier ist also keine Seite besser! Das Problem ist nur, dass die „einfacheren und bequemeren" Lösungen oft nicht die Lösungen sind, die uns nachhaltig wirklich nutzen. Sondern es sind Lösungen, die uns sogar krank machen. Zu Convenience Nahrungsmitteln gibt es nur eine wirklich gesunde Alternative und das sind naturbelassene und wenig vor-"veredelte" Nahrungsmittel. Das heißt, wir müssen frisch einkaufen und selbst kochen.

Wenn wir nun dieses Konzept auf den Finanzsektor übertragen erkennen wir schnell, dass wir uns auch in diesem Bereich oft einfacher Convenience Spar- und Anlageprodukte bedienen. Diese Produkte geben uns ein gutes Vorsorgegefühl, aber sie sorgen nicht wirklich effektiv vor. Sie sind staatlich reguliert, entsprechen den Datenschutzbestimmungen, versorgen viele vorgelagerte Wertschöpfungs-ketten, sind BaFin[32]-konform, sind von den Herausgebern dieser Produkte gut und rechtssicher prozessual aufbereitet und für uns einfach auszufüllen und zu unterzeichnen. Ihnen beiliegend erhalten wir wunderbare Hochglanzbroschüren, die uns Fachkompetenz und Vertrauen vermitteln. Sie erfüllen diverse Ansprüche, nur leider bleibt dabei in der Regel das Wesentliche auf der Strecke: die Rendite, also die effektive Vorsorgefunktion. Es fehlt die Qualität, die wir uns im Prinzip als Anleger wünschen und damit kränkelt am Ende unsere Altersvorsorge und unser Vermögensaufbau.

Viele Menschen arbeiten den ganzen Monat, um Geld für den Vermögensaufbau zu erwirtschaften und legen dann dieses Geld in ein Convenience Anlageprodukt an, von dem eine ganze Industrie gut lebt und das alle möglichen gut gemeinten Vorschriften erfüllt, aber leider auf Kosten der Vorsorgefunktion des Produktes. Die meisten Anlageprodukte schaffen es nicht mal, eine Rendite zu erwirtschaften, die der Inflation entspricht, d.h. der jährlichen Geldentwertung, die durch die perma-nente Ausweitung der Geldmenge - Gelddrucken - durch den Staatsapparat ver-ursacht wird. Bei der Inflationsrate rede ich nicht von der monatlichen Inflationsrate, die der Staat fein säuberlich ausweist. Diese ist für uns nicht relevant. Ich rede von der existenzsichernden, tatsächlichen Inflationsrate, also der inflationsinduzier-ten Verteuerung von Produkten, die wir jeden Monat brauchen, um zu überleben. Das sind keine Stereoanlagen, Bildungsangebote, Hotelpreise oder Einrichtungs-gegenstände. Das sind Nahrungsmittel, Kleidungskosten, Wohnkosten, Gesund-heitskosten, Energiekosten und die Kosten für den Weg zur Arbeit oder zur Familie und die der Altersvorsorge. Wenn Du wissen willst, was Inflation ist, dann denke daran, was Du Dir vor 10 Jahren für Dein Geld kaufen konntest und was heute noch damit möglich ist. Das ist nichts anderes als eine schleichende Sonderabgabe, die Dein Geld[33] um seine Kaufkraft beraubt. Ist eine Währung abgewirtschaftet gibt es eine Währungsreform und das Spiel beginnt von Neuem. Du arbeitest Tag für Tag für Dein Gehalt und der Staat druckt in einer Minute mehr Geld als wir wahrschein-lich jemals in unserem gesamten Leben erarbeiten können. Das nennt sich Infla-tion und ist der Grund, warum wir möglichst wenig in Währungen oder Produkte, die auf Währungen basieren, investieren sollten. Die meisten von uns wissen wahr-scheinlich noch, dass vor 20 Jahren das Gehalt einer Person ausreichend war, um

---

[32] BaFin = Bundesanstalt für Finanzdienstleistungsaufsicht. Die BaFin beaufsichtigt und kon-trolliert als Finanzmarktaufsichtsbehörde alle Bereiche des Finanzwesens in Deutschland.

[33] Den Euro oder zum Beispiel das GBP als Geld zu bezeichnen ist meiner Meinung nach nicht 100 % korrekt. Es sind Währungen, die staatlich gemanagt werden. Das einzige Geld was es gibt ist Gold. Es ist eine in der Natur begrenzt vorkommende Ressource und ist lang-fristig schwieriger zu manipulieren.

eine ganze Familie gut zu versorgen. Heute arbeiten beide Partner und das Geld sitzt trotzdem selten locker. Fakt ist aber auch: Das ist nicht Deine Schuld. Wenn Du Dich vor Inflation und vor Convenience Produkten schützen möchtest, dann gibt es dazu nur einen Weg: Du krempelst die Ärmel selbst hoch, packst an und betreibst aktiv Deinen eigenen Vermögensaufbau.

Du baust Dein eigenes Unternehmen, kochst Dein eigenes Essen und baust Dir ein eigenes Vorsorgekonzept auf. Ich nenne dieses Prinzip gerne „Michwirtschaft". Du konzentrierst Dich auf Dich und Dein Umfeld, baust Dir Dein Leben so auf, wie es Dir gefällt und machst Dich frei von allen Abhängigkeiten, dort wo es Dir möglich ist. Du entwickelst Dich also zum Lebensunternehmer. Für den aktiven Vermögensaufbau stehen Dir grundsätzlich vier Wege offen:

01: Du investierst in Immobilien und baust Deine Rente durch Mieteinnahmen auf. Wenn Du weiteres dazu erfahren willst, empfehle ich Dir meinen Bestseller: „Das 1*1 des Immobilien Millionärs",

02: Du investierst in Dein eigenes Unternehmen und wirst Unternehmer (der Weg, den Dir dieses Buch eröffnet),

03: Du beschäftigst Dich mit dem Vermögensaufbau durch Direktinvestitionen in andere Unternehmen oder

04: Du investierst in Edelmetalle (das bringt zwar keine Zinsen, aber Du kannst damit langfristig wenigstens die Kaufkraft Deines Verdienstes absichern).

Alles, was die Spar- oder Investmentindustrie im Angebot hat, würde ich mit Vorsicht genießen, denn sie verfolgt nicht als erstes das Ziel, Dich vermögend und unabhängig zu machen. Es ist nur eine Industrie, wie jede andere auch, die berechtigterweise Geld verdienen will. Grundsätzlich solltest Du Dein Geld in reale, werterhaltende Güter investieren. Und nur das, was Du wirklich zum Leben brauchst, solltest Du in Währung vorhalten. Ansonsten enteignet Dich die Inflation jeden Tag ein bisschen mehr.

Merke: Geh den Weg des Unternehmers und gestalte Deine Vorsorge selbst! Delegiere die Vorsorgefunktion nicht an die Spar- und Investmentindustrie, wenn Du finanziell unabhängig werden willst.

4.52 Unsere Angst, das zentrale Hindernis

Alles, was Du Dir beruflich wünscht, ist auf der anderen Seite der Angst zu finden! Aber ist es wirklich die Angst oder nur der Respekt vor dem Neuen was uns lähmt? Denn dieser Respekt ist ganz normal und hat gute Eigenschaften. Angst hingegen sorgt dafür, dass wir unsere Komfortzone, also das Bekannte, nicht verlassen, uns einigeln und damit aufhören zu wachsen. Um Neues zu lernen und Wachstum durch Erkenntnis zuzulassen, müssen wir uns aus unserer Komfortzone herausbewegen. Sonst bleiben wir immer das, was wir gestern waren und werden nicht zu dem, was wir uns wünschen.

Hinzu kommt, dass viele Menschen sich vor 1000 Dingen fürchten, die eventuell mal eintreten könnten auch wenn die Eintrittswahrscheinlichkeit noch so gering ist. Das versetzt uns zusätzlich in eine Art Gefängnis der Angst. Oder ist bei Dir bisher jede Deiner Befürchtungen eingetreten? Sei ehrlich! Bei mir ist in mindestens 99 % der Fälle nicht das eingetreten, vor dem ich Angst hatte. Durch diese simulierten Ängste machen wir einfach nicht die Dinge, die wir gerne tun würden und leben nicht das Leben, das wir gerne leben würden. Stattdessen sitzen wir fest. Wir leben unter unserem Potential! Wir halten uns selbst klein!

Überleg Dir doch mal in Ruhe, welche Ängste oder Befürchtungen Du hast, die Dich zurückhalten und wie real diese wirklich sind. Mein Vorschlag für Dich: Notiere Dir alle diese Begrenzer! Ein Muster findest Du auf der Seite: www.FeuerDeinen-Boss.de. Wenn Du diese Liste erstellt hast, dann geh jeden Punkt noch mal durch und schreib hinter jeden Deiner Begrenzer die Wahrscheinlichkeit, mit der dieses Szenario wirklich eintreten wird, wenn Du Dich vernünftig, fleißig und umsichtig verhältst. Nachdem Du diese Liste erstellt hast, bedank Dich bei den einzelnen Begrenzern und der Tatsache, dass Dein inneres Selbst sich hier den Auftrag gegeben hat, Dich zu beschützen. Überleg Dir für jedes aufgeschriebene Risiko, im Sinne eines eigenen Risikomanagements, mindestens zwei bis drei Strategien, die Du nutzen willst, um diesem Risiko, wenn es denn eintritt, zu begegnen, so dass es Dir und Deiner Unternehmung nicht schaden kann. Sobald Du das erledigt hast, verfügst Du über ein solides Risikomanagementboard. Sobald Dein Board steht, geh Deine Liste im Geiste noch mal Punkt für Punkt durch und bedanke Dich bei Deiner inneren Schutzfee für jede dieser Warnungen und beende jeden Punkt mit den Worten: „Vielen Dank für Deine Hilfe. Ab heute werde ich diesem Risiko mit Vernunft, Fleiß und Umsicht begegnen. Du musst mich nicht mehr schützen. Danke!" Sobald Du das geschafft hast, wirst Du Dich sofort besser fühlen. Du hast nun ein Risikomanagementsystem installiert, das Dir helfen wird, Deine Probleme proaktiv und ohne Angst zu lösen. Herzlichen Glückwunsch!

Mit dem Kauf dieses Buches hast Du Dich bereits entschieden, Deine Transformation zum Unternehmer zu beginnen und zu lernen, was einen Lebensunternehmer ausmacht. Du hast nun meine persönlichen 52 Prinzipien und Tools an die Hand bekommen, mit denen ich meine Reise zum Unternehmer und in die finanzielle Unabhängigkeit erfolgreich gemeistert habe. Du kannst jetzt Deine Reise beginnen. Erfolgreiche Unternehmer befinden sich stets auf ihrem Weg der persönlichen Weiterentwicklung, den sie mit Mut und Motivation beschreiten. Unternehmertum ist ein bisschen wie Fahrradfahren: Wenn Du aufhörst in die Pedale zu treten, dann fällst Du hin. Vergiss also nicht, in Dich zu investieren und Deine eigenen Erfolgsprinzipien zu entwickeln. Sie sind Dein Schutzschild und Dein Weg in die finanzielle Unabhängigkeit! Diese Prinzipien werden Dich stets begleiten und Dir helfen, Dich in der Welt der Unternehmer erfolgreich zu behaupten.

Merke: Ängste sind Zeichen, die Dir aufzeigen, dass Du einen neuen Weg eingeschlagen hast, der für Dich neu ist. Lerne Deinen Ängsten zu begegnen und entsprechende Risikostrategien für diese körperlichen Warnsignale zu entwickeln, dann wird Dein Leben immer spannend bleiben. Viel Erfolg bei Deinem Weg zum Unternehmer.

---

5 Schlusswort. Fehlanzeige!

Lieber Unternehmer,

im aktiven Unternehmertum kann es so etwas wie ein Schlusswort gar nicht geben. Denn Unternehmertum ist geprägt vom Tun und Gestalten in einem dynamischen und sich permanent verändernden Umfeld. Es ist ein Lebenskonzept, dass sich durch permanente tüftelnde Weiterentwicklung stabilisiert und absichert. Unternehmertum ist ein wenig wie Fahrrad fahren in einem neuen Land: Es ist aufregend, spannend, herausfordernd, aber Du solltest nicht vergessen, in die Pedale zu treten, denn dann wird Dein Fahrrad instabil und Du landest auf der Nase. Beginne das Gelesene in die Tat umzusetzen und schau, wie gut es für Dich funktioniert. Bleib immer offen, und lerne, Dich tüftelnd weiterzuentwickeln. Auf kaum einer Reise wirst Du so viel lernen und Dich so rasant weiterentwickeln, wie auf der Reise des unternehmerischen Tuns. Kein Berufsbild ist solidarischer, sozialer und sinnstiftender. Denn Du bist es, der einen Mehrwert für unsere Gesellschaft schafft und Arbeitsplätze stiftet. Sei stolz auf Dein Tun. Unternehmer sind die wahren Helden unserer Zeit!

Ich schreibe Dir aus meinen persönlichen und praktischen Erfahrungen mit dem Ziel, Dir durch mein Beispiel und meinen Erkenntnisprozess eine neue Welt zu erschließen. Eine Welt, die in der heutigen Zeit von geglaubten Sicherheiten und Karriereleitern als Alternative zu einem Anstellungsverhältnis fast schon in Vergessenheit geraten ist. Unternehmertum ist eine Berufung, die ich heute auf keinen Fall mehr missen möchte, und die mir eine unglaubliche Freiheit beschert hat und hoffentlich bald auch Dir ermöglicht!

Ich selbst habe mich für das Unternehmertum und die Selbständigkeit basierend auf einer doppelten Motivlage entschlossen. Ein Motiv allein hätte mir nicht gereicht, um den notwendigen Mut aufzubringen und durchzustarten. Denn Fakt ist, dass wir in Deutschland nur wenig für ein Leben vorbereitet werden, das von Selbstbestimmung und Eigenverantwortung geprägt ist.

Was hält uns zurück? Zurück hält uns die Angst vor dem Ungeregelten und Ungewissen. Ich selbst habe Betriebswirtschaft studiert und dachte mir: Nun bin ich als Unternehmer gut vorbereitet. Aber das war eine komplette Fehleinschätzung! Im betriebswirtschaftlichen Studium habe ich so gut wie gar nichts über das freie Unternehmertum oder finanzielle Bildung gelernt. Ein betriebswirtschaftliches Studium ist heute nur noch eine Kompetenz, die Dich als Ressourcenverwalter, aber definitiv nicht als Unternehmer qualifiziert. Ich habe mehrere abgeschlossene Studiengänge und langjährige Erfahrungen als Dozent, und ich kann definitiv rückblickend behaupten: Ich hatte in meiner Ausbildung weder ein unternehmerisches

Vorbild, noch habe ich viel gelernt, was ich in meiner Selbständigkeit wirklich gebrauchen konnte, außer der Erkenntnis, dass alle nur mit Wasser kochen. Die wahre Ausbildung begann in der Praxis!

Solltest Du also nicht studiert haben, dann gräme Dich nicht. Du bist genauso unternehmerisch qualifiziert wie jeder andere auch. Ganz im Gegenteil! In der Praxis sind es oft die Menschen, die nicht so lange der Arbeitnehmerqualifikation ausgesetzt waren, die wirtschaftlich erfolgreich sind. Ich habe bereits das indische Sprichwort zitiert, das besagt: „Mit einer vollen Tasse kannst Du nichts anfangen." Oft habe ich das gleiche Gefühl bei Akademikern: Sie denken, nun alles zu wissen und stellen dann enttäuscht fest, dass die in den Ausbildungseinrichtungen gelernten Methoden den Praxistest nicht überstehen. Ich dachte frisch nach der Universität, ich wüsste jetzt alles, aber ich wusste wenig. Entsprechend ist es mir ein persönliches Anliegen, diese Wissenslücke nach Jahren der eigenen Qualifikation zu füllen. Ich möchte gerne dazu beitragen, Dir zu zeigen wie Unternehmer ticken und nach welchen Prinzipien Du Deinen unternehmerischen Alltag gestalten kannst, um ein erfolgreicher Fahrradfahrer zu werden. Dieses Buch ist kein Kompendium aller wirtschaftlichen Spielarten, denn dann hätte es die Dicke von Telefonbüchern bekommen. Ich wollte nicht das übliche Problem der Überinformation erzeugen, so dass Du am Ende den Wald nicht mehr vor lauter Bäumen sehen kannst. Ich definiere in diesem Buch für Dich die Leitplanken des Unternehmertums. Um handlungsbereit zu sein, werde ich Dich auf der Internetseite www.FeuerDeinenBoss.de mit weiteren praktischen Checklisten und Hilfsmitteln versorgen, so dass Du Deinen erfolgreichen Prozess hin zum Lebensunternehmer starten kannst. An dieser Stelle sei gesagt, dass ich mich ebenfalls dagegen entschlossen habe aus meiner Wissens-Plattform ein überfrachtetes Wirtschaftskompendium zu machen mit Wissen, das Du gar nicht willst oder brauchst. Stattdessen habe ich meine Plattform www.FeuerDeinenBoss.de mit einigen sehr wertvollen Informationen versehen und warte nun ganz interaktiv auf Deine Fragen und Wünsche zum Thema Unternehmertum. Darauf werden mein Team und ich die Plattform weiterentwickeln und ausbauen. Wir werden Deine Leserwünsche on demand bearbeiten und beantworten. Denn der Workload, alle möglichen potentiellen Leserfragen schon im Voraus zu beantworten ist einfach für unser kleines Team zu viel und auch unsinnig.

Unser Anspruch ist es, Dir so gut wie es uns möglich ist, bei allen Inhalten und Themen dieses Buches weiterzuhelfen. Also besuche unsere Internetseite und lass Deinen Kommentar oder Deine Frage da. Wir freuen uns sehr, Dich auf Deiner Reise ins Unternehmertum begleiten zu können!

Beste Grüße vom Team www.FeuerDeinenBoss.de

Flo
Nürnberg, Neu-Delhi, Girne, Panama City und Petra.

Der Bestseller als Buch, eBook oder Hörbuch

Lerne, wie ein Immobilieninvestor zu denken und zu handeln und erreiche Deine finanzielle Freiheit. Dieses Buch zeigt Dir, wie man mit System Immobilienvermögen aufbauen kann. Dabei spielt es keine Rolle, auf welchem wirtschaftlichen Niveau Du mit Deinem Vermögensaufbau beginnst, solange Du alle dargestellten Regeln sauber befolgst.

„DAS 1*1 DES IMMOBILIEN MILLIONÄRS"

VON DR. FLORIAN ROSKI

Ergänzend zu dieser einfachen Anleitung gibt es verschiedene Checklisten und einen Immobilienrechner, die Du Dir alle kostenfrei auf der Seite www.education-punk.de downloaden kannst.

Wenn Du nicht selbst arbeiten willst und lieber Dein Leben genießen möchtest, dann solltest Du lernen wie Du Dein Geld für Dich arbeiten lässt!

Beste Grüße aus Panama City, Panama
Florian

EMPFEHLUNG: T-Shirts für Lebensunternehmer

Unterstreiche Deinen Willen ein Freigeist und Lebensunternehmer zu werden und werde Teil der www.FeuerDeinenBoss.de Community! Gestartet mit dem Ziel, durch coole Designs und angenehme Schnitte Deine Motivation durch Selbstlabeling zu unterstützen, nimmt das Projekt www.FeuerDeinenBoss.de Fahrt auf. Namhafte Kooperationspartner und unsere Social Media Fanbase sprechen eine deutliche Sprache!

Gehe jetzt auf https://shop.spreadshirt.de/education-punk und werde Teil des Movements!

Notizen

Notizen